中世武士選書 47

上野武士と南北朝内乱

新田・上杉・白旗一揆

久保田順一 著

戎光祥出版

はしがき

元弘元年（一三三一）五月、後醍醐天皇《ごだいごてんのう》は討幕の挙兵を進め（元弘の変）、これを契機として全国的な内乱が発生した。その後、鎌倉幕府《かまくらばくふ》の滅亡、建武政権《けんむせいけん》の成立と崩壊、足利《あしかが》政権（室町幕府《むろまちばくふ》）の成立、政権の内部争い（観応《かんのう》の擾乱《じょうらん》）、各地で勃発した南北朝の抗争を経て、明徳三年（一三九二）の南北両朝の合一によって内乱はいったん収束する。この間、約六十年間余にわたる長期の戦乱によって社会は大きく転換した。

本書は、南北朝の内乱に上野国の人々がどのように関わったかを描き出すことを目的としている。これまでは南朝方の中心として活躍した新田《にった》一族や守護として入部した上杉《うえすぎ》氏などに光が当てられてきたが、鎌倉〜南北朝期の史料は少なく、上野国の一般の武士や地域の状況については十分な究明が行われていない。そこで本書では、新田・上杉氏の動向にも目を向けながら、上野国の御家人たちがどのように次の時代へ転換を遂げたかを究明したい。

上野の御家人たちが最初に関わったのは鎌倉末期の楠木《くすのき》合戦である。これに関わる史料として「楠木合戦注文」があり、この戦いに大番役《おおばんやく》のため在京していた多数の上野御家人たちが動員されたことを示す部分がある。上野御家人を網羅した史料としては唯一のもので、鎌倉末期の彼らの実態を知る上で重要な史料であるが、まだ本格的な検討は行われていない。また、『吾妻鏡《あずまかがみ》』をはじめとする史料に上野の御家人たちの動向が描かれるが、上野の御家人制がどのように成立し、楠木合戦に至ったのかも検討の余地はある。

元弘三年五月には鎌倉攻めが行われ、鎌倉幕府が滅亡した。新田義貞《よしさだ》が率いた軍勢には上野をはじめとする多くの東国武士が参陣した。当初、幕府方にも少なくない御家人が従っていたと考えられるが、途中で幕府から離反したものもいたと想定される。その結果、幕府与同者として処罰を受けて没落・衰退する人々がいたが、その一方で勲功賞を下されて成長を遂げたものもいた。これ以降のすべての争乱において敗者と勝者が存在することにより、地域に勢力の交代が生じ、新たな秩序が形成された。

上野国の支配をめぐる大規模な戦いとして、建武政権下で守護・国司となった新田氏の排除を目指し、建武三年（一三三六）に足利方の斯波家長《しばいえなが》が攻め込んだ戦いがある。このとき、新田荘（群馬県太田市および桐生市・伊勢崎市・みどり市の一部と埼玉県深谷市の一部）とその付近や守護所が置かれた板鼻《いたはな》（群馬県安中市）などで合戦があり、新田方が敗れて放逐された。その結果、上野国は上杉氏に与えられ、上杉憲顕《のりあき》が新たな守護として入部する。上杉氏による上野国支配は早期に安定し、領国の再編成が行われた。

次なる上野国の支配者の交代は、観応の擾乱後に起こる。憲顕が足利直義《ただよし》派であったことから罷免・没落し、尊氏《たかうじ》方の宇都宮氏綱《うつのみやうじつな》が新たな守護となった。両氏は越後国では激しく干戈を交えたものの、上野国では両派の戦いはほぼみられない。その後、憲顕が再び守護に復したが、そのときも上野国を取り合うような戦いは起こっていない。上野国の国人たちがこれらの変化を直に受け容れたためであろう。

なお、上野国では国内を通過する軍勢に対し、通過を阻止するための戦いがしばしば起こっている。上野の幹線道路として国内を東西に横断する奥大道《おくだいどう》（中世東山道《とうさんどう》）や鎌倉街道上道《かみつみち》があり、これらが軍勢の往き来する道として多用されたためである。これらの道で河川を越える渡河点が戦いの場となった。大規模な軍勢の移動として、義貞の鎌倉攻め、北条時行《ほうじょうときゆき》の鎌倉攻め、二度にわたる北畠《きたばたけ》氏の西上、観応の擾乱における宇都宮氏の薩埵山《さったやま》後詰め、武蔵野《むさしの》合戦に関わる新田義興《よしおき》・義宗《よしむね》の移動、鎌倉に出仕する上杉憲顕を宇都宮氏配下の芳賀《はが》氏が阻止した戦いなどがあった。

上野に関して、検討する必要があるもう一つの問題が白旗一揆《しらはたいっき》の成立・発展である。白旗一揆に関する史料は少なく、その実態・動向を明らかにすることは難しいが、上野の南北朝・室町期の地域史を明らかにする上で重要な構成要素である。その初出は貞和四年（一三四八）の四条畷《しじょうなわて》合戦で（『太《たい》平記《へいき》』）、観応二年（一三五一、正平六）の武蔵野合戦においては尊氏方の主要な戦力として活動した。南北朝最末期の小山義政《おやまよしまさ》の乱でも重要な働きを示している。

これまでの研究では、尊氏方の軍事力を補うために武蔵・上野の国人を糾合して成立し、守護権力に対して相対的に自立した立場をとり、幕府・将軍と結びつき、幕府奉公衆《ほうこうしゅう》の地位を保持していたと考えられている。享徳の乱期以降まで存続し、上杉氏が戦国大名化する過程でその支配下に組み込まれた。南北朝期の上野国を考える上で、白旗一揆の成立と南北朝期の在り方も明確にする必要がある。

二〇二二年十二月

久保田順一

【凡例】

文中で引用した史料については、用いた史料集の略号で記した。『群馬県史』は群史料番号、同書の長楽寺文書・正木文書は長・正木史料番号、『南北朝遺文』関東編は南関史料番号、『新編高崎市史』は高史料番号などである。

南北朝期の年号については、主に北朝の元号を用いて表記した。巻末の年表で南朝元号も付したので参照されたい。

目次

第一章　南北朝内乱前夜の上野国

治承・寿永の内乱と上野諸領主たち

治承四年（一一八〇）八月、以仁王《もちひとおう》の令旨《りょうじ》を得た源頼朝《みなもとのよりとも》は平家《へいけ》追討に立ち上がった。緒戦の相模石橋山《いしばしやま》合戦では敗れたが、安房に逃れて勢力を回復し、同年十月六日に鎌倉に入って武家政権を樹立した。朝廷は頼朝の力を認め、寿永二年（一一八三）十月に宣旨《せんじ》によって東海《とうかい》・東山道《とうさんどう》諸国の治安維持を命じた。同五年三月、頼朝は弟の範頼《のりより》・義経《よしつね》を上方・西国に派遣し、ついに平家追討を果たした。朝廷はこの功績を認め、頼朝を従二位《じゅにい》に叙し、さらに日本国惣追捕使《にほんこくそうついぶし》・惣地頭《そうじとう》に任じ、荘園・公領問わず段別五升の加徴米《かちょうまい》の徴収権を与えた。こうして武家政権として鎌倉幕府が確立する。

頼朝の力はまもなく上野国にも及び、上野の武士たちも鎌倉に出仕する。いつかは特定できないが、頼朝は安達盛長《あだちもりなが》を上野国奉行人に指名した。盛長は流人時代の頼朝に近侍した家人で、祖父相国《すけくに》は上野国司の掾《じょう》の地位にあった。国奉行人は事実上の守護と考えられ、安達氏の上野支配は盛長・義景《よしかげ》・景盛《かげもり》・泰盛《やすもり》と四代続く。安達氏は北条《ほうじょう》氏とも円滑な関係を結び、有力御家人に成長するが、上野国は安達氏を支える基盤ともなった。

ここで、鎌倉幕府成立までの上野の武士たちの動きをみておこう。平家に仕えて在京していた新田《にった》義重《よししげ》は東国の反平家の動きを抑えるためと称し、上野に下向した。その途中で頼朝の挙兵を知り、下国後の治承四年九月末頃、寺尾《てらお》城（寺尾館とも、高崎市）で自立の意思を示して挙兵した。「陸奥守《むつのかみ》（源義家《よしいえ》）嫡孫」を標榜して頼朝とも対峙したという（『吾妻鏡《あずまかがみ》』）。

しかし、義重は軍兵を集めることができずに孤立し、頼朝の軍門に降ることを余儀無くされた。鎌倉に赴き、安達盛長を介して頼朝の許しを求めたという。許された義重は幕府に出仕し、源氏門葉《げんじもんよう》としてそれなりの体面は保った。しかし、頼朝の閨閥《けいばつ》に連なる足利義兼《あしかがよしかね》が台頭し、新田一族は足利一門の立場に甘んじることとなる。義重の子山名義範《やまなよしのり》は父に先んじて頼朝に従い、里見義成《さとみよしなり》も平家に対し頼朝を討つためと偽って京都から鎌倉に駆け付け、頼朝へ忠実の態度を示している。義重は平家家人であった経歴から大方の信服を得ることができず、頼朝を超えることができなかったのであろう。

安達盛長坐像　埼玉県鴻巣市・放光寺蔵　画像提供：鴻巣市教育委員会

上野の他の武将たちはどのように動いたのであろうか。平安中期以降、藤原秀郷《ふじわらのひでさと》の子孫を称す人々が上野各地に盤踞し、一大勢力を築いていた。その嫡流にあたる足利俊綱《としつな》・忠綱《ただつな》父子は平家につき、争乱の端緒となった宇治川《うじがわ》合戦にも出陣している。この合戦は平家追討の最初の挙兵を行った以仁王・源頼政《よりまさ》を追撃して討ち取った戦いで、治承四年五月に起こっている。このとき、忠綱は往古の秩父《ちちぶ》氏との戦いで一門として大胡《おおご》・大室《おおむろ》・深須《ふかす》・山上《やまがみ》・那波《なわ》太郎・佐貫広綱《さぬきひろつな》四郎大夫・小野寺《おのでら》禅師太郎・辺屋この四郎、郎党の宇夫方次郎・切生《きりゅう》六郎・田中《たなか》宗太らが加わっていたと述べている（群二）。

次いで、俊綱は同年九月三十日以前に上野府中《ふちゅう》（前橋市元総社町）を攻め、民屋を焼き払った。だが府中の占拠までには至らず、周辺の民屋を焼いただけで退去したのであろう。その後、俊綱は志田《しだ》義広《よしひろ》と結んで頼朝に対抗したが、寿永二年（一一八三）二月に義広が下野国野木宮《のぎみや》（栃木県野木町）で頼朝方の小山朝政《おやまともまさ》に敗れると、藤姓足利氏の没落も決定的となった。俊綱は逼塞先の山上保龍奥で郎党の桐生《きりゅう》六郎に討たれ、忠綱は西国に逃れた。

一門の中には、俊綱に従って滅亡の路を辿った者がいたと考えられる。『尊卑分脈《そんぴぶんみゃく》』によると、上野国の一門として山上・深栖《ふかす》・利根《とね》・薗田《そのだ》・大胡・佐貫・那波・佐位《さい》を名のる一族、渕名《ふちな》・吾妻《あがつま》・林《はやし》を称す人物がいる。これに前出の大室と郎党の切生（桐生）・田中らが加わる。これらの姓はほぼ上野の荘・郷地名と重なり、彼らはその地の荘官・郷司《ごうじ》であろう。これをみると、藤姓足利一族は府中のある西南上州を除く地域に広がっていたことがわかる。

ところで、頼朝の従兄弟・源義仲《よしなか》は治承四年十月十三日に信濃から上野国多胡荘《たご》（高崎市吉井町）に入って自立の意志を示した。多胡を父義賢《よしかた》の遺領と標榜し、ここに拠点を構えたのである。住民らはこれに和順したとみえ、義仲を迎える人々が存在したことを示す。しかし、関東で頼朝の覇権が成立するのをみて、十二月下旬には信濃に戻ったという。京都を目指す義仲に従った軍勢の中に、上野の人々では木角六郎・佐位七郎・瀬下《せしも》四郎・桃井《もものい》六郎・高山党《たかやまとう》の人々・那波広澄《ひろずみ》・多胡一族らがみえる。佐位・那波氏は俊綱に従っていたが、俊綱の没落によって在所を逐われたため、義仲に従って活路を求めたのであろう。

上野の武士たちは新田義重・足利俊綱・源義仲らに従う者もいたが、それ以外にも選択肢があった。たとえば義重らが活動する以前に、頼朝に従った人々が存在する。『吾妻鏡』治承四年九月二十日条に、土屋宗遠《つちやむねとお》が上野・下野・武蔵の「国々精兵」を率いて甲斐国に向かったとみえる。彼らはすでに頼朝の命で軍事行動に加わっていたことがわかる。さらに同九月二十九日条の記事として、この時点で頼朝の下にすでに二万七千余騎の軍勢が集まっており、甲斐源氏・常陸・下野・上野の「国輩」が加われば五万余騎となると記されている。「国々精兵」・「国輩」は国衙《こくが》に結集する国衙領の武士たちである。彼らは頼朝方に付くことを早期に鮮明にしており、上野国の帰趨はすでに彼らによって決定付けられていたのである。

頼朝から分け与えられた藤姓足利一門の旧領

内乱の結果、頼朝に抵抗した武士たちは排除され、その所領は没収された。没収地は頼朝によって幕府草創に功績のあった武士たちに分け与えられ、彼らが新たな地頭に任じられて、地域の支配者となる。その結果、上野に鎌倉幕府による新秩序、御家人制度が成立する。その状況をみておこう。

藤姓足利一門には生き残った者もいたが、没落した者もあり、一門の所領は大量に没収されたとみられる。佐位（渕名）荘の佐位氏、那波郡の那波氏は完全に没落し、その遺領は幕府法曹官僚の中原《なかはら》親能《ちかよし》・大江広元《おおえのひろもと》に与えられた。その後、親能の子季時《すえとき》が渕名氏、広元の子宗広《むねひろ》（政広《まさひろ》）が那波氏を名のっている。親能と広元は京から鎌倉に下向し、幕府立ち上げの功労者であった。彼らの子孫はその後も有力御家人として幕政に携わっているが、佐位氏は鎌倉末期に活動がみえなくなる。

利根荘は安楽寿院《あんらくじゅいん》領として平安末期に立荘されている。ここは土井出荘と沼田《ぬまた》荘からなり、前者は嘉元四年（一三〇六）頃には永嘉門院《えいかもんいん》（瑞子女王）が管理していた（群四五四）。また、この頃「地頭請所《うけしょ》」となっており、「御年貢、被検納御所」とあって年貢は御所（朝廷）に納められていた。藤姓足利氏が所持していたのは荘官職で、幕府の成立によってこれが没収されて地頭職となった。

ここを得たのは相模国大友《おおとも》郷を本貫とする大友氏である。正慶二年（一三三三）三月十三日、大友貞宗《さだむね》は子息千代松丸《ちよまつまる》（氏泰《うじやす》）に「利根荘以下国々諸々所領・所職」の所領を譲った（群五四〇）。大友氏が利根荘を保持していることを示す最初の史料である。この段階で利根荘は諸国所領の冒頭にあげるべき重要な所領であったことがわかる。ただし、大友氏は豊後国にも所領を持ち、鎌倉期にすでに同地に拠点を構えている。

大友氏が利根荘をいつ入手したか特定する史料はない。大友氏は前出の中原親能の子能直《よしなお》から始まる。「大友系図」によると、能直の母を利根局《とねのつぼね》といい、同女は頼朝の妾であったという。能直は実は頼朝の隠し子で、親能に引き取られてその養子になったともいう。これが事実かどうか確かめることはできないが、能直が頼朝から厚遇を受けた背景をものがたる。ただし、これらのことについて確証はなく、大友氏の地位を高めるために創作された可能性もある。

源頼朝坐像　甲府市・甲斐善光寺蔵

二代目親秀《ちかひで》の母は高山四郎重範《しげのり》入道女《むすめ》とみえる（「大友系図」）。親能の妻であるが、上野の高山氏であろうか。そうであれば大友氏が上野御家人とも深交をもっていたことになる。弘安八年（一二八五）九月に作成された「豊後国図田帳《ずでんちょう》」によると、真奈井野木乃井之村などの地頭として利根次郎頼親《よりちか》がみえる（『続群書類従』第三十三輯上）。同人は同系図にも利根を名のったとみえ、利根荘を苗字の地としたことがわかる。同人は能直の子で戸次氏を称した重秀《しげひで》の子である。ただし、その子孫はみえない。大友氏と利根荘の関わりについてそれ以上確実な史料で遡ることは難しい。所領の給付はそれに見合う奉公によるもので、治承・寿永の乱後に宛行われたことは否定はできない。

利根荘内には金子家忠《かねこいえただ》に関わる一族もいた。同荘大楊《おおよう》（沼田市）の金子氏は、系図によると家忠の子孫を称しており、戦国期に活躍した美濃守泰清《やすきよ》は沼田城主沼田氏の宿老であった（『加沢記《かざわき》』）。このことは、金子家忠が当地を所領としていた可能性をうかがわせる。金子氏は武蔵村山党《むらやまとう》の武士で、家忠は頼朝の父源義朝《よしとも》に従って保元《ほうげん》・平治《へいじ》の乱に出陣し、平家追討では一谷《いちのたに》・屋島《やしま》合戦などで功があったという。これらの軍功によって、利根荘の一部が恩賞として家忠に与えられたことが想定される。

利根郡の西半分、利根本流域が沼田荘（隅田庄）である。沼田荘には鎌倉期以降、沼田氏の活動がみえるものの、沼田氏がいつここに入部したかは不詳である。同氏の初見は『吾妻鏡』文治元年（一一八五）十月二十四日条で、勝長寿院《しょうちょうじゅいん》落慶供養の際、頼朝の随兵《ずいひょう》として沼田太郎が登場する。沼田氏の出自については、三浦《みうら》姓・緒方《おがた》姓など諸説あって確定していないが、頼朝が功臣に沼田荘を給与し、入部した一族が沼田氏を称したのであろう。頼朝の功臣とすれば三浦一門であろうか。

吾妻荘も藤姓足利氏の遺領とみられる。『尊卑分脈』には、渕名兼助《かねすけ》の子兼成《かねなり》に「吾妻等（権）守」と傍注があり、同人は国衙の在庁官人《ざいちょうかんじん》とみられている。兼成の子孫はみえないので、同荘の利権（荘官職）は嫡流（足利氏）が保持したのであろう。

『吾妻鏡』元暦元年（一一八四）五月一日条によると、義仲の子義高《よしたか》の伴類に不穏の動きがあり、足利義兼らが信濃に出陣を命じられ、小山・宇都宮《うつのみや》・比企《ひき》・河越《かわごえ》氏に加え、「吾妻・小林《こばやし》之輩《ともがら》」らが従った。この吾妻は以前から当地にいた武士を指すのかもしれない。次いで、同建久六年（一一九五）三月十日条に吾妻太郎が登場する。その後、吾妻四郎助光《すけみつ》が承久《じょうきゅう》の乱《らん》に参陣して討ち死にしたという。

吾妻氏については、二階堂《にかいどう》氏説と信濃村上《むらかみ》氏説がある。『加沢記』は、二階堂維光《つなみつ》の子維元《つなもと》が吾妻郡太田《おおた》荘（郷か）を得て入部したが、後に衰えたなどの記事を載せている。ただし、二階堂氏が入部したことを証明する史料はない。二階堂氏は伊豆伊東《いとう》一族工藤《くどう》氏の分流で、初代行政《ゆきまさ》は母が頼朝の母と同じく熱田大宮司《あつただいぐうじ》家の出であったことからその寵臣となり、幕府内で文官《ぶんかん》として頭角を顕している。

一方、『尊卑分脈』によると、村上基国《もとくに》の子親基《ちかもと》に「号吾妻太郎」の傍注がある。ただし、その子孫は記されておらず、村上氏が吾妻荘を所領として保持したことを示す史料も見当たらない。

『吾妻鏡』建保四年（一二一六）十月五日条によると、この日、海野《うんの》左衛門尉幸氏《ゆきうじ》が「上野三原《みはら》堺以下事」について将軍源実朝《さねとも》に言上したとみえる。幸氏は武田《たけだ》伊豆入道光蓮《こうれん》との間で「三原荘」と信濃長倉《ながくら》保との境目を争っており、その解決について直訴したのであろう。これによって、三原荘を信濃の武士海野幸氏が所領としていたことがわかる。三原荘について、吾妻荘という郡名を称す荘園が存在するので、実際は同荘三原郷であり、三原を「吾妻荘三原村」と表記する史料もある。幸氏はもともと源義仲に従っていたが、義仲の敗死後、赦免されて御家人となり、弓の名手であることから頼朝の寵臣となっていた。

以上、吾妻荘は藤姓足利氏の旧領とみられ、そのため頼朝によって没収され、少なくとも三原郷は海野氏に給付された。吾妻郡西部には戦国期に海野氏の子孫を称す鎌原《かんばら》・羽尾《はねお》・湯本《ゆもと》・大戸《おおど》氏らの活動がみえる。その他の地域も頼朝から功臣たちに分配されたことも考えられる。同荘東部も平安期から鎌倉期に継続して活動する武士はみえないので、同様の状況であった可能性が高いと考えられる。

執拗になされた戦後処理

深栖（前橋市粕川町深津）は公領の郷である。『保元物語』・『平家物語』などの文学作品には、足利俊綱に従う深栖（深須）氏の活動がみえ、同郷が藤姓足利一門の所領であったことがうかがえる。ところが、鎌倉期にはこの深栖氏とは別系統の一族が登場する。摂津源氏源頼政の弟光重《みつしげ》の一流である。『尊卑分脈』によると、光重の子仲重《なかしげ》から五代続いて深栖氏を称したことがわかる。ただし、光重は下野方西に住んだともいう。

『平治物語』によると、牛若《うしわか》（源義経）を奥州に案内した金売吉次《かねうりきちじ》の同道者として光重の子重頼《しげより》（頼重とも、堀三郎《ほりさぶろう》）が登場する。伝承ではあるが、光重・重頼は義経を扶助したのであろう。頼政の挙兵失敗後、光重らは東国に逃げ延びて反平家の活動をしていたともみられる。『吾妻鏡』建久六年（一一九五）三月十日条に深栖太郎がみえるが、これは光重の子仲重である。仲重の子孫が深栖を称したが、頼朝から当地を宛行われて苗字の地としたと考えられる。

林《はやし》（拝志）荘は勢多《せた》郡西部を領域とする長講堂《ちょうこうどう》領の荘園であるが、ここも藤姓足利氏所縁の所領として没収されたとみられる。渋川市赤城町宮田付近に里見氏の活動の痕跡がみえる。建長三年（一二五一）七月に掃部《かもん》権助《ごんのすけ》源氏義《うじよし》が京都院派《いんぱ》の仏師《ぶっし》を招き、石造《せきぞう》不動《ふどう》尊《そん》立像《りゅうぞう》を制作させて同所の不動寺に奉納している（群二六八）。氏義が掃部権助に任官したことを示す史料もあり（『平戸記《へいこき》』）、氏義が里見一族であることは疑いない。頼朝の寵臣であった義成がここを与えられ、その孫の氏義に継承されたと考えられる。なお、渋川市金井金蔵寺《こんぞうじ》の宝篋印塔銘にみえる源義秀《よしひで》を里見一族とする見解もあるが、金井は渋川保内であり、里見氏との関連を想定するのは早計である。

俊綱の郎党桐生六郎の苗字の地、桐生郷なども没収された可能性がある。桐生六郎は自己の保身のため主俊綱を討ってその頸を頼朝に差し出したが、これが頼朝の不興を買って誅殺されている。ただし、その子孫とみられる桐生氏の活動はその後もみえる。

一門の多くが没落する中で、鎌倉時代に御家人として活動がみえるのは佐貫・薗田・山上・大胡の四氏のみである。だが、彼らもまったくの無傷であったとは考えられない。『吾妻鏡』承元四年（一二一〇）九月十一日条に次のようにみえる。

故足利又太郎忠綱遺領上野国散在名田等、此間称尋出之、安達九郎右衛門尉景盛令注進、仍被補
新地頭、

足利忠綱の遺領が安達景盛によって探し出され、注進されたことがわかる。藤姓足利氏滅亡から

二十年以上経過しており、大きな所領はすでに没収されて功臣に分配されていたが、このときさらに細かな所領まで洗い出されたのであろう。戦後処理が執拗なまでに行われたことがわかる。

ところで、源姓足利氏の所領とその奉行人を記した年未詳の記録がある（群五三四）。その中に、広沢《ひろさわ》郷と大佐貫郷がある。広沢の地名は他にもあるが、薗田御厨《みくりや》内の広沢郷であれば、藤姓足利一門の薗田氏から没収されて源姓足利氏が引き継いだものと考えられる。また、大佐貫郷も佐貫荘内の郷であれば、同様に佐貫氏からの没収所領とみることができ、その可能性は高い。

足利忠綱を祀る皆沢八幡宮　群馬県桐生市

義仲に味方した武士たちの命運

では、源義仲に味方した武士たちの命運とその所領はどうなったであろうか。佐位・那波氏は前述の通りである。木角氏については関連する史料がないが、新田荘内に小角郷があり（正木九八）、それとの関係が考えられる。埼玉県本庄市高島と中瀬の小字に小角があり、高島から中瀬に小角郷の故地があったとみられる。その後、木角氏はみえず、これによって没落したのであろう。

次に多胡氏をみてみよう。多胡荘は院政期に成立した郡名荘で、河内源氏の家領となっていた。義仲は当荘を「亡父遺跡」と述べており、父義賢から継承したものと主張している。義賢は仁平三年（一一五三）の夏頃ここに居住し、武蔵に進出したが、久寿二年（一一五五）八月に武蔵大蔵館《おおくら》（埼玉県嵐山町）で頼朝の兄義平《よしひら》に討たれている。

在地の武士多胡氏は源氏重代の家人で、前九年の役のときに多胡四郎別当大夫高経《たかつね》は源義家の命に従わなかったとして誅殺されている（「小野系図」）。多胡氏は惟宗《これむね》姓を名のるが、惟宗は渡来系の人々の姓である。多胡郡はもともと渡来人たちが移り住んで建郡されたもので（多胡碑）、惟宗氏は多胡郡司などを務めた家であろう。治承・寿永内乱のとき、多胡家包《いえかね》は義仲が討たれた近江粟津《あわづ》（大津市）まで付き従って生け捕りにされている。多胡氏は源家譜代の家人として義仲に従ったのである。

『吾妻鏡』に御家人として多胡氏の名がみえ、一族は内乱後も存続したことがわかる。さらに、荘内の郷名を名のる神保《じんぼ》・多比良《たいら》・小串《おぐし》氏らも『吾妻鏡』に登場する。頼朝は源氏嫡流として多胡荘の支配権を継承し、譜代家人であった多胡一族をそのまま御家人として遇したのである。

桃井六郎の所領とみられる桃井（榛東村・吉岡町）は、公領の郷である。『吾妻鏡』建暦三年（一二一三）五月七日条に、「上野国桃井　藤内左衛門尉」とみえる。同人は将軍源実朝の侍の藤原季康《すえやす》で、桃井六郎の没落によって同郷地頭に補任されたのであろう。その後、足利義兼の子義胤《よしたね》が桃井氏を名のっている。系図によると、義胤は兄としてみえる義助の子であるが、義助が承久の乱で討ち死にしたため、祖父義兼に養育されたという。したがって、義胤が藤原季康に代わって桃井の地を得たのは承久の乱後となる。

渋川も公領の保または郷であるが、桃井同様に足利一門の渋川氏が進出している。『吾妻鏡』文治五年（一一八九）七月十九日条に、渋河五郎兼保《かねやす》という武士がみえる。その後、建仁三年（一二〇三）の比企氏の乱のときに渋河刑部丞兼忠《かねただ》が比企能員《よしかず》の舅として殺害されている。さらに、泉親衡《いずみちかひら》の乱では渋河刑部六郎兼守《かねもり》が、和田合戦《わだかっせん》では渋河左衛門が敗れて誅殺されているが、これらの渋河一族は明らかに足利系渋川氏ではない。和田合戦で討たれた渋河左衛門は「毛利人々《もうり》」とされている。毛利は大江姓の毛利氏を指すので、渋川保は足利一族の入部以前に大江一族の所領となっていた可能性がある。

足利系渋川氏は義兼の曽孫にあたる義顕《よしあき》から始まるので、鎌倉中期以降に入部し、桃井氏と同様に治承・寿永の内乱とは直接関わらない。ただし、それ以前に渋川保にも頼朝功臣が入部していたのは、その前任の郷司らが内乱に関わって没落した可能性も考えられる。

瀬下氏の本領は、公領の甘楽《かんら》郡瀬下郷（富岡市）である。瀬下四郎は義仲に従ったが、瀬下一族はその後も御家人として活動しており、建久六年（一一九五）の頼朝上洛の随兵として瀬下奥太郎がみえる。そのため、瀬下氏は没落を免れた可能性が高い。

高山御厨（藤岡市）を本貫とする高山一族は義仲に従い、信濃横田河原《よこたがわら》合戦に「高山党人々三百余騎」で参陣したという（延慶本『平家物語』）が、同族の小林氏ともども族滅することなく、その後も御家人としてみえるので、最後まで義仲に従ったわけではなかった。

『神鳳鈔《じんぽうしょう》』によると、高山御厨は「没官地《もっかんち》」とみえ（群八二）、時期は不明であるが頼朝によって没収されたのであろう。治承・寿永の内乱初期に、佐々木盛綱《ささきもりつな》の下に高山氏が従っているのがみえるので、一時盛綱に預けられていたことが想定される。また、徳治三年（一三〇八）には摂津親鑑《せっつちかあき》や大江氏女が当地に所領を保持しており（群四六〇）、これらも幕府から宛行われたものとみられる。

西上野の御家人と荘郷

西上野の郡名荘として碓氷《うすい》荘（安中市）があるが、同荘磯部《いそべ》郷に佐々木盛綱（法名西念《さいねん》）が居住している。建仁元年（一二〇一）四月、越後で城《じょう》氏の反乱が起こり、幕府が盛綱に出陣を命じると、盛綱はここから出陣したという。ここが盛綱の拠点であったことがうかがえる。磯部付近には盛綱に関わる伝承が残る。西上磯部の金井《かない》八幡《はちまん》は盛綱創建、鷺宮《さぎのみや》は盛綱の所領、東上磯部の城山（磯部城址）は盛綱の居城、同所の松《しょう》岸寺《がんじ》の五輪塔群は盛綱夫妻の墓、下磯部の普門《ふもん》

伝佐々木盛綱夫妻の墓　群馬県安中市・松岸寺

寺《じ》は盛綱の祈願所、といった具合である。盛綱の長子秀忠《ひでただ》は磯部氏を称し、ここで御家人として活動していたことがうかがえる。なお、下野尻《しものじり》の駒足洗池は佐々木高綱《たかつな》が馬の脚を洗ったという伝承もある。高綱は盛綱の弟で、同荘下野尻郷などを得た可能性がある。

盛綱・高綱ら佐々木一族は宇多《うだ》源氏に属すが、流人時代の頼朝を支えた功臣である。頼朝は彼らの忠節に報いる必要があった。なお、前出の多胡荘は南北朝期に佐々木高氏《たかうじ》（道誉《どうよ》）の所領となっている（群九三五）。高氏は盛綱の兄定綱《さだつな》の子孫で、定綱も多胡荘内で所領を与えられた可能性がある。

「佐々木系図」（『続群書類従《ぞくぐんしょるいじゅう》』第五輯下）によると、佐々木一門で定綱の弟義清《よしきよ》の子孫の顕清《あききよ》という人物は、嘉元二年（一三〇四）五月四日に伯父時清《ときぎよ》とともに上野で討ち死にしたとある。時清は北条宗方《むねかた》が狼藉によって誅殺されたとき、討手となったが逆に討たれたともみえる。顕清の父基顕《もとあき》は後《ご》藤基政《とうもとまさ》の子となり後藤氏を名のり、顕清の弟は上野守（介）であったという。これらのことは他の史料で確かめられないが、この一族も上野と関係を持ち、少なくとも殺害時に上野に居住し、所領も与えられていた可能性がある。

また、碓氷荘秋間《あきま》郷を苗字の地とする武士がいる。守護安達氏被官の飽間《あきま》氏である。同氏は飽間斎《さい》藤《とう》とも名のり、武蔵斎藤氏の一族という。飽間郷が安達盛長に与えられ、その被官である斎藤一族が入部して飽間氏を名のったのであろう。碓氷荘は頼朝の功臣たちに分け与えられ、彼らが地頭として入部した。当荘が幕府の支配下にあったことがわかる。

『尊卑分脈』によると、源頼政の子僧光円《こうえん》に「高田《たかだ》」、光円の子盛員《もりかず》に「称高田、美濃国住人、後移住上野国甘羅郡菅野荘」と傍注がついている。この一族は菅野荘高田郷（富岡市）を与えられて美濃国から入部したことがわかる。『吾妻鏡』建久六年（一一九四）三月六日条に盛員は「高田太郎」とみえ、御家人となっている。頼朝は頼政一族の功を高く評価したのであろう。高田氏は当地に勢力を扶植し、戦国期まで存続した。

仁治二年（一二四一）二月、高田盛員は長《ちょう》（長谷部《はせべ》）秀連《ひでつら》と所領の境界を争った（群二〇三）。長秀連も菅野荘内に所領を所持していたことがわかる。長谷部氏は以仁王の侍で、以仁王の挙兵に関わっている。同氏も挙兵失敗後に頼朝に仕え、菅野荘の一部を与えられたのであろう。長氏は能登にも所領を持ち、後に能登に移る。

『吾妻鏡』元暦元年（一一八四）七月十六日条によると、頼朝は甘楽郡黒川《くろかわ》郷（富岡市）を渋谷高重《しぶやたかしげ》に給付し、同所への国衙使の入部を止め別納とする下文《くだしぶみ》を発給した。渋谷氏は当初、平家方に従っていたが、鞍替えして頼朝につき、平家追討にも功を挙げている。黒川郷はその功に報いるため下賜されたものであろう。同郷は公領であるが、それ以前の知行者は不詳である。これに加え、寛元三年（一二四五）頃、渋谷氏は大類《おおるい》（高崎市）に九町の公田も保持している（群二一六・二五七）。大類も公領の郷で、渋谷氏への行賞ともみられる。

元徳元年（一三二九）十二月、長井道可《ながいどうか》（頼重《よりしげ》）が上野国佐野《さの》郷内在家《ざいけ》四宇・田八町を嫡子貞頼《さだより》に譲っ

ている（群五二八）。長井氏は大江広元の次子時広《ときひろ》から始まる家で、道可は六波羅探題評定衆《ろくはらたんだいひょうじょうしゅう》を務めている。長井氏がこれを入手した経緯は不詳であるが、内乱期に広元が入手したものが伝領された可能性がある。

正和三年（一三一四）閏三月十五日、成田長信《なりたながのぶ》は同名宗家《むねいえ》・宗員《むねかず》と上野国奥平村の領有について和与状《わよじょう》（和解の際の文書）を作成した（群四七〇）。奥平村はこのとき成田氏の所領となっている。成田氏は武蔵の御家人であるが、成田氏がいつここを手に入れたかは不詳である。奥平村は甘楽郡に属し、国衙領であろう。

この他、系図史料などに上野に所領を保持する武士がみえる。「武蔵七党系図」（『続群書類従』第五輯上）で阿佐美《あさみ》氏を称す実高《さねたか》について、武蔵国児玉《こだま》荘・上野国高山荘・同吾妻郡小中山村などを所持していたとある。実高は鎌倉前期の人物である。これまでの検討から、高山御厨・吾妻荘の所領は恩賞地として下されたとみられる。なお、その子経実《つねざね》に「上野国小中山」とみえるので、経実は同所に入部して御家人化したものと考えられる。

上野国奉行人となった安達氏も、少なからぬ所領を与えられたと考えられる。守護に補任されるとそれに見合う所領が追加されたであろう。安達氏の所領として玉村《たまむら》御厨・碓氷荘飽間郷・大室《おおむろ》荘（保とも）・春近《はるちか》領などがある。このうち玉村御厨は、守護所が置かれた拠点であった。同所を苗字の地とする玉村氏は安達氏の家人となって活躍している。実は、玉村御厨も藤姓足利氏の旧領であった可能性がある。玉村町樋越の真言宗花台寺《けだいじ》は館址で、同寺は足利忠綱が創建したという伝承があることによる。

文永三年（一二六六）十二月十一日の関東下知状《かんとうげちじょう》によると、幕府は常陸の税所広幹《さいしょひろもと》に大室保東神沢後閑内田・在家の領有を認めている（群三四〇）。同所は母丹治氏《たんじ》から譲られた所領であったという。当地の領主は丹治氏で、一族の女性が税所氏に嫁してその所領が移動したことがわかる。丹治氏は安達被官として入部した可能性がある。

早期に頼朝に従った国衙領の武士

中世の土地制度は、貴族・寺社などの私領である荘園と国衙領（公領）の郷の二元体制であった。上野の荘園は郡単位に成立したもの（郡名荘という）があり、それ以外の荘園でも複数の郷を含んで成立したものが多い。これに対し、国衙領は郷単位に成立したものがほとんどで、郷司などの武士の分限は小さい。前出の「国々精兵」・「国輩」はこのような国衙領の中小武士たちであるが、彼らは早期に頼朝に従ってその権力確立のために貢献した。幕府成立によって彼らも御家人に取り立てられたが、幕府の中枢で活躍することはなかった。

上野の荘園と国衙領の郷の分布をみると、後者は旧群馬郡・甘楽郡に集中して存在し、それに隣接する片岡《かたおか》郡・緑野《みどの》・勢多・那波郡にも点在する。前者は郡名荘として多胡・碓氷・吾妻・利根・新田・

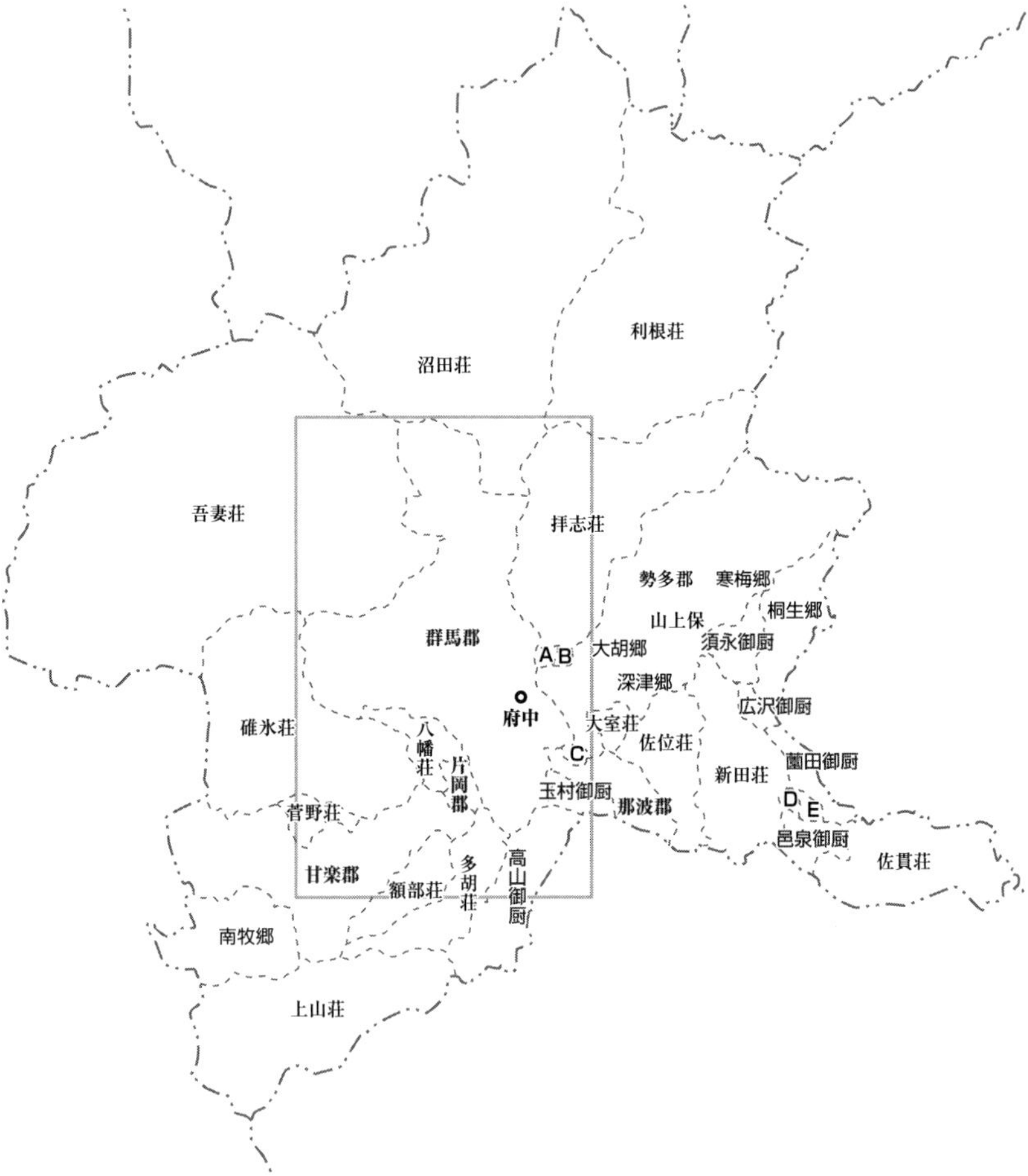

図１　上野国の公領と荘園
Ａ：青柳御厨　Ｂ：細井御厨　Ｃ：善養寺荘　Ｄ：大蔵保　Ｅ：寮米保

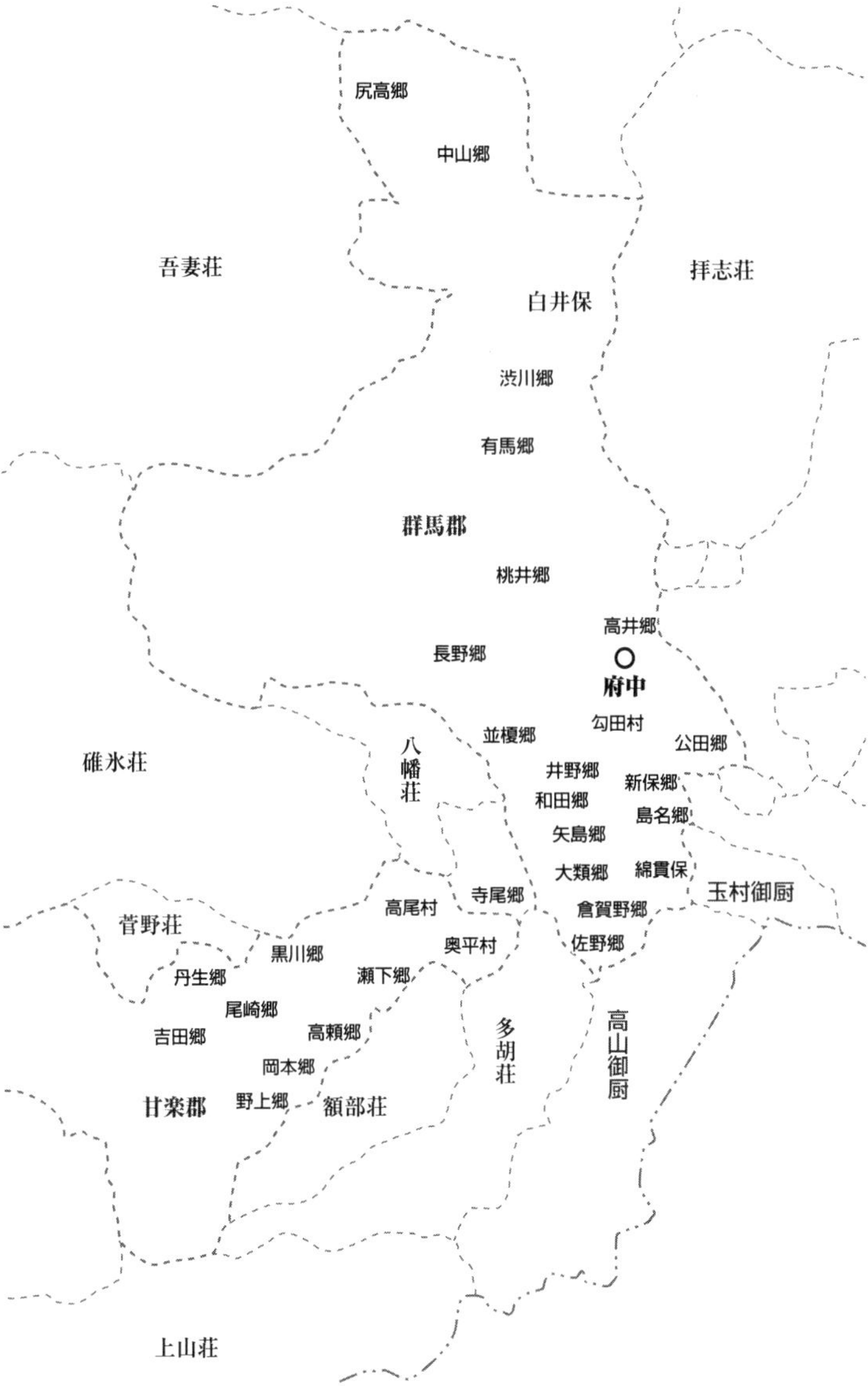

図２　群馬郡・甘楽郡の公領（郷・村）

貫前神社　階段の下に社殿がある珍しい構造をしている　群馬県富岡市

佐位荘があり、佐貫荘もほぼ邑楽《おうら》郡を領域とする。その間に伊勢神宮領である御厨が点在している。

群馬郡は上野諸郡の中でも大郡で、上野中央部を南北に長く連なる。その中央の東側に上野府中（前橋市元総社町）があった。甘楽郡にはいくつか荘園があるものの、国衙領が卓越し、上野一宮の貫前《ぬきさき》神社（富岡市）が鎮座している。両郡には国衙の力が強く及び、荘園の成立が抑制されたのである。これら公領の郷で徴税・勧農を請け負った郷司らは国衙に集い、国衙機構を支える武力となった。

彼らの動向に関し、知行国主《ちぎょうこくしゅ》の意向が大きく関わったと考えられる。平安末期、院政政権は特定の国の知行権を有力貴族に与え、国司・目代《もくだい》の選任権を与え、国衙領から利得も得られることを保障し、院政政権への求心力を高めた。治承元年（一一七七）九月頃までの上野国主は藤原光能《みつよし》、光能の後継者が藤原兼光《かねみつ》であるが、いずれも院近臣である。

光能は治承三年に院と平家が対立したとき、平家追討の院宣《いんぜん》を書いたため解官《げかん》の憂き目にあっている。光能は安達盛長・大江広元・以仁王・文覚《もんがく》とも交わりがあったという。一方、兼光は光能の子家《いえ》能《よし》を猶子《ゆうし》としており、光能の立ち位置と異なる人物とはみられない。院に忠実な彼らが選任・派遣した国司・目代が上野国衙を指揮・統制したのである。「国輩」が早期に頼朝についたのは、彼らの意向が働いたとみられる。

保元元年（一一五六）七月に起こった保元の乱を例にあげて検討してみよう。この戦いで源義朝の下に「瀬下四郎・物射五郎・岡下《おかもと》（岡本）介・那波太郎」が参陣したという（『保元物語』）。彼らの苗字の地である瀬下郷・桃井郷・岡本郷・那波郡はすべて国衙領で、彼らは国衙在庁を代表する有力武将とみられる。特に岡下介は「介」の称号を称すことから国衙在庁のリーダーで、那波氏は藤姓足利一門の有力者であった。国衙在庁の有力者たちが武士たちを引き連れて義朝方に参陣したことを示すが、これは院の意向によるものと考えられる。

今回も国衙に従う人々の多数は、知行国主の意向に沿って頼朝に従ったと思われるが、岡本氏を除く三者は義仲に従った。ここで国衙領の人々の中に勢力交代が起こったことがうかがえる。その中には没落するか打撃を蒙る者もいたはずである。

『吾妻鏡』に登場する国衙領に関わるとみられる人々を拾ってみよう。寺尾（太郎・三郎太郎・大夫業遠《なりとお》・左衛門尉・四郎兵衛）、江田《えだ》（兵衛尉・五郎太郎）、高井《たかい》（五郎・弥太郎・室三郎・三郎）、屋嶋（次郎・六郎）、嶋名《しまな》（刑部三郎）、倉賀野（三郎高俊・兵衛尉）、瀬下（奥太郎・刑部太郎）、永野《ながの》（刑部丞・次郎太郎）、荒巻《あらまき》（藤太）らが挙げられる。史料の制約があるが、寺尾・高井・倉賀野氏らの動きが目立つ。寺尾氏は五位の位を持つ者の称号である大夫の称号を名のっている。嶋名・瀬下・永野（長野）氏は本人か身内に刑部丞の官職を保持していたものがいた。なお、治承・寿永内乱で義仲に従った瀬下氏は、先にみたように滅亡を免れたとみられる。

江田は、新田一族の江田氏とは別系であろう。幕府の番役勤事・随兵奉仕などは、惣領《そうりょう》が中心となって務めるのが通例で、新田江田氏のような庶流が名を出すことは考えられない。上野各地に江田の地名はあるが、前橋市江田町と考えられ、江田は国衙領の郷であろう。また、荒巻氏は前橋市荒牧町を、高井氏は高井郷（前橋市）を本貫とする武士であろう。高井郷は府中の東側に広がる大郷で、現在の前橋市街地も含む地域である。ただし、『吾妻鏡』には三浦一族の高井氏もみえるので、高井氏がすべて上野の者とは限らない。

なお、鎌倉期にも朝廷による国衙支配は続いていた。だが、鎌倉期の上野国衙の活動を示す史料は一通しか残っていない。建久元年（一一九〇）十二月日に榛名寺《はるな》（榛名神社）宛に発給された留守所《るすどころ》下文で、上野国衙が同寺領内に健児《こんでい》と検非違使を入部させないことを伝えたものである（群七二）。榛名寺領は長野郷内の三ノ倉などである。国衙の役人として石上氏《いそのかみ》二人と目代の藤原左衛門尉が署名している。石上氏のひとりは散位《さんに》と称しているが、散位は位のみで官職をもたないことを意味する。石上氏はいずれかの公領の郷の郷司で、岡本介・瀬下氏・長野氏・寺尾氏等が想定される。

上野目代に関し、藤原則光《のりみつ》流の宗長《むねなが》という人物が注目される。『尊卑分脈』によると、宗長に「建仁二年正・廿二、叙留、下向上野目代」とみえ、建仁二年（一二〇二）頃に目代として上野に下向したことがわかる。弟の助季《すけすえ》は土佐国目代で、この一族は各国の目代を務めていた。建久元年の上野目代左衛門尉はその兄助頼《すけより》であったかもしれない。なお、彼らの父宗敬《むねたか》は赤塚《あかつか》右衛門大夫とみえ、武蔵赤塚（東京都板橋区）に拠点を構えていた。武蔵の武士斎藤実盛《さねもり》は従兄弟にあたる。

承久の乱後、中院通方《なかのいんみちかた》が上野知行国主に補任された。通方は村上源氏の久我通親《こがみちちか》の子である。通方の後、通成《みちなり》・通頼《みちより》・通重《みちしげ》・通顕《みちあき》・通冬《みちふゆ》と五代がこの職を受け継ぐ。中院家の下で目代を務めたのは、秀郷系藤原氏一門の兼光の子孫の長沼《ながぬま》氏である。『中院一品記《なかのいんいっぽんき》』に「上野の眼代《がんだい》（目代）は秀長法師《ひでながほっし》が長年勤めてきたが、不法のことがあったので召し放って秀貞《ひでさだ》に替えたが、秀長が種々嘆き申すので、孫秀治《ひではる》（秀春）を取り立てて任じてやった、父の秀賢《ひでかた》法師は当時隠居であったが、畏まって礼を申し入れてきた」などとみえる。一族の系譜を掲出すると次のようになる。

兼光……（六代略）……秀茂―秀弘―秀長―秀賢―秀春
　　　　　　　　　　　　　　　　└秀時―秀貞

この中で、少なくとも秀長・秀貞・秀春は上野目代であった。この一族は秀長以前から目代を世襲していた可能性が高い。

上野における御家人制の展開

ここで、治承・寿永内乱による上野武士の勢力交代をまとめてみよう。平安期に大規模な荘園・御厨が成立し、荘官などとして入部した武士は有力な勢力に成長した。藤姓足利一門が保持していた所領はこのような大型荘園・御厨で、一門は上野国最大の勢力となり、国衙領にも進出していた。だが内乱の結果、その所領の多くが没収され、藤姓足利一門は力を失う。これらの所領は源頼朝によって収公され、幕府草創の功臣たちに配分された。

とはいえ、藤姓足利一門でも生き残った人々がいた。御家人として活動がみえるのは大胡・山上・薗田・佐貫の四氏のみである。この一門で最初に『吾妻鏡』にみえるのは佐貫広綱で、養和元年(一一八一)七月のことである。広綱は志田義広の乱(寿永二年か)以前に頼朝に従ったことがわかる。生き残った他の一門も、広綱と同様にして御家人となったのであろう。

『吾妻鏡』建久六年(一一九五)五月十五日条によると、三浦義澄《よしずみ》と足利長氏の郎党が京都六条大宮辺で乱闘騒動を起こしたことがあった。このとき、三浦一族の和田義盛《よしもり》・佐原義連《さわらよしつら》らが義澄の宿所に馳せ集まり、一方の長氏の宿所には小山一族に加え、大胡・佐貫の輩が結集した。頼朝が梶原景時《かじわらかげとき》を遣わして双方に和解を命じたことにより事なきを得たという。大胡・佐貫氏は源姓足利氏の配下に連なっている。これは、源姓足利氏が足利荘に入部して藤姓足利氏の名跡を継いだため、彼らと源姓足利氏に擬制的な一族関係が生じていたことを示す。なお、小山氏も同様に藤原秀郷の子孫である。

上野で新たに所領を得たのは、幕府文官の大江・中原一族(佐位・那波氏)、側近である佐々木一族と安達・大友氏ら、源頼政に関わる深栖・高田・長谷部氏ら、さらに頼朝寵臣の金子・海野・一階堂・

渋谷氏らであった。また、遅れて国衙領に源姓足利一門（桃井・渋川氏）が加わる。有力御家人たちは上野以外にも複数の国々に所領を所持し、生活の舞台は鎌倉であったため、上野の御家人とはいえない。

新たに入部した人々の中で、高田・桃井氏は戦国まで上野で活動がみえるので上野に本拠を置いたとも考えられる。金子・海野氏も、子孫を称する人々の活動がみえるので、同様に考えることができる。また、内乱で没落を免れた人々も上野御家人として存続した。大胡氏以下の藤姓足利一門、里見・山名を含む新田一族、国衙領を保持した人々である。源氏の家人であった多胡荘の多胡一族、安達氏の被官であった飽間氏もこれに加えることができる。

上野の御家人の動きを具体的に示す史料として、建治元年（一二七五）五月日の「六条八幡宮造《ろくじょうはちまんぐうぞう》営注文写《えいちゅうもん》」がある（高七〇）。幕府が行った京都六条八幡宮の造営に際し、全国の御家人たちが喜捨した銭の貫高を記した注文である。上野部分をみてみよう。

上野国

里見伊賀入道跡	七貫	山名伊豆入道跡	六貫
小野蔵人跡	五貫	桃井三郎跡	五貫
佐貫右衛門尉跡	廿貫	大胡太郎跡	十二貫
高山三郎跡	八貫	同　五郎跡	六貫

和田五郎跡　七貫　長野刑部丞跡　八貫
寺尾入道跡　六貫　倉賀野三郎入道跡　五貫

これらの人々をみると、源氏一門として里見・山名・桃井氏がみえ、桃井氏は上野在国であったことがわかる。新田荘にいた新田一族はここにみえないが、その理由は不明である。藤姓足利一門として佐貫氏と大胡氏がみえ、それぞれ二十貫・十二貫を喜捨しており、他に比べて裕福とみられ、佐貫荘・大胡郷が大きな所領であることを示している。

薗田氏も生き残った藤姓足利一門であるが、実は下野部分にみえる。上野の所領は喪失し、本領を下野に移したのであろう。建暦三年（一二一三）の和田合戦で、薗田七郎が和田義盛に味方して討たれており、その結果かもしれない。さらに、結城《ゆうき》一族の中に薗田氏を名のる者がみえるという（須藤聡一九九八）。藤姓足利氏領だった薗田御厨が内乱期に頼朝によって没収され、結城氏にも給与・預置された可能性が考えられる。ただし、薗田氏も族滅までは至らなかったともみえる。

次に、高山御厨に関わる武士として、高山三郎・同五郎がみえる。小林氏を含め高山一族は複数の家からなるとみられるが、彼らが惣領としてこの喜捨を行ったのであろう。さらに、和田氏・長野氏・寺尾氏・倉賀野氏がいるが、これらは国衙領の有力者とみられる人々である。彼ら四名が上野国衙から喜捨に応じたともみられる。ところでもう一人、小野蔵人《おののくろうど》跡がみえる。小野氏はこれ以外、上野では活動がみえない。小野蔵人は信濃平賀《ひらが》一族の小野蔵人時信《ときのぶ》とされるが、検討を要する。小野の地に関し、「小野郷内藤木村」がみえ（長一八）、藤木を含む小野郷は甘楽郡の国衙領の郷とみられる。同人は当地の地頭の可能性もあり、平賀一族であるかどうかは不詳というしかない。

なお、「六条八幡宮造営注文写」には「鎌倉中」とする部分がある。ここには北条時宗《ときむね》（五百貫）を筆頭に有力御家人が名を連ねる。その中には上野にも関わる足利義氏《よしうじ》（二百貫文）・安達義景（百貫文）・那波政茂《まさしげ》（三十貫文）や二階堂一族（百貫・百貫の二名）がみえる。深栖紀伊前司（五貫文）・長谷部一族（七貫文・十貫文）らもみえるが、喜捨の額は並である。

『蒙古襲来絵詞』に描かれた安達泰盛　宮内庁三の丸尚蔵館蔵

ちなみに、武蔵に金子一族（十貫文・七貫文）がみえる。

弘安八年（一二八五）十一月十七日、安達泰盛が突如、北条貞時《さだとき》の命によって討たれた（霜月騒動《しもつきそうどう》）。鎌倉市中で合戦となり、安達一族やその関係者多数が討ち死にを遂げている。「霜月の乱聞書」によると、「此外、武蔵・上野御家人等自害、不及注進」とみえ、上野国でも多くの御家人が自害に追い込まれたことがうかがえる。この事件は得宗《とくそう》（北条家嫡流）による専制強化の象徴的事件とみられている。しかし、北条氏による権力独占は御家人たちの反発を招き、かえって幕府の滅亡を速めた。

「武蔵七党系図」によると、片山基重《かたやまもとしげ》は「弘安乱、城入道一味シテ被誅」とみえる。同人は犠牲者の一人であった。片山は高崎市吉井町片山が本貫地で、ここは多胡荘内である。この地域の武士たちが安達方として討たれ、得宗側の武士と交代したのかもしれない。

飽間氏に関しては、弘安九年十一月二十九日の将軍惟康親王《これやすしんのう》寄進状写がある（高補九）。相模国千葉郷内の土地が伊豆山権現《いずさんごんげん》に寄進されたが、それは「飽間二郎左衛門跡」であった。飽間氏が霜月騒動で安達被官として処罰されたことを示す。飽間郷なども没収されたのであろう。ただし、飽間一族はその後も活動が確認され、族滅は免れている。

玉村氏はこれ以降、活動がみえなくなるので、霜月騒動によって族滅したとみられる。玉村氏は安達被官の中でも守護代や側近として仕えた一族であるが、出自などは不明である。これに関し、「栗生系図」という不思議な系図がある（『続群書類従』）。系図として整っておらず、一族の先祖伝承などをつなぎ合わせたもので、羊大夫という実在しない人物の子孫を示す。羊大夫は多胡碑に関わって創作された架空の人物で、その子孫として「片山武者所玉村次郎」がみえ、さらに栗生氏や片山氏はその系譜に連なる。これによって玉村氏は多胡一族片山氏の系譜を引くと読み取れる。多胡荘は源家所領で、安達氏が頼朝から多胡荘を任され、被官化した多胡一族を玉村に据え、玉村氏が成立した可能性がある。

新田荘と新田一族

治承・寿永内乱によって多くの武士が没落・衰退する中で、新田氏は八幡荘・新田荘などを維持することができた。義重が恥を忍んで鎌倉に出向し、頼朝に許しを懇願した結果である。その後、義重は幕府に出仕するが、『吾妻鏡』に登場する機会は少なく、重用されることもなかった。また、義重の娘（頼朝兄の義平未亡人）のことで頼朝の勘気を蒙ったこともあった。ただし、建久四年（一一九三）に頼朝は下野那須《なす》の野の狩倉《かりくら》の後、わざわざ新田館に義重を見舞って交流を深めている。建仁二年（一二〇二）正月十四日の義重の死に対して、『吾妻鏡』は「源氏遺老、武家須要」と記し、頼朝の妻政子《まさこ》も嫡男頼家《よりいえ》に喪に服すよう諭している。ここからは、義重がそれなりの存在感を示していたことがわかる。

また、頼朝と義重の関係を知る上で再評価すべき史料がある（群二五）。

下　武蔵国加地郷百姓等
　定補　郷司職事
　　新田入道殿
右人、補任彼職如件、百姓等宜承知、敢不可違失、故下、
　治承五年十一月十一日
源朝臣（花押）

この文書は後の頼朝下文と形式が異なり、稚拙であることからこれまで偽文書《ぎもんじょ》とされてきたが、近年、初期の幕府が発給した正式な文書と考えられるように評価が変わった。そうであれば義重はこの間、何らかの功によって加地《かじ》郷を恩賞として給与されたことになる。武蔵国騎西《きさい》郡糯田《もちだ》郷を付与する頼朝下文もある（群二六）。

義重には多くの子があり、義範は山名氏、義俊《よしとし》は里見氏、義兼は新田氏、義季《よしすえ》は得河《とくがわ》氏、経義《つねよし》は額戸《ごうど》氏を起こした。その後も一族は荘内各所に分かれていった。新田嫡流家は義兼の後、義房《よしふさ》・政義《まさよし》と続く。義兼は『吾妻鏡』に数回登場し、建保三年（一二一五）以前に没している。義房は父に先立って夭折《ようせつ》したという。

政義は祖父義兼の死によって家督を継ぎ、足利義氏の娘を妻に迎えている（『尊卑分脈』）。足利氏は幕府内で北条一門に準ずる地位を得ており、政義は義氏の庇護の下で地位の向上を図ったのであろう。ところが、政義は仁治二年（一二四一）に預かった囚人に逐電《ちくでん》されたことで幕府の咎めを受け、過怠料三千疋を課された。さらに、寛元二年（一二四四）には大番役《おおばんやく》で在京中、所労（病）と称して許しを得ず、にわかに出家を遂げたことを再び咎められて「所領召放」の処分を受けた（『吾妻鏡』）。その結果、政義は新田に戻り、由良別所《ゆらべっしょ》に円福寺《えんぷくじ》（太田市）を創建し、余生を送ったとされている。

次に登場する新田氏家督者は、『吾妻鏡』建長六年（一二五四）七月二十日条にみえる新田太郎である。供奉人に任じられて催促を受けたが、子細（言い訳）を申して役の免除を求めた人々の一人であった。

同人は「布衣《ほい》」（狩衣とも、六位以上の官人の礼服）とみえるので御家人としては上位に属し、北条一族（北条政村《まさむら》・名越時章《なごえときあき》・北条兼時《かねとき》）に続いて四番目にみえる。この時期、庶流の世良田頼氏《せらだよりうじ》が幕府に出仕し、新田氏を代表する者とされるが、嫡流家も同時にそれなりの地位を得て幕府に出仕していたのである。

ここでは、この太郎が政義かその子政氏《まさうじ》かが問題となる。政義とすれば、彼は幕府から咎を受けた後も十年間は家督者として活動を続けていたことになり、円福寺で余生を送ったという話に再検討の余地が生じる。一方、政氏であればこれまで通り彼が政義に替わって家督となったことになる。なお、系図では政義は太郎、政氏は又太郎とみえる。ただし、又太郎でも出仕の際には家督者として太郎と表記されることもありうる。また、これ以外に『吾妻鏡』に登場しないことをもって嫡流家が逼塞していたとも断定できない。

政義に関して残っている史料は少ない。『吾妻鏡』以外では、信憑性に問題はあるが、『新田氏根本史料』所載の系譜類などがある。それらによって検討してみよう。政義のにわか出家の原因について、「筑後佐田新田系図」（以下、「佐田家図」）には「病脳に依て出家す、剃髪の事を鎌倉に告され故」とみえる。これによると、精神耗弱状態に陥って思わず出家を遂げたようにみえる。

一方、「新田実城応永記」に祖父義兼・父義房と同じ「廷尉《ていじょう》」（衛門尉《えもんのじょう》と検非違使《けびいし》の兼任）の地位に六波羅探題によって推挙されたが、許容されなかったので出家を遂げたという記事がみえ、事件の裏面の真相を語るものとして注目されている（田中大喜二〇一五）。この失態に対し、父祖の例を慮り、

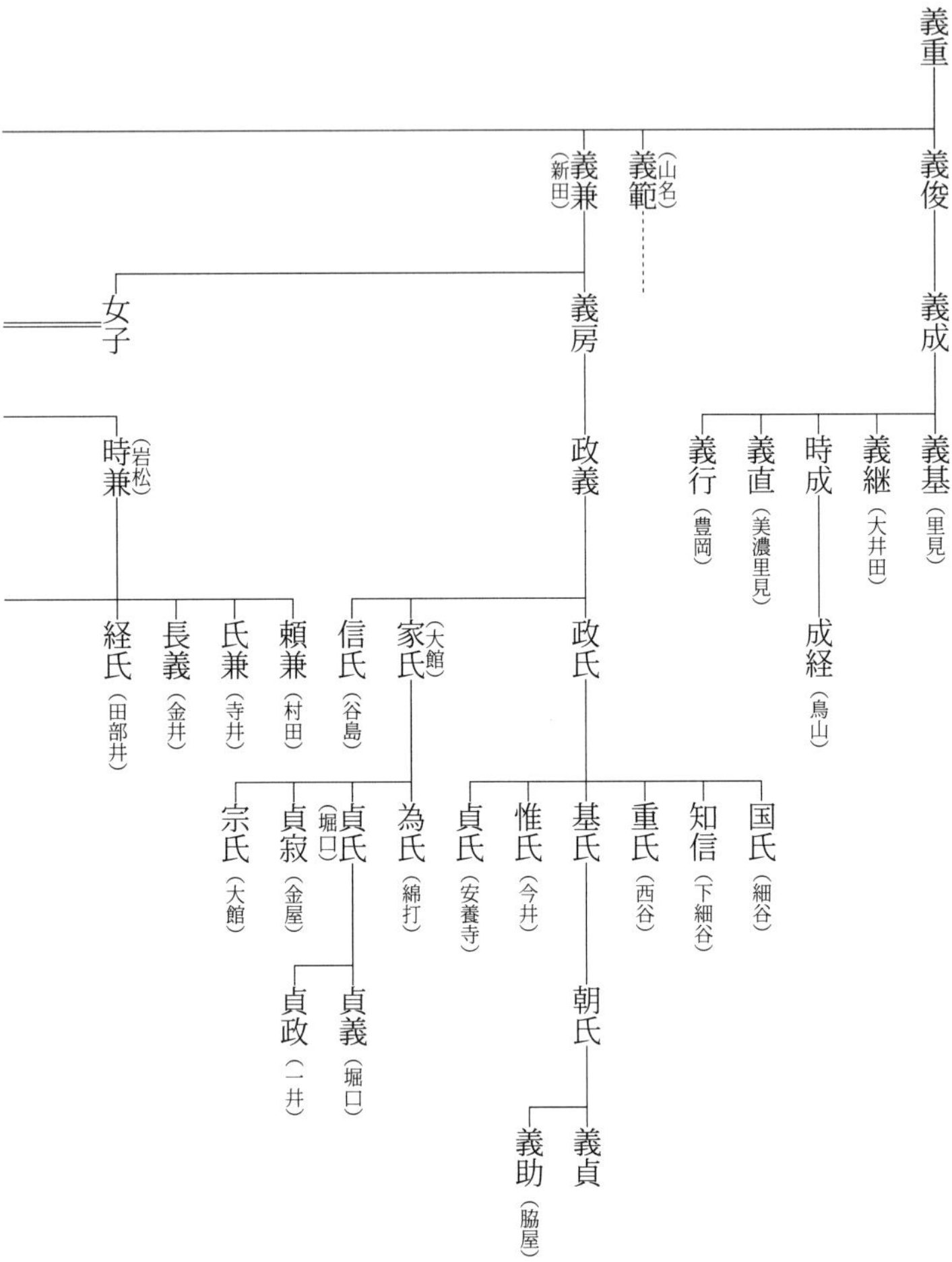
義重
義俊
義成
義基（里見）
義継（大井田）
時成
成経（鳥山）
義直（美濃里見）
義行（豊岡）
義範（山名）
義兼（新田）
義房
政義
政氏
国氏（細谷）
知信（下細谷）
重氏（西谷）
基氏
朝氏
義貞
義助（脇屋）
惟氏（今井）
貞氏（安養寺）
家氏（大館）
為氏（綿打）
貞氏（堀口）
貞義（堀口）
貞政（一井）
貞寂（金屋）
宗氏（大館）
信氏（谷島）
女子
時兼（岩松）
頼兼（村田）
氏兼（寺井）
長義（金井）
経氏（田部井）

系図１　新田一族系図

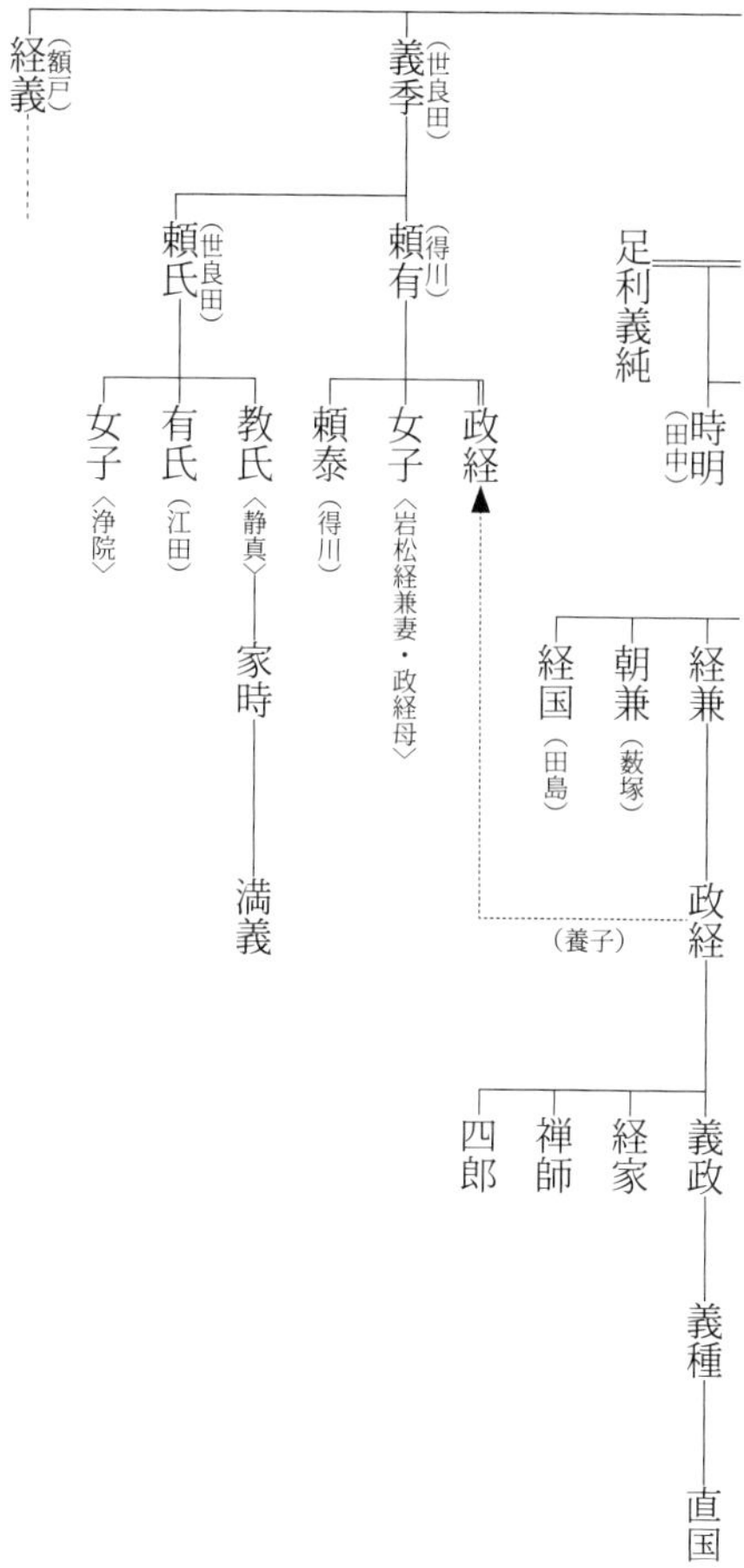

宥恕の思いから他の一族が政義の代官として出仕することを認めたともみえ、政義が廃嫡されたことをうかがわせるという。さらに、義季と遠江太郎時兼《ときかね》の老母とに「当荘領家職半分宛」を与えたともみえる。これを各半分の惣領と称すが、義季はこの段階で死没しており、半分の惣領はその次子の世良田頼氏と時兼の老母（義兼の娘）である。これによって政義の廃嫡後、両人が新田荘を仕切っていたとみられる。

政義は、系図類に太郎とのみ記述されているので、官職に就くことはなく円福寺に逼塞したようにみえるが、「鑁阿寺両家系図」（以下、「鑁阿寺系図」）ではこれとは異なる記述がある。同系図に「左馬助・但馬守・四条院判官代」の記述が付されており、これが事実であれば、政義は官職に就き、判官《ほうがん》代となって在京活動をしていたことになる。

実は、曾祖父義重は九条院《くじょういん》判官代、祖父義兼は皇嘉門院《こうかもんいん》蔵人、父義房は上西門院《じょうさいもんいん》蔵人であり、嫡流家は四代にわたって女院《にょいん》蔵人を務めていたのである（『尊卑分脈』）。新田嫡流家は京都に拠点を置き、女院蔵人を世襲する家であったことがわかる。義兼・義房らが『吾妻鏡』にほとんど登場しないのは、女院蔵人として在京活動をメインにしていたからであろう。政義も父・祖父に倣って蔵人として在京活動を続けていた可能性が高い。

ところで、四条院は歴史上実在しない。ただし、これを四条天皇に関わる存在とみると、式乾門院《しきけんもんいん》という女性が浮かび上がる。彼女は四条天皇准母《じゅんぼ》（利子内親王）で、延応元年（一二三九）から建長三年（一二五一）までその地位にあった。政義は幕府による処罰後、蔵人として彼女に仕えていたとすると、史料との整合性も得られる。その下で左馬助などの官職に就いたことも考えられ、再評価が可能であろう。

政氏から基氏への世代交代

新田荘空撮写真　画像提供：太田市教育委員会

政義の後継者となったのはその子としてみえる政氏で、名のりの「氏」は足利義氏またはその子泰氏《やすうじ》の偏諱《へんき》と考えられるという。「鑁阿寺系図」によると、政氏は娘を足利家時《いえとき》の「室」に入れ、同女は家時の嫡子貞氏《さだうじ》を生んだとみえる。ただし、貞氏の母は『尊卑分脈』には平時茂《ときしげ》とあり、時茂は北条一族とみられている。さらに、政氏は「三河前司」ともみえ、三河守に任官した可能性もある。三河国は足利氏の力が強く及ぶ国で、足利氏の庇護を受けなければ任官は不可能であろう。

政氏の妻は「左近大夫秀時女」である（『尊卑分脈』）。秀時《ひでとき》は北条一門赤橋《あかはし》家の一族の可能性がある。また、政氏の弟としてみえる堀《ほり》口《ぐち》家貞《いえさだ》は「駿河守有時女」を妻にしたが、有《あり》時《とき》も北条一門の可能性が高い。政氏は足利氏に加え、北条一族との関係も強めていたことがわかる。

ところが、「佐田系図」によると、政氏は「新田又五郎、実ハ政義が二男、……嫡男義満早世故嫡子となる」とある。政氏は政義の二男で、政義嫡子義満《よしみつ》が夭折したため嫡子となったというのである。このことは他の系図にはみえない。政氏が政義の二男で兄に代わって当主となったことになるが、事実であればこの間の新田氏の世代交代が理解しやすくなる。

政氏は名のりに「義」の文字を用いていないが、はたして足利氏当主の偏諱なのであろうか。新田氏が同門の足利氏の下位に位置し、その庇護を必要としていたことは理解できるが、「義」を用いなかった理由は他にもありうる。政氏が家督となったのは兄に代わってなので、すでに諱《いみな》はもっていたはずで、政氏の名のりは彼が庶子であったため「義」を用いなかったとも考えられる。

政氏の動向を示す史料として、世良田普門寺の八幡大菩薩立像銘文がある（群・資料編8木造彫刻四）。それに正元元年（一二五九）十月六日の日付と「源政氏当自義家第八代孫、八幡大菩薩奉造立」とみえる。源義家の名を持ち出しており、政氏はこの前後に家督に就いたのであろう。そうであれば建長六年（一二五四）の新田太郎は政義となる。なお、「赤城神社年代記」（真隅田家本）の建長元年（一二四九）七月一日に「新田殿御参詣、御逗留」とあるが、この新田殿も政義となる。

政義の失脚直後に「半分惣領」となって幕府に出仕した世良田頼氏は、『吾妻鏡』には五十回以上登場し、新田氏を名のっている。ところが、文永二年（一二六五）二月に突然勘気を蒙って佐渡へ流罪となった。執権北条時宗が兄時輔《ときすけ》を粛清するという事件が起こり、頼氏が時輔派と疑われたためであった。その結果、新田本宗家は新田氏の惣領としての地位を回復し、政氏の子基氏《もとうじ》が幕府への出仕を行ったとみられる。

基氏は太郎とする系図もあるが、長楽寺《ちょうらくじ》所蔵の系図には六郎とあり、長子ではなかったようである。また、幕府内での活動を示す史料もない。「鑁阿寺系図」に宝治合戦の功で「上野国甘羅」を与えられたとみえる。ただし、宝治元年（一二四七）に起こった宝治合戦では年代が合わない。この頃起こった事件としては、上野国守護安達氏が誅殺された弘安八年（一二八五）の霜月騒動があり、確証はないが可能性として挙げたい。なお、基氏が同郡内で得た所領は丹生郷（富岡市）である。

義貞《よしさだ》の長子義顕《よしあき》の母は、「上野国甘羅令安藤左衛門五郎藤原重保女」とみえる（「鑁阿寺系図」）。安《あん》藤重保《どうしげやす》も安達氏の没落によって甘楽令（甘楽郡司職か）を与えられたのであろう。重保と基氏は甘楽郡内の所領を通じて関わりが生じたとみられる。基氏は得宗被官安藤氏に結び付き、その庇護によって嫡流家の地位向上を図ったのである。

基氏は元亨四年（一三二四）に死去した。太田市別所町の円福寺に新田氏累代の墓所があり、その中の五輪塔に「沙弥道義七十二卒、元亨四季甲子六月十一日巳時」と銘文が刻まれている（群五一二）。道義《どうぎ》は基氏の法名で、この五輪塔が基氏の墓塔とみられる。基氏は七十二歳で没したとみえるので、建長四年（一二五二）の生まれとなる。

義貞は朝氏の養子か

基氏の子朝氏《ともうじ》は諸系図に氏光《うじみつ》とも政朝《まさとも》などともみえ、傍注には朝兼《ともかね》などの別名もみえる。父基氏に先立って死去している。朝氏の子が著名な義貞《よしさだ》である。義貞は暦応元年（一三三八）に越前で討ち死にしたとき、三十七歳とも三十九歳とも言われているので、生まれは永仁六年（一二九八）から正安二年（一三〇〇）頃とみられている。義貞は諱に「氏」の文字を用いず、名のりに朝氏との関連が薄いことから、養子の可能性が指摘されている。関係系図の中に里見氏から入ったとするものもあり、里見には義貞居館などの伝承地もある。

ところで近年、義貞が惣領家庶流から養子に入ったとする説が出されている（山本隆志二〇一九）。その概略を追ってみよう。正和三年（一三一四）五月二十八日、新田六郎太郎朝兼が重代私領である新田荘八木沼《やぎぬま》郷の在家三宇・畠五町六段を七十貫文で売却した（長八六）。買主は大谷道海《おおたにどうかい》の娘紀氏で、売却の目的は長楽寺再建のための喜捨である。翌年二月二十二日、源光《げんこう》が同郷内の道忍《どうにん》給分跡（在家二宇・畠八段）を百貫文で売却している（長八七）。このとき、使者として船田政綱《ふなだまさつな》（法名妙質《みょうしつ》）の署名・加判もある。これに関連する幕府下知状では「新田六郎太郎入道源光」とみえるので、源光と朝兼は明らかに同一人物となる。

朝兼が義貞の父とすると、彼は八木沼郷を所領とし、それを短期間のうちに二回売却したことになる。その後、文保二年（一三一八）十月六日、源義貞が重代私領である新田荘八木沼郷の在家七宇・畠五町七段を三百二十三貫文で売却している（長八八）。実はこれが義貞の初出文書（案文）といわれる。その同日、源重広《しげひろ》・義氏《よしうじ》が連名で新田荘西谷村内の在家一宇・畠一町一段・田一町一段を「去渡《さりわた》」（権利放棄）している（長八九）。この所領は両人と嫡子の三人が父義妙《ぎみょう》から相続したものであったが、嫡子がこの所領を手放すことになり、両人は嫡子に同意の意思を示すためにこの文書を認めたのである。この文書が長楽寺《ちょうらくじ》文書に入っているのは、同所が長楽寺の寺領になったためである。

これによって、義妙の嫡子が義貞と推測できるという。その根拠は義貞の売券《ばいけん》と重広・義氏の去渡状の二つの文書が同日に出されたことである。このことはすでに新井白石《あらいはくせき》も指摘している（『白石目録抄』）。ただし、白石は義妙を基氏とし、重広・義氏の兄弟の嫡子を朝氏とする。白石の父は上野出身で、白石は新田氏についても並々ならぬ関心を持っていた。この流れを表示すると次のようになる。

正和三年（一三一四）　八月二十三日　源朝兼、八木沼郷の在家・田畠を売却する
正和四年（一三一五）　二月二十二日　沙弥源光、八木沼郷の在家・畠を売却する
文保二年（一三一八）　十月六日　源重広・義氏、西谷村在家・田畠の権利を放棄する
同年　十月六日　源義貞、八木沼郷の在家・畠を売却する

また、系譜関係を示すと系図2のようになる。

これについて、いくつか疑問もある。まず、朝氏が朝兼とも名のったかという問題である。朝氏は

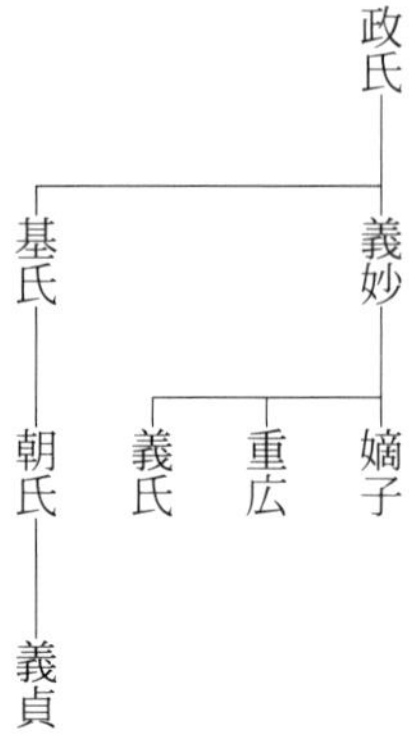

系図２　新田義貞関係系図①

「長楽寺系図」にのみ「正朝兼」と傍注がある。「正しくは朝兼」の意で、第三者が自身の知識を書き込んだもので、もとからあったとは思われない。長楽寺にある系図にのみこの記述があるので、朝兼が発給した文書の存在を知っていた者が傍注として書き加えた可能性が高く、朝氏・朝兼同一人説は慎重に吟味する必要がある。なお、『系図纂要《けいずさんよう》』は義貞の父を朝兼と記し、「本朝氏」と加えて完全に逆転した記述となっている。傍注者の認識をさらに押し進めたことがわかる。

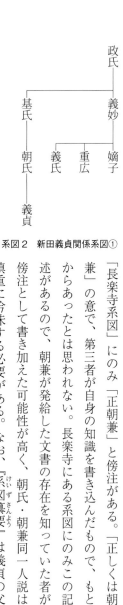

まず、朝氏は系図類では「次郎太郎」と称しており、「六郎太郎」とはみえない。また、朝兼とみられる人物が別に存在する。「長楽寺系図」には岩松《いわまつ》遠江五郎経兼《つねかね》の弟に薮塚《やぶづか》六郎朝兼がみえ、この人物が文書にみえる六郎太郎朝兼と考えられる。六郎を仮名《けみょう》とする薮塚氏の嫡男で、六郎太郎と称したとみられる。

長楽寺を開基したのは得河義季であるが、その嫡子頼有《よりあり》は岩松経兼を娘婿とし、孫の政経《まさつね》に得河の名跡と所領を譲渡している。これによって岩松氏は得河家を継承し、長楽寺の外護に努める。なお、八木沼は義重が義季の母に譲った「こかん（空閑）のかう」の一つである。同郷がどのように伝領されたかは不明であるが、義季から頼有を通して岩松氏に受け継がれた可能性が高い。当然のことながら、得河家を継承した岩松一族の人々も長楽寺の経営に尽力している。なお、幕府発給の文書では岩松一族も新田姓で呼ばれている。以上のことから、朝兼は岩松一族とするほうが矛盾なく理解できる。

次に、義貞の売券案（八木沼郷内在家七宇・畠十五町七段）が重広・義氏の去渡状（西谷村内在家一宇・畠一町弐段・田一町一段）と同日に出されたことは事実としても、両者の関係については不詳とするしかない。義妙は『尊卑分脈』にはみえないが、「長楽寺系図」に登場し、政氏の子三郎智信《とものぶ》（知信とも）の子としてみえ、智信に「号下細谷」、義妙に「三位公」と傍注がある。「新田岩松系図」では智信義妙とあり、一人の人物とされている。基氏の兄弟で仏門に入った人物であろう。義妙の子たちは系図には載っていない。

実は、前出の義貞売券案に関わる文書に関東下知状案（長九）があり、そこでは売主が「新田孫太郎貞義」とみえる。これを義貞の誤写とみることも可能であるが、売券も案文であるのでどちらかが誤写されたかは断定できない。貞義は幕府の誤認という見方もあり、現状では判定困難である。ただし一つの仮説として、孫太郎貞義を岩松氏とする見方ができる。岩松氏で太郎を称するのは村田《むらた》氏で、頼兼の子満兼《みつかね》が孫太郎とみえる。これが正しければ、新田嫡流家と長楽寺再建に接点はほぼなくなる。考えてみれば、新田嫡流家が主体となって長楽寺の再建に関わる必然性はない。

以上、義貞が義妙（細谷《ほそや》氏）の嫡子であったとすることには検討の余地があることは明らかである。だが、これ以外に新たな史料を探し出すことも不可能で、現状ではすべて推測の域を出ない。ただし、

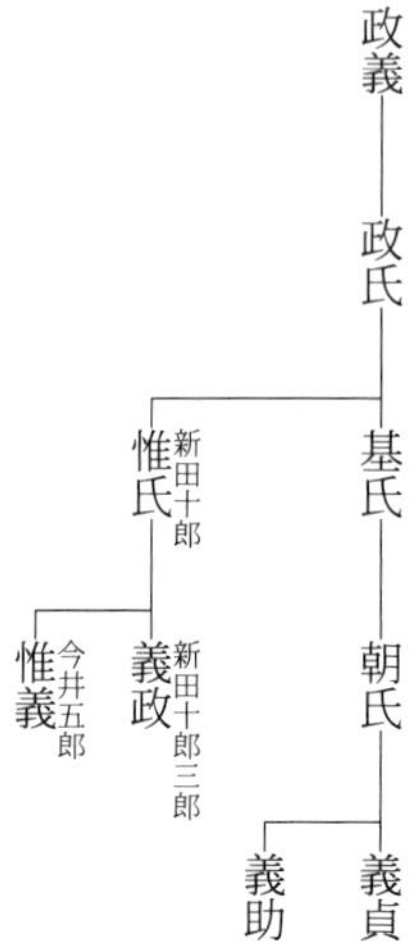

系図３　新田義貞関係系図②

義貞が名のりに「氏」を用いなかったことに疑問は残り、義貞が他家から入ったという疑念は払拭できない。その点を新田氏の系図類から考えてみよう。

『尊卑分脈』によると、政氏の子に基氏と惟氏《これうじ》（新田十郎）がいる。惟氏の子に新田十郎三郎義政《よしまさ》と今井《いまい》五郎惟義《これよし》がみえ、名のりに「義」を用いる嫡流家の人物が義貞以前に複数人いたことがわかる。「長楽寺系図」には、政氏の子は基氏・惟氏以外にも多数みえる。『尊卑分脈』が朝氏以外に惟氏と子の義政・惟義だけを載せるのは、彼らが他の子らとは異なることを示すと考えられる。惟氏・義政にわざわざ「新田」が付されていることを重視する必要もあるだろう。『尊卑分脈』では、新田氏の家督者にはすべて「新田」が付き、他の人物とは明らかに区別している。例えば、嫡流以外で「新田」が付されているのは里見義俊の「新田太郎」だけで、義俊は当初、義重の家督継承者であったことがうかがえる。

さらに「横瀬由良正系図」によると、義政は「実惟氏男、基氏養子」とみえ、基氏は朝氏の没後、甥を養子としたことがわかる。義政は新田家督予定者として元服したのであろう。なお、朝氏が夭折して子がなければ義政の子が家督となり、系図を整えたことも考えられる。さらに、義政が義貞、惟義が義助に当たる可能性もありうる。人物関係を示すと系図3のようになる。

なお、義貞に関わる文書がもう一通ある。義貞が私領である浜田《はまだ》郷内在家・田畠を小此木《おこのぎ》彦三郎盛光《もりみつ》の妻紀氏に売ったことを幕府が認めた元亨四年（一三二四）十月七日の幕府下知状である（長一二）。こちらには新田小太郎義貞とあり、義貞が登場する。前述したように、この年六月十一日に祖父の基氏が亡くなっており、義貞は名実ともに家督になったのであろう。これが義貞の初出文書である。

長楽寺再建に立ち上がった人々

長楽寺は徳河義季によって、臨済宗を日本にもたらした栄西《えいさい》の高弟栄朝《えいちょう》を開山として承久三年（一二二一）に創建された名刹である。初期の長楽寺は義季の子世良田頼氏の関係者によって外護され、所領の寄進が行われた。その後、外護の動きは他の新田一族や他姓の人々にも広がり、地域の有力寺院に発展した。ところが、長楽寺は正和年中（一三一二～一七）に火災に見舞われ、灰燼に帰した。「灰燼之時、既可為荒廃地」とする史料もあり、すでにそれ以前から荒廃が進んでいた（長七一）。

再建復興のために立ち上がったのが大谷道海とその一族で、それに呼応して新田一族をはじめとする人々が加わる。道海は新田荘世良田を拠点とする有徳人《うとくにん》（分限者、金持ち）である。道海は新田一族や地域の武士から所領を買得し、それを経営して再売却するなどの経済活動を行っていた。商品流通にも関わっていたかもしれない。また、道海は紀姓を称し、新田家の有力被官船田氏とも同族で、娘を由良《ゆら》氏・小此木氏らに嫁がせている。由良氏は新田家被官、小此木氏は佐位荘の御家人である。長楽寺も、このような有徳人たちを世良田に集めていた。彼らに土地を提供し、地子銭《じしせん》を取っていた。世良田は長楽寺を中心とした門前町であるが、交通の拠点として宿《しゅく》が置かれ、市が立つ都市的な場となった。

復興援助を示す最初の史料が、正和二年十二月二十一日の覚義《かくぎ》・妙阿《みょうあ》の売券である（群四六七）。妙阿は相伝所領の下江田村の在家・田を百七十貫文で売却している。妙阿は得河頼有を養祖父と呼び、所領は頼有から伝領したものであるという。妙阿は岩松政経の姉妹の可能性が高い。覚義は妙阿の夫であるが、新田遠江太郎次郎と名のっているので、岩松庶流の村田氏の可能性が高い。村田氏は太郎を仮名とし、初祖頼兼《よりかね》の次子に太郎次郎頼綱《よりつな》がみえる。買得者は道海の娘由良景長《かげなが》の妻紀氏である。

文保二年（一三一八）十月十八日、源頼親《よりちか》が村田郷内の在家・田畠を八十五貫文で売却している（長九〇）。頼親も重代相伝の村田郷在家・田畠を売却しているので、岩松系村田氏であろう。嘉暦三年（一三二八）二月十九日には、新田遠江彦五郎入道妙西《みょうさい》が東田嶋村の在家・田畠を小此木盛光の妻紀氏に売却し、幕府がこれを認めている（長一三）。遠江を名のりに入れるのは岩松庶子家であるので、五郎の仮名から考えて妙西は岩松系田嶋《たじま》氏であろう。

元亨三年（一三二三）、道海は自身の生前供養と妙阿の年忌供養のため土地を寄進している。長楽寺では七月十五日に新田浄清大禅定門（義重）に加え、妙阿・道海の施餓鬼《せがき》供養が戦国期まで行われている（「永禄日記」）。これをみると、長楽寺にとっては両人とも再建の功労者とされていたことがわかる。妙阿は所領を売って得た銭を、道海も買得した所領を長楽寺に寄進した。なお、寄進は買得してから十年以上後に行われているので、その間に道海は資金を回収したのであろう。また、道海は長楽寺の政所職《まんどころしき》となり、寄進された寺領の経営・管理にも当たっている。

長楽寺本堂　群馬県太田市

嘉暦三年（一三二八）六月一日、世良田満義《みつよし》が小角田村の田畠を大谷道海に売却し、受取状を認めている（長一一三）。元徳二年（一三三〇）四月二十一日、満義は小角田村の畠を道海に売却したことを示す売券と、故世良田頼氏の菩提のため同所を寄進する旨の寄進状を認めている（長九二）。満義は元徳二年から元亨三年までの間に小角郷・小角田村で四回の寄進を行っている。

御家人たちが所領を売却した背景に、経済活動の活発化によって御家人の貧困化が進んだためと考えられたこともあった。また、寄進のためとすることで幕府の認知を受けやすくするという見方もあったが、現在では否定されている。しかし、このような所領売却はこれまではみられなかったことで、御家人のあり方が大きく変化してきたことがわかる。経済の発達によって銭の必要が高まり、御家人たちの所領売却が始まったのであろう。

なお、道海のような有徳人について、幕府との関係を重視し、得宗が進出したとする見方もある。渕名（佐位）荘政所の黒沼《くろぬま》太郎入道は世良田で長楽寺から「庵室所」を与えられたが、世良田での商業活動が期待されていたとみられている。また、鎌倉末期の内乱が始まったとき、黒沼彦四郎入道が世良田に入部して有徳人から矢銭の徴収を行ったという。黒沼氏は得宗被官でありながら有徳人でもあった。道海が幕府とどう関わっていたかは不詳であるが、得宗家の力が地域にも波及してきたことは想定できる。

二体地蔵塚　黒沼彦四郎梟首の地とされる　群馬県太田市

以上、長楽寺の再建運動の口火を切ったのは得河義季・頼有の系譜を引く妙阿であった。次いで、岩松一族が加わった。岩松嫡流家の関わりは文書ではみえないが、所領を売却しない手段もあったはずである。その後、再建運動は世良田氏や新田嫡流にも広がった。世良田氏は複数回寄進を繰り返すが、もはや宗教的な動機を超えるものがある。おそらくは銭の入手手段になっていたのであろう。

御家人たちの所領売却

新田荘以外でも、寄進に関わる所領の売買が行われている。例えば、大江宗元《むねもと》は嘉暦三年（一三二八）四月五日に那波郡飯塚郷を寄進している（長六六）。系図によると、宗元は大江広元の子にみえるが、年代的にはその次の世代であろう。那波を名のっていたとみられ、幕府の有力者とみられる。大江氏が直接縁のない長楽寺に所領を寄進するのは不思議で、銭を得るためであったとみるのが自然であろう。

新田荘の東隣の佐貫荘でも、盛んに買得・寄進が行われている。永仁三年（一二九五）十二月二十一日、太田《おおた》彦三郎貞康《さだやす》が佐貫荘上中森郷（千代田町）内在家・田畠を大輪時秀《おおわときひで》から買得し、幕府はこれを認める下知状を発給している（長五）。大輪時秀は明和町大輪を本貫とする佐貫一族であろう。

乾元二年（一三〇三）五月六日、僧了見《りょうけん》が私領の上佐貫荘（佐貫御厨）飯塚内名田を長楽寺に寄進している（長五五）。了見はこの所領を重代相伝と述べているので当地の領主であることがわかり、佐貫一族であろう。

文保二年（一三一八）三月二十七日、加治《かじ》三郎左衛門尉法師娘の尼仙心《せんしん》が上中森郷内在家・田畠を買得し、幕府がそれを了承する下知状を発給している（長八）。銭高はみえないが、それらは佐貫兵庫允氏秀《うじひで》・佐貫孫太郎入道願阿の所領であった。

元応元年（一三一九）九月二十四日、佐貫梅原《うめばら》九郎二郎時信《ときのぶ》が佐貫荘梅原郷在家・田畠を土橋後家尼御前に売却した（長九一）。これには坪附注文があり（長一〇二）、その田畠の周囲は太田殿・宇那根殿・

小池殿・佐貫殿などの土地に接していることが記されている。翌年二月二十三日にも仙心が佐貫左衛門六郎経信《つねのぶ》の所領・佐貫荘上中森郷の田畠、梅原九郎次郎時信の所領・佐貫荘梅原郷内の田畠を買得している（長一〇）。

嘉暦三年（一三二八）四月八日、三善《みよし》貞広法師が佐貫荘高根《たかね》郷の弘願《ぐがん》寺《じ》領を寄進するとした寄進状を作成している（長六七）。これには在所を示した注文が付いており（長六八）、佐貫荘内高根郷・江矢田（伊谷田）郷・鳴嶋（成島）郷・千津井郷・赤岩郷・鉢形郷（館林市岡野町に比定）・羽継（羽附）郷をはじめ、料米保・下野国羽田郷（栃木県佐野市）がみえる。

以上、佐貫荘でも所領の売買が盛んに行われていたことがわかる。これらの文書では、長楽寺へ寄進することを明言していないケースもあるが、文書が長楽寺に残っているので同寺に寄進されたことは明らかである。

買得者は太田貞康・加治三郎左衛門尉法師娘尼仙心・三善貞広法師らである。土橋後家尼御前は仙心と同一人とみられている。太田氏は幕府の法曹官僚であった三善氏の一族で、幕府問注所《もんちゅうじょ》執事三善康信《やすのぶ》の次男康連《やすつら》が備後国太田荘を苗字の地とするので、貞広はその一門であろう。ただし、貞康は彦三郎を名のり、官途もないので庶流と考えられる。加治氏は武蔵七党の丹治党とみられ、北条得宗家人（得宗御内人《みうちびと》）とみられている。仙心の亡夫土橋氏も同様な身分の人物であろう。三善貞広法師は三善嫡流に属するとみられるが、それ以上のことはわからない。

なお、年未詳であるが、高野山金剛峰寺《こんごうぶじ》に和泉国近木荘（大阪府貝塚市）の田を寄進した人物に、太田民部房性済という人物がみえる（「高野山文書」）。彼は「上野国讃岐郷住人」と述べている。讃岐郷は佐貫荘であろう。性済は修験者とみられるが、太田一族とすれば、太田一族が佐貫荘に拠点を構えていたともみられる。さらに、建武元年（一三三四）五月三日の後醍醐《ごだいご》天皇綸旨に羽祢継（羽附）が「摂津権大輔入道道隼（親鑒）跡」とみえ、建武以前、当地が摂津氏の所領であったことがわかる（郡五九二）。摂津親鑒は幕府評定衆の一員であった。

摂津氏を含め、これらの人々は幕府の末端に連なる人々である。そのような身分の人々が佐貫一族らから長楽寺への寄進を名目に所領を買いあさっていたことがわかる。文書が残らなかったものを含めれば相当の数になったであろう。これについて佐貫荘の場合、特殊な状況も想定される。藤姓足利一門の佐貫氏は赦免されて御家人の列に加わったが、幕府が佐貫荘の進止権を握り、一部は収公されて幕府要人たちの所領になった可能性がある。そのような状況下で、佐貫一族の所領が買得の対象となったとみられる。

所領の売主は大輪氏・佐貫氏（兵庫允氏秀・孫太郎願阿・六郎経信）・梅原氏らで、周辺の領主としてみえる宇奈根殿・小池殿らも含め佐貫一族であろう。佐貫氏は分割相続をくり返し、郷村ごとに庶子が排出されたことがわかる。その結果、一族の各家の所領は小規模となり、貧困化した。そのような状況の中で、有力者による買得が行われたのである。

以上は長楽寺文書からわかる事例であるが、山名氏の所領山名郷でも同様の事例がみうけられる。文保二年十一月十二日、矢嶋孫太郎泰行《やすゆき》が石見《いわみ》七郎重朝《しげとも》(繁朝とも)から山名郷内の在家一宇を買得し、幕府の承認の示す下知状が下されている(群四八七)。石見重朝は山名氏系図にはみえないが山名一族であろう。元応二年(一三二〇)三月七日には山名郷内畠一所が売られている(群四九三)。矢嶋氏は矢嶋(高崎市矢島町)の武士であろう。こちらのケースは御家人間の売買とみられる。

第二章　義貞挙兵、決断を迫られた上野御家人

後醍醐天皇の倒幕計画

元弘元年（一三三一）四月、後醍醐天皇の側近吉田定房《よしださだふさ》が京都の不穏な動きを伝える密書を鎌倉幕府に送った。その内容は、後醍醐とその側近である日野俊基《ひのとしもと》・僧文観《もんかん》らが倒幕計画を進めていることを告発したものであった。定房はこの計画を成就しがたいものと考え、俊基らに責めを負わせることによって後醍醐に咎が及ばないように画策したとみられている。知らせを受けた幕府は直ちに使いを送り、俊基・文観らを捕縛・処罰させた。

後醍醐天皇画像　東京大学史料編纂所蔵模写

その後、後醍醐は八月二十四日に密かに内裏を出て、南山城の笠置寺《かさぎでら》（京都府笠置町）に入って倒幕の挙兵を行った。このとき、河内の楠木正成《くすのきまさしげ》らも後醍醐の挙兵に応じている。これに対し、幕府は大仏貞直《おさらぎさだなお》を中心に足利高氏《たかうじ》（後に尊氏《たかうじ》と改名、以下尊氏）を加えた大軍を送った。

幕府は後醍醐から皇位を奪い、直ちに皇太子であった持明院統《じみょういんとう》の光厳《こうごん》天皇を即位させた。九月二十八日、幕府軍は笠置を攻め落として後醍醐を捕らえた。また、楠木正成が籠もる赤坂城《あかさか》（大阪府千早赤阪村）も落ちた。後醍醐は翌年隠岐に流され、後醍醐を助けた人々も処罰され、乱は終息するかにみえたが、内乱はここから燎原の火のように広がってゆく。

十一月、護良《もりよし》親王（尊雲《そんうん》法親王）は吉野十津川《よしのとつかわ》（奈良県十津川村）に逃れて挙兵し、各地の武士たちに令旨《りょうじ》を発して味方を募った。楠木正成もこれに呼応し、再び千早《ちはや》・赤坂城に拠って抵抗を始めた。翌年正月、幕府も再度軍勢を送って楠木討伐を進める。

この楠木討伐に関わる史料として「楠木合戦注文《くすのきかっせんちゅうもん》」（以下、「注文」という）がある（群五四六）。幕府は追討軍を三手に分け、河内道に阿曽治時《あそはるとき》、大和道に大仏家時《いえとき》、紀伊道に名越元心を大将とする大軍を送って掃討を進めた。河内道には河内・和泉・摂津など七ヶ国、大和道には山城・大和・伊賀・丹波など八ヶ国、紀伊道には尾張・美作・越前・因幡など十一ヶ国などとみえ、多数の国々から大軍が動員され、それぞれに振り向けられたことがわかる。

三手に分かれた国々をみると、中・四国を含む西国が中心で、九州と三河・信濃以東の東国はみえない。さらに、これに続き大番衆として在京していた人々もこの戦いに動員された。大番衆は番役に当たっていた東国の御家人たちであった。

楠木合戦に参陣した上野御家人

まずは、「注文」によって楠木合戦に参陣した大番衆をみてみよう。

大番衆　紀伊手

佐貫一族、江戸一族、大胡一族、高山一族、足利蔵人二郎跡、山名伊豆入道跡、寺尾入道跡、和田五郎跡、山上太郎跡、

「大番衆　河内道」

一宮検校跡、嘉賀二郎太郎跡、伊野一族、岡本介跡、重原一族、小串入道跡、連一族、小野里兵衛尉跡、多胡宗次跡、瀬下太郎跡、高田荘司跡、伊南一族、荒巻二郎跡、高井余三跡、

大番衆　大和道

新田一族、里見一族、豊島一族、平賀武蔵二郎跡、飽間一族、薗田淡路入道跡、綿貫三郎入道跡沼田新別当跡、伴田左衛門入道跡、白井太郎跡、神沢一族、綿貫右衛門入道跡、藤田一族、武二郎太郎跡、

姓をみると、明らかに上野の武士が多い。上野以外の国の武士の姓もみえるが、検討が必要である。大番役は国ごとに賦課されたので、上野国役として大番役についた人々であった可能性が高い。そうであれば、上野御家人を網羅的に示す史料となる。このような史料は他にはなく、鎌倉末期の上野の御家人の実態を知る上で重要となる。なお、史料の性格から批判的な検討も必要になる。

御家人たちも三つのグループに編成されているが、割り振り方にも一定の意味があったと考えられる。紀伊手は佐貫・大胡・山上氏ら藤姓足利一門、高山・山名・寺尾・和田氏らは本拠が近接している。河内道では一宮・岡本・小串・多胡・瀬下・高田氏ら鏑川《かぶらがわ》流域の人々、荒巻・高井氏ら国衙近隣の人々から構成される。大和道については新田・里見氏を中心にしているが、その他を集めたともみられる。その他の中に本来上野を地盤としない人々がみえる。

幕府軍は三手に分かれて各地の反幕府派を掃討したが、河内千早・赤坂城に籠もった楠木正成は知略を駆使して幕府軍を翻弄し、抵抗を続けた。吉野の護良親王とも連携し、幕府軍の糧道を塞ぐなどの後方撹乱も行っている。その結果、幕府軍の中から落人が続出したという。さらに、正成らの動きに触発された反乱が西国各地に広がった。なお、後醍醐は閏二月に密かに隠岐を脱し、伯耆の名和長《なわなが》年《とし》に擁立される。

千早・赤坂城包囲戦の中で、新田義貞は反幕府の意思を固め、護良親王への連絡を図った。船田入道の計略によって敵方の野伏《のぶせり》を捕らえ、彼らを用いて護良との接触に成功する。入手した令旨を開けるとそれは三月十一日付で、「新田小太郎殿」と宛名のある綸旨《りんじ》であった。これを得た義貞はその翌日に病気と偽って本国に向けて旅立ち、挙兵の準備に入ったという（『太平記』）。

紀伊攻めに従軍した藤姓足利一門

それでは、「注文」にみえる武士たちを個々に検討してみよう。まず、紀伊手に佐貫一族・大胡一族・山上太郎跡、大和道に薗田淡路入道跡ら藤姓足利一門がみえる。この四氏は内乱期を乗り切り、その後も上野御家人として存続してきた人々である。注文では「□□一族」、「□□□□跡」の二様の表記がみえるが、前者は自立した複数の家を含む一族を加えたもの、後者は特定の人物の子孫を中心とした一つの家を示すと考えられる。

佐貫一族の本拠地は佐貫荘（邑楽町・小泉町を除く旧邑楽郡域）、大胡一族の本領は国衙領の大胡郷（前橋市桂萱地区・旧大胡町・宮城村など）、山上氏の所領も国衙領の山上保（前橋市粕川町・桐生市新里町）である。薗田氏は前述したように下野にいたが、本来の所領は薗田御厨（桐生市南部・太田市北東部）である。

各氏のこれまでの動きをみると、薗田氏は成朝《なりとも》が和田義盛の乱に加担して誅殺されたが、族滅は免れている。その後、薗田成家《なりいえ》は正治二年（一二〇〇）の大番役で上洛した際、法然《ほうねん》に帰依して智明《ちみょう》の法号を与えられ、帰国後、領内に庵室を建て念仏三昧の日々を送り、最期に極楽往生を遂げたという（群一四六）。薗田・須永《すなが》御厨内に、念仏帰依者たちによって地域的な特色を持つ名号角塔婆《みょうごうかくとうば》が造塔されている。薗田氏は薗田淡路入道跡とみえるが、成家の子俊基《としもと》が淡路国司に補任されていることによる。

大胡氏も法然に帰依し、熱心な念仏者となった。御家人たちは京都の文化に触れる機会が多く、新たな文化を地域に広めたことを示すエピソードである。

佐貫氏では、初代の広綱の活躍が目立つ。『吾妻鏡』に頻出し、有力御家人たちと同席することも多い。大夫広綱ともみえるので、五位の位階を授けられたことがわかる。その後、一族は弓の名手として幕府の弓始《ゆみはじめ》などの射手《いて》に選ばれている。さらに、承久の乱の行賞などとして一族は淡路・但馬・出雲などの西国に所領を獲得して各地に進出している。これに対して山上氏の影は薄い。前出の六条八幡宮造営の際も山上氏だけみえなかった。

矢田堀勘兵衛屋敷の名号角塔婆　群馬県太田市

国衙領の御家人たち

次に、群馬・甘楽郡を中心とする国衙領の御家人が多数みえる。まず、片岡郡寺尾郷（高崎市寺尾町・石原町・乗附町）の寺尾入道跡、和田郷（高崎市の中心街）の和田五郎跡、岡本郷（富岡市岡本）の岡本介、瀬下郷（富岡市中心地域）の瀬下太郎跡、高井郷（前橋市の中心地と同総社町域）の高井余三跡である。彼らは『吾妻鏡』に活動がみえ、国衙在庁の有力者と想定した。

初めて名がみえる武士のうち、一宮検校《けんぎょう》は上野一の宮貫前神社の神官家である。同社は甘楽郡域のほぼ中央の小高い丘（蓬が丘）に鎮座し、古代から武神（抜鉾）として人々の尊崇を集めてきた。一宮検校は尾崎《おざき》氏とみられる。「神道集」などに「尾崎郷」がみえ、貫前神社周辺に比定される。尾崎氏はここの領主として御家人化したのであろう。また、尾崎氏は磯部姓・物部《もののべ》姓などを称し、古代豪族の末裔とみられる。なお、神官として戦国期には小幡《おばた》一族もみえる。

次に、白井太郎跡は内蔵寮《くらりょう》領白井保、伴田《はんだ》左衛門入道跡は半田（郷か）で、白井・伴田氏は当地の地頭であろう。白井保は群馬郡北域の国衙領である。白井保は子持《こもち》山麓の利根川と吾妻川に挟まれた地域（渋川市、旧子持村）に比定される。越後への道（中世三国街道《みくにかいどう》）が通過し、東側に沼田へ向かう利根川の渡河点があり、交通の要衝として白井宿が形成されている。白井氏について、『吾妻鏡』嘉禄二年（一二二六）四月二十日条に次の記事がある。

戌刻、御所中騒動、武蔵国御家人沼田四郎父子、白井太郎父子、忽起闘諍互殺害畢、聊有宿意云々、

これによると、白井氏は沼田氏とともに武蔵国御家人とされている。両氏が御所において以前からの恨み（宿意）によって闘諍を起こして殺しあったという。沼田氏・白井氏の武蔵での活動を示す史料は他にないが、本領は上野で武蔵にも所領を保持していたのであろう。白井保の北方に沼田荘があり、所領をめぐるトラブルなどがあったのかもしれない

続いて、弘安七年（一二八四）十一月二十日の関東下知状に、白井馬二郎兼景《かねかげ》と舎弟岡本業氏《なりうじ》が府中勾田村の領有権を布施《ふせ》宗康《むねやす》と争ったことがみえる（群四〇四）。兼景と業氏は実の兄弟という。どちらかが養子として入って家を継いだことになるが、白井・岡本氏は同程度の家格を保持する家であっ

たとみられる。さらに、兼景の父の故治部入道は安達義景の家人で、当地は義景の所領であったが、布施氏の所領と相博《そうはく》（交換）したともみえる。兼景は義景や養母の書状などを証拠として提出したが認められず、同所は布施氏に渡されている。

以上、兼景が訴訟を起こし、幕府から裁許が出されていることから白井氏が地頭・御家人であったことは確かで、加えて上野国衙の有力者岡本氏とも深い関係を持っていた。白井氏も国衙に関わる武士であったことになる。その一方で、白井氏は安達氏と被官関係を結んでいた。「景」は安達義景の偏諱であろう。なお、岡本氏が名のりに「業」の文字を用いていたことも興味深い。

伴田氏は、渋川市半田を拠点とする武士である。鎌倉期ではこれ以外に関係する史料はみえないが、地元には比企藤太郎の居館伝承や戦国期の半田藤太郎・同筑後守の伝承もある。半田は国衙領の郷で、その郷司が御家人となっていた。

綿貫三郎入道跡と綿貫右衛門入道跡は掃部寮領綿貫保（高崎市綿貫町）を本領とする御家人である。『吾妻鏡』承久三年（一二二一）五月二十二日条によると、北条泰時《やすとき》が京へ攻め上るとき、泰時に従った尾藤《びとう》左近将監（景綱《かげつな》）が綿貫次郎三郎を引き連れている。これが綿貫氏の初出である。尾藤氏は藤原秀郷の子孫を称す尾張出身の武士で、幕府内でも有力者であった。綿貫氏はその被官となっていたと考えられる。徳治二年（一三〇七）から延慶二年（一三〇九）の間、綿貫左衛門二郎幸綱《ゆきつな》（利用とも）が六波羅探題の両使役を務めているのがみえ、西国に移った一族がいたことがわかる。なお、近世に萩藩に仕えた綿貫氏は祖を源頼親（大和源氏）としている。

荒巻二郎跡は荒巻（郷か）の武士であろう。荒巻は前橋市荒牧町と推測される。室町期に「荒蒔下総入道跡」・「荒蒔和泉入道」がみえ、子孫と考えられる。なお、荒牧付近は利根川の変流があった地域で属郡も変化している。鎌倉期には群馬郡に属す国衙領であったと考えられる。

連《むらじ》一族は、中世においてはこれ以外には登場しないが、平安以前に上野各地にみえる物部氏と関わるとみられる。連は物部氏の姓である。国衙領には古代から続くそのような豪族が郷司として入っていたと考えられる。建久元年（一一九〇）十二月日の上野留守所下文に石上を名のる人物が二人署名しており、これとの関連も考えられている。連一族は長野氏が古名を用いたものであるかもしれない。戦国期の長野一族は「業」を通字とし、在原業平《ありわらのなりひら》を祖としている。業平の子孫は業の通字から連想されたものであるが、古代から続いてきたことを主張するものであろう。

伊野《いの》氏はこれまで上野ではみられない武士であるが、高崎市内に井野町があり、ここを本貫とする御家人であろう。

荘園を基盤とする御家人たち

「注文」に、多胡荘（高崎市吉井町）の多胡宗次跡・小串入道跡、高山御厨（藤岡市）の高山一族、碓氷荘（安中市）の飽間一族がみえる。彼らの本貫地の多胡荘・高山御厨・碓氷荘に鎌倉幕府の支配が強く及んでいたことは、前章で述べた。

多胡荘の御家人としては、多胡・小串以外に神保・多比良氏らがみえた。承久の乱で多胡一族は多数参陣して討ち死にした者もいるが、これは源家の譜代家人として忠実に従った結果である。多胡・神保氏が出雲国に所領を得たのは、この功によるものであろう（群三四七）。小串氏は鎌倉末期に北条被官となり、六波羅探題の両使や播磨国守護代を務めるなど上方での活動が目立つ。

高山氏については、「高山氏系譜」がある（『藤岡地方の中世史料』）。それによると、同氏は秩父重綱《しげつな》の子重遠《しげとお》から始まり、二代重昭《しげあき》は源義仲に従って北国合戦に参陣した。その後佐々木盛綱に従って平家と激戦となった備前藤戸《ふじと》合戦に参陣し、さらに頼朝に従って奥州の藤原泰衡《やすひら》追討に参陣して功を挙げたとみえる。その後の代々の当主をみると、四代目の盛治《もりはる》は承久の乱に参陣し、六代忠重《ただしげ》は親王将軍として知られる宗尊《むねたか》親王の鎌倉入りに供奉したという。高山氏は幕府に忠実に従い、楠木合戦にも参陣したと考えられよう。

高山一族の中には、同族の小林氏も含まれていたとみられる。高山・小林一族と併記されることも多い。「小林氏系図」によると、小林一族は御厨内白塩・矢場・大塚・中村・泉・篠塚・保美・白戸などを所領とし、播磨・若狭・越後にも所領があり、一族が全国に広がっていたという（高・参考資料）。小林一族の中に、白塩・浄法寺・栗栖・保美などを姓とするものがみえる。

高田氏は、高田荘司跡と記載されている。高田は菅野荘の一郷であるが、菅野荘の異称ともみえるので、高田氏は荘司などの地位を得ていたのであろう。沼田新別当は沼田荘の別当（荘官）である。両氏とも承久の乱には出陣している。

大和道に配された新田一族と里見一族

楠木合戦において、新田一族と里見一族は大和道から楠木攻めに向かった。このうち新田一族は義貞を中心とする人々で、嫡流家庶流の大館《おおだち》・堀口《ほりぐち》・一井《いちのい》氏はここに加わっていたのであろう。新田荘内には岩松・世良田・額戸氏などの新田一族もいたが、岩松氏は足利（畠山《はたけやま》）義純《よしずみ》の子時兼《ときかね》を祖とし、畠山一門でもある。世良田氏は頼氏が幕府に出仕するなど、一時有力御家人の地位を得ていた。両氏は里見・山名氏と同様に新田嫡流とは別行動を取っていたのかもしれない。額戸氏は鎌倉期には目立った動きはなく、御家人としても扱われてこなかったので、新田一族に含まれていたかもしれない。

里見氏は里見（高崎市里見地区）を苗字の地とするが、新田荘内にも竹林《たけばやし》・牛沢《うしざわ》・太田《おおた》・大島《おおしま》・鳥山《とりやま》・田中《たなか》氏ら庶流の人々がいた。嫡流では義成の孫氏義《うじよし》が建長三年（一二五一）に林荘宮田《みやた》（渋川市赤城町）に拠点を構え、その後「六条八幡宮造営注文写」に里見伊賀入道跡がみえたことは既述した。このときの当主はその孫ほどの世代に当たるであろう。なお、里見一族として美濃を拠点に在京活動をする一族、越後に移った大井田《おおいだ》氏らもいるが、彼らは当然ここにはいない。

続いて、平賀武蔵二郎跡について検討してみよう。平賀氏は信濃佐久《さく》郡を本拠とする武士で、源義家の弟光義《みつよし》の子盛義《もりよし》から始まる。その一族で武蔵守となったのは盛義の子義信《よしのぶ》と孫の惟義《これよし》・朝雅《ともまさ》らである。朝雅は北条時政《ときまさ》と牧《まき》の方《かた》の娘を妻とし、有力御家人となった。その後、京都守護に任じられて上洛し、後鳥羽院《ごとばいん》の信頼も受けている。

元久元年（一二〇四）三月、伊勢・伊賀で起こった平氏の反乱を鎮定すると、朝雅は両国の守護に任じられた。同年四月十三日、除目《じもく》によって里見義成が伊賀守に補任されるが、それは「朝雅給」であったという（『明月記』）。義成と朝雅は深く連携していたことがうかがえる。ところが翌年閏七月、北条時政の陰謀が露顕した。時政は朝雅を将軍に据えようと画策したという。この事件で朝雅は誅殺され、義成も係累として失脚した。

新田荘に所領を持ち、ここに居住していた平賀一族がいる。同一門の金津資成《かなつすけなり》は米沢村名主職を保持しており（『吾妻鏡』）、その一族とみられる源輔村《すけむら》（資村とも）は上今井・今井の土地を長楽寺に寄進している（長四九・五〇）。平賀重光《しげみつ》も祖父義資《よしすけ》の菩提を弔うため、上今井の所領を寄進している（長七八）。

『尊卑分脈』によると、朝雅の兄隆信《たかのぶ》には「武蔵二郎」との傍注があるので、この人物が「平賀武蔵二郎」に該当する。同書には隆信の子孫のことは記述されていないが、同人の子孫がいて、新田荘内で御家人として存続し、新田・里見一族とともに参陣したのであろう。以上、新田荘内に、複数の平賀一族がいた可能性がある。

山名伊豆入道跡と足利蔵人二郎跡

山名氏は、紀伊手に加わって出陣した。山名氏は義範以降、いくつかの家に分かれたが、伊豆入道跡を称する家は上野山名郷に残った一族で、「六条八幡宮造営注文」にも「山名伊豆前司跡」がみえた。注文にみえる上野の山名家当主は時氏《ときうじ》であるが、時氏については『難太平記《なんたいへいき》』の次の記事が知られている。

我（時氏）、建武以来は当御代の御かげにて人となりぬれば、元弘以往はただ民百姓のごとくにて、上野の山名という所より出待ちしかば、渡世のかなしさも身の程も知にき、

時氏は、元弘以前は民百姓のように山名で逼塞していたというのである。ただし、八幡宮造営の際に七貫文を喜捨しており、負担分からみるとごく平均的な地方御家人にみえる。

同じく紀伊手に加わった御家人として足利蔵人二郎跡がいるが、これは誰であろうか。足利一門で幕府草創期にこの名のりをするのは足利義清《よしきよ》の子義縁《よしより》である。『尊卑分脈』によると、義清は足利氏の始祖義康《よしやす》の子で、足利太郎と称しているので長子であったと思われる。義清の長子が小太郎義範、次男が矢田《やた》蔵人義縁、三男が広沢《ひろさわ》判官代義実《よしざね》、四男が矢田蔵人三郎義房《よしふさ》である。義範は義重の実子であるが、義清の養子（婿）となってここに記載されたと考えられる。

では、蔵人二郎は誰であろうか。義縁の子に矢田蔵人二郎頼実《よりざね》がみえ、この人物にあたるとみられ

る。頼実の子孫は書かれていないが、蔵人二郎跡とみえるので、その家系はその後も存続したのであろう。さらに、同家が上野御家人であったとすると、上野の矢田を苗字の地としたことになる。矢田については、従来は信濃説、丹波説（北酒出本「源氏系図」、佐々木紀一二〇〇二）などがあるが、検討の余地はある。上野で山名氏と関わるとすると、多胡荘矢田（郷か）がそれにあたるだろう。

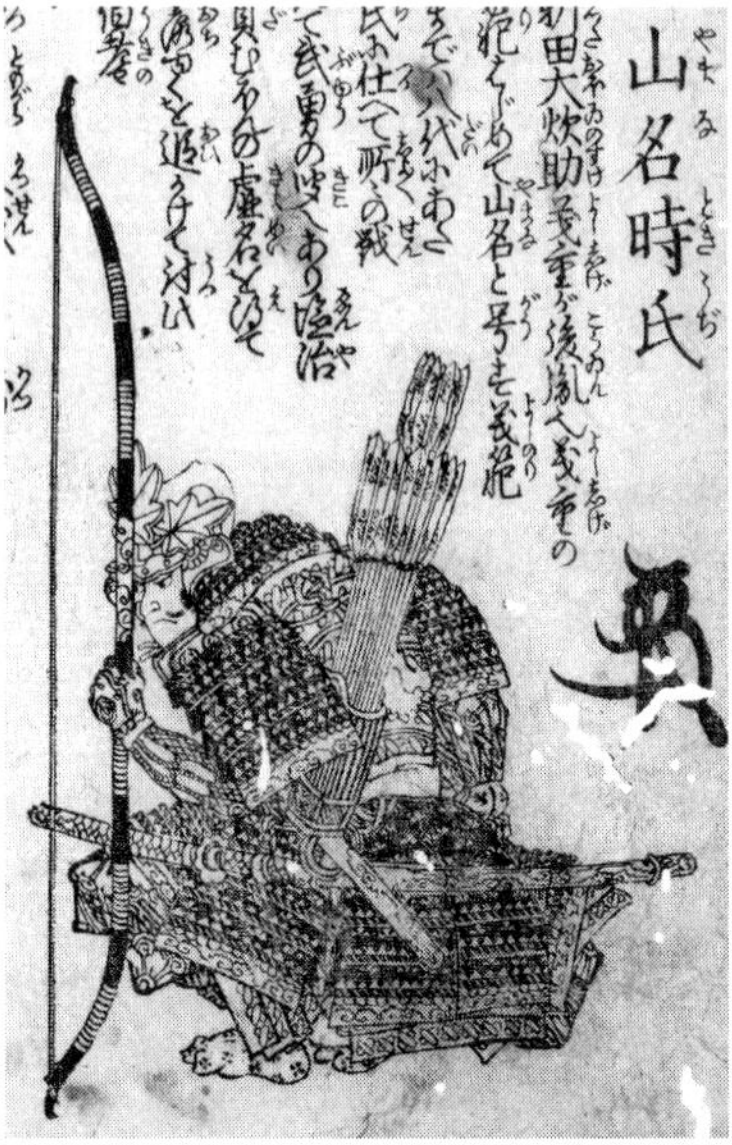

「百将伝」に描かれた山名時氏　当社蔵

すでにみたように、多胡荘は河内源氏の所領である。最初に義賢（多胡先生《せんじょう》と称す）が入部するが、義賢の没落によって義朝がそれを継承し、平治の乱で義朝一族が没落した後は義康に伝領し、さらに義清に移ったと考えられる。義清は義範を養子として山名郷に配置し、実子義縁・義房を矢田郷に据えたと想定できる。義縁の子頼実が矢田蔵人二郎と名のり、その係累が当地に存続し、山名氏と共に千早攻めに参陣したと考えられる。なお、多胡荘は源家嫡流となった頼朝に継承された。

「注文」にみえるその他の御家人たち

残った御家人として、江戸《えど》一族・嘉賀《かが》二郎太郎跡・重原《しげはら》一族・小野里《おのざと》兵衛尉跡・伊南《いなみ》一族・豊島《としま》一族・神沢一族・藤田《ふじた》一族・武《たけ》二郎太郎跡がいる。これらははたして上野の御家人であろうか。

江戸一族・豊島一族は本来武蔵の御家人であり、上野に結びつく史料はない。「六条八幡宮造営注文写」でも両氏は武蔵国に名がみえる。上野との関係を考えると、江戸氏は秩父平氏流で、秩父権守重綱の子重継《しげつぐ》を祖とするが、同人は高山氏初代の重遠の兄弟である。豊島氏も秩父平氏流である。江戸・豊島一族の中に高山御厨または高山氏に関わるものがいて、このとき大番役を務めていたのかもしれない。

藤田氏も武蔵の御家人で、「藤田氏系図」が注目される（『埼玉県史』別編4）。これは甘楽町興巌寺《こうがんじ》に所蔵されていたものという。それによると、藤田重国《しげくに》の弟信国《のぶくに》は武蔵から上野国甘楽郡国峰《くにみね》城邑に移り、その子孫は代々国峰城主であったという。信国の孫行忠《ゆきただ》は新田義貞に属して戦功をあげたともみえる。

藤田氏がいつどのようにして国峰を領したかを示す史料はない。系図によると、藤田氏の祖政行《まさゆき》は保元の乱で義朝につき、その子行保《ゆきやす》は源範頼に従って一の谷合戦に参陣して討ち死にし、その子能《よし》国《くに》（信国の父）は承久の乱に参陣して所領を得たとみえ、代々幕府御家人として活動してきたという。能国は『吾妻鏡』に登場し、元暦元年から承久三年まで活動がみえるので、系図もまったくの虚構とも思えない。国峰宛行が事実とすれば、治承・寿永の乱または承久の乱の行賞とみるのが適当であろう。

武氏について、『吾妻鏡』建久元年（一一九〇）十一月七日条に武次郎、仁治元年（一二四〇）八月二日条に武小次郎兵衛尉が随兵として登場し、関連が想定される。三浦一族に武氏がいるが、検討が必要である。この一族が上野に所領を保持していたとも考えられる。

残りの嘉賀二郎太郎跡・重原一族・小野里兵衛尉跡・伊南一族・神沢一族については、上野との接点は不詳である。上野以外の御家人で参陣したか、誤記・誤写の可能性もあり、今後の検討課題である。伊南は福島県・千葉県などに見える地名で、千葉の夷隅《いすみ》荘は伊南・伊北からなっていた。

以上の検討から、千早城攻めに参陣した大番役衆は多くが上野の人々であった。一部、上野以外の御家人も含んでいた可能性はあるが、上野と何らかの関わりがあった可能性もある。また、ここにすべての上野御家人が加わっていたわけではなく、参陣できなかったものもいたであろう。なお、楠木攻めは結果的にうまくゆかず、義貞が去った後、多くの上野御家人も離脱して下国したと考えられる。

倉賀野氏ら児玉党はなぜみえないのか

ところで、「注文」には鎌倉期に御家人としてみえていた倉賀野《くらがの》氏が登場しない。倉賀野氏は秩父平氏とも関わりを持つ児玉党《こだまとう》の武士であるが、この時期、児玉党の動きも活発ではない。児玉党の人々は何をしていたのであろうか。

児玉党に関して「武蔵七党系図」（『続群書類従』第五輯上）があるが、これによって上野の人々の家系を確認しておこう。

①上野国小中山　藤内左衛門尉経実《つねざね》（以下四代の記述）
②山名大夫四郎親行《ちかゆき》
③島名《しまな》刑部丞家親《いえちか》（山名親行の子、以下五代の記述、親高《ちかたか》は承久の乱宇治川死）
④多子三郎経遠《つねとお》
⑤白倉《しらくら》三郎成季《なりすえ》（成季は承久乱ニ六月十四日於宇治川討死、以下四代の記述、成家《なりいえ》に「正応六年四月平左衛門入道杲円一味シテ被誅」とある）
⑥新屋《にいや》片山《かたやま》二郎行村《ゆきむら》（以下四代の記述）
⑦片山余二郎行時《ゆきとき》（以下七代の記述、四代輔行《すけゆき》は小幡平四郎を称す）
⑧小幡平太郎行頼《ゆきより》（以下五代の記述）
⑨倉賀野三郎高俊《たかとし》（以下五代の記述）

これらのうち山名・多子らは一代しかみえず、別系が存在するので家として存続しなかったものと思われる。一方、小中山（中山）・島名・白倉・新屋片山（片山）・小幡・倉賀野氏らが家として確立し、島名・倉賀野氏は国衙領に進出して御家人となった。この他、大類・矢嶋・吉田氏もいるが、上野関係者とは断定できない。片山は武蔵の可能性もあるが、少なくとも新屋片山氏は上野の武士である。

次に、室町期に児玉西寺を先達として熊野参詣を行った児玉一族の苗字をあげた旦那注文写がある

（高参考資料四四）。この中で上野の地名を負う一族は、倉賀野・小幡・片山・白倉・倉賀野・奥平・譲原氏である。奥平・譲原氏が新たに加わる。

小幡氏は系図でも多くの人名が登場し、有力者となった。行頼の子に余一行忠《ゆきただ》・二郎・右衛門尉政《まさ》行《ゆき》がおり、それぞれ子孫が存続するので、一族はいくつかの家に分かれて発展したものとみられる。また、そのうち行忠の子孫に「仁和寺《にんなじ》法印《ほういん》讃岐公　頼玄《らいげん》」がみえ、京都仁和寺に入り、法印にまでなった者もいたことがわかる。一族が京都に進出し、ある程度の分限・社会的地位を保持していたことをうかがわせる。

鎌倉期の小幡氏の動向を示す史料に、延慶四年（一三一一）三月三日の中村行郷《なかむらゆきさと》言上状写（「秩父神社文書」）がある。秩父神社の神官行郷が式年遷宮《しきねんせんぐう》において流鏑馬《やぶさめ》の射手役を果たさなかった人々を訴えたものであるが、その中に「久永惣領小幡平太跡」がみえる。小幡氏は秩父にも所領を持ち、秩父神社の神役を果たす義務を負っていたことがわかる。このとき、小幡氏を名のっているので、すでに小幡に入部してそこを本領としていた。

小幡氏の本領は、額部荘小幡郷である。額部荘はほぼ現甘楽町を領域とする荘園で、小幡郷以外に白倉郷・新屋郷があった（群三二一）。白倉・新屋片山氏はそれぞれそれらの郷を苗字の地としたことがわかる。額部荘が得宗領で、彼らは得宗被官として同荘に入部したと考えられる。

額部荘の特質の一つに、板碑造立が早期に始まったことがある。上野の紀年銘がある板碑で二番目に古いものが甘楽町小川にある。ただし、これは自然石である。その後、当地では武蔵型とは異なって在地の石材を用いた小幡型板碑が登場する。板碑造立が始まった一二四〇年代から五〇年間に、群馬県全体では八六基確認されるが、内二七紀基が甘楽郡域で、さらにそのうち一八基が額部荘にあたる甘楽町域である。当地の板碑文化は小幡氏が持ち込んだものであろう。

小幡・白倉・新屋片山氏らが御家人として登場しなかったのは、この一族が得宗被官となっていたためとみられる。倉賀野氏らが鎌倉末期に御家人としてみえなくなるもその可能性が考えられる。

尊氏と連携した新田一族

さて、西国で謀反の動きが収まらないことに業を煮やした鎌倉幕府は、再び名越高家《たかいえ》を大将とする援軍の派遣を決めた。足利尊氏にも再三催促がなされたが、尊氏は所労（病）のところに再度の上洛を命じられたことに立腹し、反逆の意思を固めたという（『太平記』）。尊氏は出発を引き伸ばしたが、ようやく元弘三年（一三三三）三月二十七日に鎌倉を発ち、四月十六日に京都に入った。京都に入ると、尊氏は密かに伯耆の後醍醐天皇に使者を送ったという。出発する際には謀反を決めていたのであろう。

この頃、後醍醐方の赤松円心《あかまつえんしん》・千種忠顕《ちくさただあき》の兵が幕府方の六波羅勢を追って京都まで迫っていた。援軍の到来によって幕府軍の士気は高まったが、それはすぐに絶望に変わる。尊氏が突然戦線から離脱して丹波国篠村《しのむら》（京都府亀岡市）に退き、ここで反幕府の兵を挙げたからである。尊氏は直に各地の武士に参陣を促す催促状を送ったという。これによって両派の勢力が逆転する。尊氏は五月七日付で篠村八幡宮に勝利を祈願する願文を納めている。

義貞が挙兵したのは、元弘三年五月八日である。尊氏の動きとほぼ同時であることから、挙兵は両者の連携のもと進められたと考えられる。応永三十年（一四二三）七月に岩松満長《みつなが》が鎌倉府《かまくらふ》に提出した申状によると、同年四月二十二日付の「先代退罰御内書《せんだいたいばつごないしょ》」があったことがみえる（正木五九）。先代は尊氏で、退罰御内書は倒幕の命を伝えた文書である。これによって尊氏の倒幕の意向が四月中に岩松氏に伝えられていたことがわかる。また、応永二十五年十月十五日の岩松満親《みつちか》文書注文には当時、次の文書があったと記されている（正木五七）。

一　自紀五方田嶋方へ内状　　　　一通
一　長寿寺殿御書　新田下野五郎殿へ　七通
一　大休寺殿御書　同兵部大輔殿へ　　一通

最初にみえる紀五とは誰か。これは紀五左衛門尉という足利被官で、当時鎌倉にいた尊氏の息千寿王《せんじゅおう》（のちの義詮《よしあきら》）のもとにいた。田嶋《たじま》は岩松氏庶流である。岩松氏は鎌倉の千寿王とも連絡を取っていたのである。千寿王が鎌倉から新田に落ちて来ることを前提に、新田一族とともに挙兵を進めていたことがわかる。

次の長寿寺殿《ちょうじゅじどの》は尊氏、新田下野五郎は岩松家当主の経家《つねいえ》である。尊氏から経家に七通の書状が届いていたことがわかるが、経家がまだ官途を名のっていないので、書状の多くは内乱発生前後のものである。次の大休寺《だいきゅうじ》殿《どの》は直義である。新田兵部大輔も経家である。経家は戦功によって兵部大輔《ひょうぶだゆう》に補任されたので、直義の御書は鎌倉陥落以後のものとなる。尊氏の御書は挙兵に関する密書であった可能性が高い。尊氏と義貞の意思疎通の程を示す史料はないが、義貞抜きに挙兵が進められたとは考えられない。

　義貞の挙兵について、『太平記』は次のように説明している。幕府は世良田には有徳人が多いとみて出雲介親連《ちかつら》・黒沼彦四郎入道を遣わし、五日の日限を設けて六万貫の矢銭の負担を命じた。彼らが大勢で世良田の荘家《しょうけ》に入って譴責を加えるのを見た義貞は、「我館の辺を雑人の馬蹄に懸けさせつる事こそ返々無念なれ」と述べ、黒沼・親連を捕縛して黒沼の頸を刎ねさせた。

新田義貞銅像　群馬県太田市

　義貞の決意はすでに決まっていたとみられるので、これはきっかけにすぎない。黒沼らの処分によって一族の戦意高揚を図ったのであろう。また、この事件で挙兵が早められた可能性がある。譴責使を処罰することによって決起以外に選択肢はなくなるが、それを承知で彼らの処罰に踏み切ったのである。決起は鎌倉から足利千寿王を迎えて行われる予定であったが、義貞がそれを嫌い、この事件を利用して早期の単独蜂起に切り替えたと推測できる。なお、『太平記』では挙兵の日は五月八日とされるが、五月五日とする史料もある（『神明鏡《しんめいかがみ》』）。

また、『梅松論《ばいしょうろん》』は挙兵までの展開を次のように述べている。

去程に将軍は君にたのまれ奉り給ふ由、関東へ聞えければみな色をうしなふ処に、五月中旬に上野国より新田左衛門佐義貞、君の御方として当国世良田に打出て陣をとる、

これによると、尊氏から後醍醐を擁立する意向が関東に伝えられると、足利一族の人々は驚愕したと記されている。さらに、義貞が唐突に挙兵したと述べられている。義貞の挙兵は関東の尊氏方にとっては予期せぬ事件と映っていたことになる。足利方が尊氏主導の挙兵に混乱しているところに、突如義貞が挙兵したというニュアンスがうかがえる。

幕府は、同年五月八日付で平塚《ひらつか》郷を長楽寺に寄進する旨の御教書《みぎょうしょ》を出している（長二二）。これは幕府が新田荘を闕所《けっしょ》としたことを示すもので、幕府も義貞に対して処罰・断罪の意向を表明したことになる。五月八日に発給したので、当然挙兵は八日以前となる。義貞謀反の詳報が鎌倉に伝わり、幕府の対応が決するには数日かかるであろう。五日の挙兵の可能性もあるが、日付を挙兵時に遡らせたこともありうる。

鎌倉攻めに参陣した人々

義貞の挙兵に際し、生品明神《いくしなみょうじん》（太田市）に集まった人々が『太平記』にみえる。

相随う人々、氏族には大館次郎宗氏・子息孫次郎幸氏・二男弥次郎氏明・三男彦二郎氏兼・堀口三郎貞満・舎弟四郎行義・岩松三郎経家・里見五郎胤義・脇屋次郎義助・江田三郎光義・桃井次郎尚義、是等を宗徒の兵として百五十騎には過ぎざりけり、

大事業を起こすわりに、集結したのはわずかの兵であった。これも早期挙兵の結果をうかがわせる。身内として大館・堀口氏がみえ、それに加え新田一門の岩松経家・里見胤義《たねよし》・江田《えだ》光義《みつよし》らが登場する。岩松氏は尊氏と連絡を密にしていた一族であるが、義貞に協調している。ここに世良田氏はみえないが、江田氏は世良田氏の庶流である。さらに、足利一門の桃井氏がみえる。『梅松論』によると、山名・里見・堀口・大館・岩松・桃井氏が参陣したとみえる。こちらには脇屋《わきや》・江田はみえず、山名が入るが、ほぼ似た構成である。不十分な状態で挙兵に至ったと考えられる。

次に、これらの人々の関係を確認しておこう。『尊卑分脈』には大館宗氏《むねうじ》とその子たち、堀口貞満《さだみつ》はみえるが、舎弟の行義《ゆきよし》という人物はみえない。行義は堀口氏庶流の一井氏（貞政）であろう。また、同書によると岩松経家は政経《まさつね》の二男であり、嫡男は直国《ただくに》とある。「長楽寺系図」では直国は経家の子、または別系としてみえるので、このときの岩松家督者は経家であろう。先にみたように江田氏は世良田氏庶流で、光義は『尊卑分脈』にみえる世良田行義であろう。

桃井尚義《なおよし》も『尊卑分脈』に見える人物である。桃井氏の本領は桃井郷で、新田からは離れている。だが、桃井氏は室町期に新田荘に所領を保持していた。長禄期とみられる史料に「浜田郷　彼郷之内有桃井方」とある（正木九八）。桃井氏も数家に分かれており、新田にも一族がいた可能性がある。

里見義胤は『尊卑分脈』にはみえない。『続群書類従』所載の源氏系図によると、義胤は竹林義秀《よしひで》の孫である。里見嫡流は新田荘から離れており、庶流で新田荘に居住する竹林氏が参陣したのであろう。なお、義胤の子孫は鎌倉府に仕えて奉公衆《ほうこうしゅう》となる。脇屋義助《よしすけ》は義貞の実弟とされるが、ここでは里見の次に登場する。

義貞は挙兵後、中世の東山道《とうさんどう》（奥大道《おくだいどう》）を西に進み、八幡荘（高崎市八幡町）に入った。同所には上野で最初に創建された八幡宮が存在する。源頼義《よりよし》・義家が奥州に合戦に赴く際、武運を祈った神であり、義貞もそれに倣って戦勝を祈願したのであろう。なお、このとき上野一宮の貫前神社にも利運を祈願し、弓矢・兜・鎧・太刀・神馬を奉納したという（「上野国一宮記録」）。義貞は八幡荘で越後からきた一族と合流し、鎌倉街道上道《かみつみち》に入る。この後多くの武士が義貞の下に結集した。

八幡荘に回った理由として、①南下しての利根川本流渡河を避ける、②府中などにいた幕府・守護方の軍を掃討する、③八幡荘で味方と合流するなどのことが想定される。さらに、北関東から鎌倉に向かう場合、八幡荘から鎌倉街道上道を用いるのが一般化していたなどのことも指摘されているが、八幡宮に戦勝を祈願することを目的の一つとしていたと考えられる。祖義重は寺尾で挙兵したものの、

図３　中世上野の主要交通路

源頼朝に抗しきれず上道を通って鎌倉に出頭した。義重の恥を雪ぐという意味もあったであろう。

その後、義貞軍は小手指《こてさし》・久米川《くめがわ》・分倍河原《ぶばいがわら》などで幕府軍との激戦に勝利し、十八日には鎌倉に迫った。義貞軍は鎌倉を囲み、稲村ケ崎《いなむらがさき》からの侵入に成功する。北条高時《たかとき》以下、幕府の要人たちは葛西《かさいが》谷《やつ》の東勝寺《とうしょうじ》に立て籠もって抵抗したが、二十二日に自刃して果てたという。五月八日に挙兵したとすれば、十四日後のことである。

鎌倉攻めに向かう義貞軍が本陣を置いたとされる将軍塚の碑
埼玉県所沢市

鎌倉攻めに足利氏がどう関わったかが次の問題である。『太平記』によると、足利千寿王は紀五左衛門尉に供奉され、二日に鎌倉を出て九日に武蔵国に入り、二百余騎で馳せ着いたという。義貞軍が進軍する途上で合流したことになる。『梅松論』にも「義詮ノ御所、時ニ四歳、同大将トシテ御輿メサレ、義貞ト同道アリ」とみえ、いつかは不明であるが合流・同道したとされている。

これに関し、鹿島利氏《かしまとしうじ》申状案の記載を根拠に別の見方が出されている（峰岸純夫二〇〇五）。それには次の文言がある（『後鏡』所収文書）。

利氏、元弘三年五月十二日、上野国世良田に馳せ参じ、将軍家若君方に参ぜしむるの処、新田三河弥次郎満義の手に付せられ、数輩子息・若党以下討ち死にの忠によって、（中略）去建武二年九月二十三日、下吉景村地頭職、海東忠行領知分を充て賜り、（下略）

これによって、千寿王が五月十二日に義貞とは別に蜂起し、別行動で鎌倉攻めの挙兵を行ったとみることができるという。つまり、足利方による二次的な蜂起が行われたというのである。ただし、利氏が五月十二日に世良田に馳せ参じ、千寿王の幕下に加わって新田満義の手に加わり、戦いに参加し、身内に犠牲者を出したことは理解できるが、これだけで足利方が新田と別行動をとったとはいえない。

この史料から、倒幕の挙兵は本来五月八日ではなく、鎌倉から落ちてきた千寿王を迎えて十二日に予定されていたとみることができる。義貞がそれを嫌い、幕府譴責使を挑発的に捕縛するという事態を作り、挙兵を早めた可能性は既述した。その結果、利氏のように挙兵に間に合わない人々が出てきたのであろう。

三河弥次郎満義（系図類では満氏とも）は世良田氏で、義貞の挙兵には参加していない。満義は足利方との関係から義貞につかず、十二日を待って出陣したのであろう。遅れて世良田に入った人々を集め、世良田から直に利根川を渡るショートカットの別ルートで南下したと考えられる。鎌倉進軍中に諸方から味方が駆け付け、その結果大軍となったので、このような事例は多々あったのであろう。彼らの多くは足利方による挙兵と考えて参陣したが、すでに軍勢は義貞を中心に動いていた。それでも軍勢は前へ進む以外に選択に余地はなかったのである。

上野御家人の選択

ここで、鎌倉攻めにおける上野御家人の動きをみておこう。『太平記』には個別の上野武士の動きは記されていないが、武蔵に向かう新田義貞軍に、上野を含む東国の兵が「不期」に集まったとみえる。彼らは三々五々義貞軍に結集し、大軍勢にふくれあがったのであろう。一方、幕府は五月九日に入間川《いるまがわ》で義貞軍を押し止めることを決めて軍勢を送ったが、その中で加治氏らに武蔵・上野の勢六万余騎を付けたとみえる。六万騎は誇張としても、鎌倉にいた諸国の御家人らが動員されたと考えられ御家人たちもすぐに義貞に従ったとは考えられない。以後、こうした記事はみられないので、入間川で敗北したことにより、御家人たちの期待は幕府から離れたとみられる。この段階で御家人たち個々に選択が迫られたのである。

義貞方についた上野御家人として、飽間氏がいる。徳蔵寺《とくぞうじ》所蔵の板碑には、三郎盛貞《もりさだ》（二十六歳）・孫七家行《いえゆき》（二十三歳）・孫三郎宗長《むねなが》（三十五歳）ら各所の戦いで討ち死にを遂げた飽間一族の名が刻まれている（群五五〇）。彼らは官途ももたない若者であった。

実は、飽間一族は西国でも活動がみえる。正慶二年（一三三三）三月十一日、後醍醐についた赤松則村《のりむら》は六波羅軍を播磨摩耶《まや》山城《さん》（神戸市灘区）で迎え討ったが、その中に飽間九郎左衛門尉光泰《みつやす》がいる（『太平記』）。光泰は飽間斎藤とも称しているので、上野飽間一族であることは明らかである。この飽間氏は鎌倉期に西国に移った一族で、播磨矢野《やの》荘（兵庫県相生市）で発生した悪党蜂起に飽間一族が加わっている。この頃、上野の飽間一族は楠木攻めのため河内に陣を敷いていたので、光泰もその活動を認識し、連絡を取りあっていたかもしれない。

ところで、武士たちは着陣したときには着到状《ちゃくとうじょう》、戦いが終わった後には軍功を申し述べる軍忠状《ぐんちゅうじょう》を大将に提出する。この鎌倉攻めでもそのような文書が残っている。それらから上野の武士たちの動きをみてみよう。天野経顕《あまのつねあき》が大館氏明《うじあき》に提出した軍忠状には五月十八日に片瀬《かたせ》から稲村ヶ崎を駆け破ったことがみえるが、新田矢嶋次郎と山上七郎五郎が見知していたとある（群五八三）。ここからは、新田一族の矢嶋氏と山上氏が義貞軍に加わったことがわかる。新田矢嶋氏については政義の子に谷島三郎信氏《のぶうじ》がみえ、その子孫であろう。

幕府方についた御家人たち

幕府側につくことを選んだ御家人・得宗被官もいた。当時、上野国守護は北条得宗であり、守護に従った御家人もいたとみられる。『梅松論』によると、当国守護（代）長崎《ながさき》四郎左衛門尉が新田義貞の挙兵に対し、即時に赴いて合戦に及んだが、上野の輩が義貞に属したので支えることができず、引き退いたという。長崎は義貞の進軍をどこかで止めようとしたのであろう。佐位荘が得宗領、那波郡が幕府中枢の那波氏領であるので、その付近で小規模な抵抗が試みられた可能性はあるが、長崎は進軍を止めることはできなかった。

まず、「高山氏家譜」によると高山時重《ときしげ》について次のようにみえる（『藤岡地方の中世史料』）。

時重　五月十六日、北条左近将監泰家入道、為大将軍馳向、武州多摩郡関戸合戦之時、尽粉骨、遂討死、行年五十八歳、

時重は幕府によって大将軍として派遣された北条泰家《やすいえ》に従い、関戸《せきど》合戦で討ち死にを遂げたことがわかる。関戸合戦については『梅松論』にも記述があり、泰家の「宗徒《むねと》の者」（従者・被官）として安《あ》保《ぼ》左衛門入道道潭《どうたん》・栗田《くりた》・横溝《よこみぞ》らが討ち死にしたとある。関戸（東京都多摩市）は多摩川の渡河点で、ここで新田軍の進撃を止めようとしたのである。

藤岡市上日野の小柏《おがしわ》氏の系図にも、関連する記述がある（同前）。小柏実親《さねちか》について「守邦《もりくに》親王御治世、属北条相模守高時《たかとき》」とあり、その弟実季《さねすえ》には「与兄同時討死矣」とみえる。小柏兄弟は北条高時の手に属して討ち死にしたが、これは義貞との戦いであったことは疑いない。上日野は多胡荘内で、同荘は幕府の支配下にあったので、高山御厨・多胡荘などの武士たちはまず幕府方に従ったのであろう。

後の上野国守護上杉氏の所領として「浄法寺《じょうほうじ》土佐入道跡」・「大胡上総入道跡」がみえる（群一一三五）。これらは浄法寺氏・大胡氏から没収されて上杉氏に給付された所領だが、いつ没収されたかが問題となる。これらの所領は上杉憲春《のりはる》の所領であるが、その父憲顕《のりあき》から譲られたものであろう。南北朝初期に足利尊氏が憲顕に守護領として与えたもので、鎌倉幕府に味方した人々から没収したものであった可能性が高い。

浄法寺氏は高山・小林一族で、高山御厨内の武士である。それに加え、康応元年（一三八九）八月十六日に「浄法寺九郎入道跡平塚・牛田・岩井」が鎌倉明王院《みょうおういん》に打ち渡されている（群一二〇五）。浄法寺氏は複数の一族の所領が奪われたことになる。高山一門がまとまって幕府に従ったことは十分に想定できる。

建武二年（一三三五）六月十九日、義貞は大胡郷内野中村地頭職を長楽寺了愚上人庵室《ちょうらくじりょうぐしょうにんあんしつ》に寄進したが、この日、それを伝える国宣《こくせん》（知行国主が知行国に宛てて出した奉書）が出されている（長一五）。これは大胡氏の旧領とは特定されていないが、野中（前橋市）は大胡郷内であるので大胡氏の所領であろう。さらに、戦国期に上杉氏が大胡郷内の笂井村・長磯村・小屋原村などを所領としている（群二一五四）。大胡氏は郷内の複数の村々を没収されたことがうかがえる。大胡一族は楠木合戦に出陣したが、そのまま幕府方についたため所領が没収されたのであろう。上総入道跡は嫡流家とみられ、室町期にも大胡上総介の活動がみえる（群一八八七）

また、山上氏に関しては、応永九年（一四〇二）に鎌倉公方足利満兼《みつかね》が上野国闕所のうち「山上駿河五郎跡」を「若御前（氏兼《うじかね》）御料」としている（群一二八〇）。同所がいつ闕所となったか直接示す史料はないが、楠木合戦に山上太郎跡が出陣しているので、大胡氏と同様の事情が想定される。彼らはともに藤姓足利一門であり、まとまって幕府方に従ったのであろう。

山上氏の所領である山上保に関し、建武元年十一月二十七日に太田貞宗《さだむね》が山上保内諏訪両社に同保内田部村・葛塚村の田在家を年紀を限って売却し、年紀が明けた後に寄進している（群五九七）。前章で述べたように、太田一族は鎌倉幕府の法曹官僚で、太田貞康が佐貫荘で所領の買得をしていた。貞康と貞宗の父子などの同族であろう。太田氏は幕府と運命を共にせずに、途中で後醍醐方となり、所領を維持することができたとみられる。

旧幕府の関係者が途中で鞍替えした場合、足利氏に従って地位・利権を維持するケースがみられる。那波氏は幕府の有力御家人であったが、生き残って足利氏に従い、鎌倉廂《ひさし》番衆《ばん》となる。那波氏は大江姓であるが、藤姓足利氏系那波氏の娘を妻とし、同一門とは擬制的な一族関係にあったとみられる。薗田氏・佐貫氏も那波氏・大胡・山上氏と同様に幕府方であったが、途中で鞍替えしたと考えられる。

新田一族の選択

五月八日の新田義貞の挙兵に際して、『梅松論』には山名氏はみえるが、『太平記』にはみえない。その後、義貞軍が進む過程で「山名」とみえるが、これが山名時氏を指すのかわからない。『山名家譜』には時氏の動きが次のように記述されている。楠木攻めのため尊氏が鎌倉を発つ朝、仁木《にっき》・細川《ほそかわ》をはじめ、山名・渋川《しぶかわ》・高《こう》・上杉の人々が集められて軍議があったが、その席で時氏が鎌倉幕府への謀反を進言し、それで衆議一決したという。これによれば時氏は討幕の主戦派で、尊氏と行を共にしたことになる。山名氏が義貞に従ったのか尊氏に従ったのか、どちらが正しいか決め手はない。なお、上野の足利一門の中でも桃井氏は義貞挙兵に参加したが、『山名家譜』にみえるように渋川氏は尊氏に従っていたと考えられる。

新田一族の中で、鎌倉攻めに確実に参陣した人々を文書史料で探してみよう。前述した着到状・軍忠状・言上状などには軍事担当者の承認の証判、花押が書かれる。このとき、新田一族が証判を認めた文書が十一通ほど残っている。そのうち五通が義貞、三通が大館氏明、残りは大館幸氏・岩松経家・岩松経政が各一通ずつである。このうち義貞が関わる文書は六月十四日までのものである。義貞はここで上洛し、大館氏がその後を引き継いだのであろう。大館氏明・幸氏は稲村ヶ崎で討ち死にを遂げた宗氏の子で、兄弟である。大館氏は嫡流家の有力庶家であり、義貞の職務を代行したことがわかる。

大館氏館跡　群馬県太田市

岩松経家に関わる軍忠状には、経家を「搦手大将軍《からめてだいしょうぐん》」としており（群五六九）、岩松氏と義貞が両大将として出陣したという前出の記述を裏付ける。経家は挙兵に参加し、義貞に次ぐ地位にあったことになる。一方、岩松経政は系譜類にはみえない人物である。経政が関わる軍忠状には「新田遠江又五郎経政見知」とみえる（群五六八）。経政は証判・加判とともに軍功の見知役（証人）を務めていた。この時期に名のりに遠江を入れるのは岩松庶子家である。

建武三年（一三三五）三月十七日の相馬《そうま》光胤《みつたね》軍忠状に「新田左馬亮経政代田嶋小四郎分捕一人」とみえる（群六七八）。これは、相馬氏が建武政権側の結城《ゆうき》方の城を攻めたときの軍功を記した文書で

化粧坂切通　神奈川県鎌倉市

ある。経政はこのとき陸奥で活動している。田嶋小四郎を名代としているので、岩松系田嶋氏の惣領の可能性もある。

　経政に関わるとみられる文書がもう一つある。建武元年九月二十七日の陸奥国宣で、大蔵権少輔清高《きよたか》が新田孫五郎に後藤基泰《もとやす》への所領の沙汰付《さたしつけ》（引き渡し）を命じたものである（群五九四）。ここでは孫五郎とあるが、又五郎の仮名《けみょう》は自署ではないので誤記の可能性もある。同人は鎌倉攻めの功で陸奥に所領を与えられ、陸奥に移ったと考えられる。

　また、断簡であるため作成者・証判加判者・発給年月日もわからない軍忠状写があり（群五八四）、ここに「日大将軍新田蔵人七郎氏義《うじよし》」がみえる。文中に五月二十一日・霊山寺大門・稲村崎などの語がみえるので、鎌倉攻めの関係文書であることがわかる。氏義は「日将軍」とみえるが、これは特定の日の大将であったことを示す。「長楽寺系図」では、綿打《わたうち》氏に氏義の名がみえる。

『太平記』によると、鎌倉攻略戦で義貞は兵を三手に分け、各二人の大将を配置したという。極楽《ごくらく》寺《じ》の切通の左将軍大館宗氏・右将軍江田三郎行義、巨福呂坂《こぶくろざか》の上将軍堀口貞満・裨将軍大嶋讃岐守守《もり》之《ゆき》、化粧坂《けわいざか》の大将は新田義貞と脇屋義助で、堀口・山名・岩松・大井田・桃井・里見・鳥山・額田・

羽川以下の諸氏が軍勢に加わっていた。巨福呂坂口の裨将軍として大嶋守之が登場するが、系譜類に守之はみえない。大嶋氏は里見氏の庶流で、守之にあたる人物は義政《よしまさ》である。

また、「長楽寺系図」に里見鳥山一族の盛成《もりなり》について次の文言がみえる。

盛成　信成養子、元弘三年五月十九・廿・廿一、極楽寺坂大将軍

これによると、鳥山盛成は極楽寺坂攻めの大将軍であったとみえる。事実かどうかこれだけでは断定できないが、里見氏系の大嶋・鳥山氏は義貞軍の侍大将として活動していたとみられる。『太平記』には越後国の里見一族も参陣していることがみえる。

元弘三年（一三三三）十二月日の南部時長《なんぶときなが》申状は、時長が所領争いで訴えられ、それに対する反論を記述したものである（群五七八）。その中に時長が建武政権のため軍忠に励んできたことを述べた次の一項がある。

於関東合戦之忠、親類中村三郎二郎常光五月廿日討死之条、新田三河弥次郎見知畢、

関東合戦は鎌倉攻めを指し、新田三河二郎が五月二十日の戦いで討ち死にを遂げた時長の親類中村《なかむら》常光《つねみつ》の死を見知したと述べている。新田一族で三河を名のりに入れるのは世良田氏で、二郎を名のるのは同家嫡流なので、弥次郎は前出の満義を指す。満義は鎌倉攻めに参陣していたことがわかる。さらに、文中に「同廿一日、霊山大将軍武田孫五郎」とみえ、武田氏が霊山口の大将軍となっている。世良田満義は南部・武田氏らと行を共にし、義貞とは別行動をとっていた。

「長楽寺系図」によると、岩松一族に田部井泰寛《たべいやすひろ》がみえ、「与高時、同元弘三五十六、於分倍宿討死畢」と傍注がある。「与高時」は「高時に与《くみ》し」の意なので、彼は北条高時方として分倍河原合戦で討ち死にを遂げたことがわかる。田部井（伊勢崎市）は新田・佐位荘の境にある郷で、室町期にどちらに帰属するかの問題が起こっている。鎌倉末期の佐位荘は得宗領となっており、田部井氏は得宗被官となっていたのであろう。

第三章　建武政権と上野国

建武政権に参加した上野武士

鎌倉を占拠した新田義貞は、その報を伝える使者を後醍醐天皇のもとに送った。元弘三年（一三三三）六月二日、報告は京都に還幸する途中の兵庫で後醍醐に届けられた。後醍醐はこれを喜び、使者三人に恩賞を与えたという（『太平記』）。後醍醐は六月五日に京都に着き、建武新政を開始する。後醍醐の目標は延喜《えんぎ》・天暦《てんりゃく》の治《ち》を理想とした天皇親政の実現で、幕府・院政・摂関などを認めず天皇がすべての実権を握って執行する専制政治であり、そのために必要な新たな機関が次々に設置された。

一方鎌倉では、足利千寿王を擁する人々と義貞派との間で対立が起こっていた。尊氏は一門の細川和氏《かずうじ》らを鎌倉に送り込み、千寿王を補佐させた。これによって武将たちも千寿王に従う者が過半となったという。義貞も鎌倉離脱を決意し、上洛する。その結果、鎌倉は足利氏が掌握するところとなった。

義貞に引き続き、他の新田一族も京都に向かった。九月二十七日の後醍醐の賀茂社行幸の際、山名近江守兼義《かねよし》が尊氏の下で供奉している（南関一五一）。山名兼義は時氏の弟である。『七巻冊子』によると、同年十二月十三日に国家の安寧を祈念する五壇法《ごだんほう》の修法が行われたとき、新田大嶋讃岐守が細川安房守とともに宮中の南庭《なんてい》の警固に当たったという。大嶋・山名氏らは義貞から離れて独自の動き

新田義貞画像　個人蔵

を示し、足利一族とともに活動していたのである。

ところが、建武政権は短期間で崩壊に向かう。原因の一つに、政権内の実力者たちの派閥抗争がある。後醍醐の皇子護良《もりよし》親王は、尊氏に幕府再興の野心があるとしてその排除を後醍醐に強く求め、尊氏の暗殺をも目論んだという。だが、後醍醐は護良の言動を持て余し、これを切り捨てた。護良を皇統から排除しようとする勢力がこれを押し進めたともいう。一方、護良と結ぶ北畠親房《きたばたけちかふさ》は子顕家《あきいえ》を陸奥に送り、義良《のりよし》親王を戴く陸奥将軍府を成立させた。これは足利氏が掌握する鎌倉に対抗するためでもあった。

政権の機関の一つとして、京都の治安維持を司った武者所《むしゃどころ》がある。ここに新田一族が多数入っており、義貞が実権を掌握する機関であった。また、上野の武士一族として四番に小串《おぐし》下総守秀信《ひでのぶ》、五番に高田六郎左衛門尉知方《ともかた》がみえる。小串氏はすでに鎌倉時代から在京活動がみえ、得宗被官などになって活動しており、これまでの実績が買われたものであろう。高田知方もこれと同様であったかもしれない。

建武政権の下、上野国の国司（大介）・守護に補任されたのは義貞である。京都にいた義貞は、守護代を在国させて上野の統治を行った。また、越後国も義貞に与えられ、武門では尊氏に対抗しうる存在となっていった。

先にみたように、鎌倉は足利氏が制することになり、元弘三年十二月に尊氏の弟直義《ただよし》が後醍醐の皇子成良《なりよし》親王を奉じて下向し、鎌倉将軍府が成立した。翌年正月、成良は上野大守に任じられている。上野は親王任国の国で、国司の長官である大守は親王が任じられることになっていた。形式的なものではあるが、成良の意を奉じる立場にある直義が義貞の上に立つことになる。これは足利方による策謀とみられるという（吉井功児一九九三）。

この頃、鎌倉の警固のため、武将たちを輪番で配置する関東廂番の制度が設けられている。四十人余の人名がみえ、これらの人々が在倉《ざいそう》（鎌倉にいること）して関東の治安を守っていた。その中に渋川義季・岩松経家・那波左近大夫政家《まさいえ》が入っている。那波氏は鎌倉幕府の評定衆を務めた有力者であったが、早期に幕府から離れ、足利氏を頼って生き残ったのであろう。また、後に上野国守護となる上杉憲顕をはじめとする上杉一門多数がみえる。なお、小侍所《こさむらいどころ》として渋川殿がみえるが、これは渋川義季であろう。

建武二年（一三三五）正月七日、鎌倉の直義のもとで的始《まと》めが行われた。幕府の年中行事を復活したものである。このとき、佐貫左衛門六郎は二番手で登場し、十射的中の妙技をみせている（『続群書類従』第二十三輯下)。佐貫一族は鎌倉期から的始めの射手を務めており、藤原秀郷の子孫として射芸に秀でた一族として認知されていた。佐貫一族は幕府滅亡とともに足利氏に従って鎌倉に出仕していたのであろう。なお、左衛門六郎経信《つねのぶ》が元応二年(一三二〇)に佐貫荘上中森郷畠地を売却したのを前にみたが、『系図纂要』には四郎大夫広綱の長子に左衛門六郎秀綱《ひでつな》がみえ、経信はその子孫と考えられる。

上野国司・守護を兼任した義貞

ここで、新田義貞による上野支配の様相をみておこう。国司の意向を伝える文書を国宣というが、それが何通か残っている。多くは何らかの統治行為を求める申請者がその要望事項を文書で提出し、それに義貞が承認の花押(証判)を書き加えることで発効するという形式のものである。義貞の証判は文書の右袖(一番右)に書かれ、これを外題《げだい》という。

元弘三年(一三三三)十一月五日、義貞は伊達貞綱《だてさだつな》に国宣を下した(群五七三)。貞綱は上野国公田郷内に相伝の所領を保持しており、その安堵を求めていた。千種忠顕《ちくさただあき》の手に属し忠節を果たしたと述べており、貞綱は西国での合戦に従っていた。西国にいた貞綱は関東の所領の維持に苦心していたのであろう。文書の右端に認可する旨と承認を示す義貞の花押が書き込まれている。

十二月十六日、寺尾左衛門五郎光業《みつなり》は「上野国上野上郷内田在家并落合村田在家等地頭職」の安堵

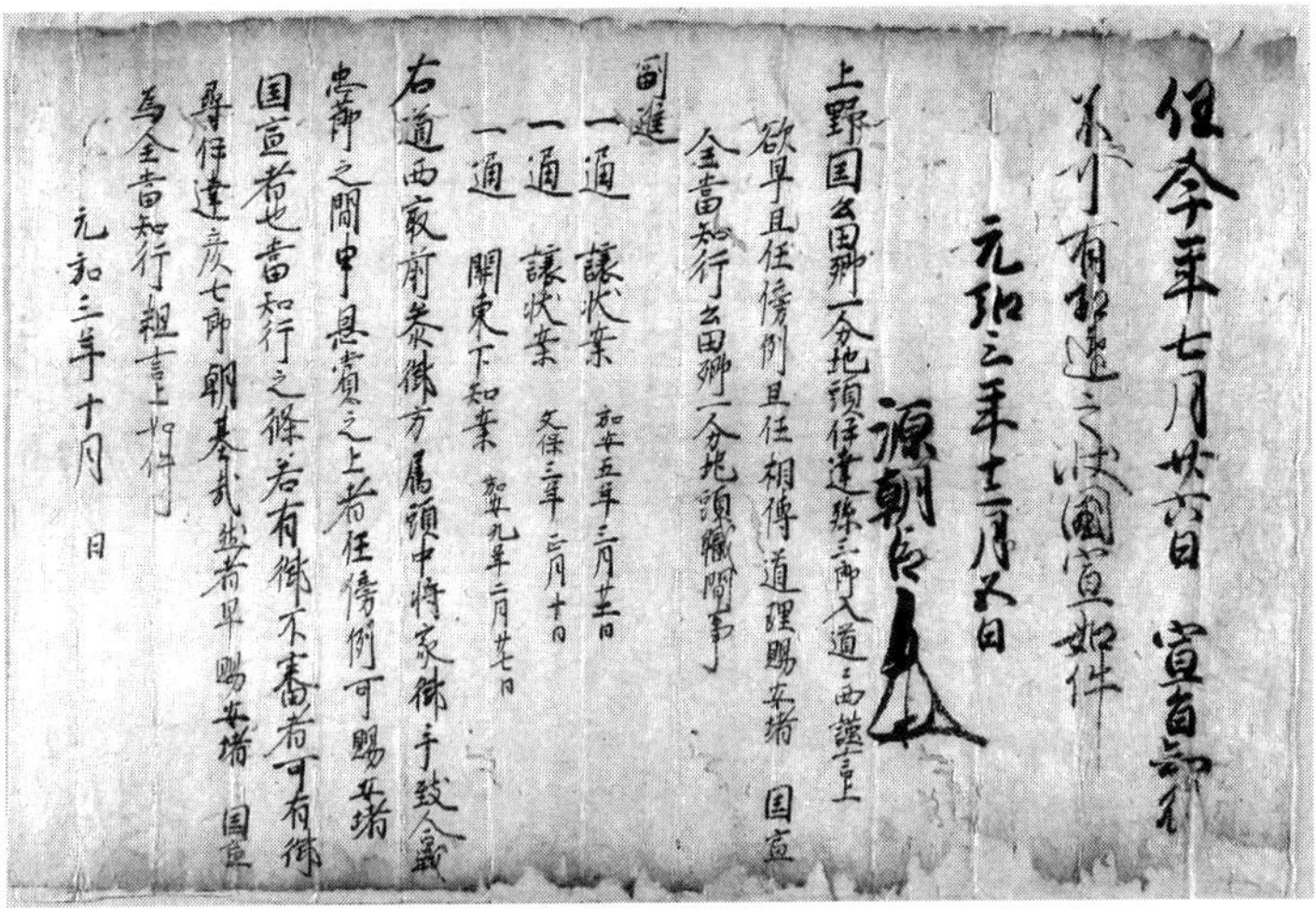

伊達貞綱軍忠状并上野国宣　「伊達文書」　仙台市博物館蔵

を求めたが、この日、義貞が証判の花押を書き入れてこれを認めている（南関二三三）。光業は「業」の字を用いており、寺尾氏嫡流の人物とみられる。また、左衛門を名のりに入れており、父が左衛門尉に任官していたことがわかる。そして和田五郎が請文《うけぶみ》（保証）を捧げたとあり、和田氏とも入魂の間柄であった。なお、寺尾氏には仮名として次郎を名のる人物がおり、複数の家が存立していたと考えられる。

　光業の所領である上野上郷・落合村はどこであろうか。落合は高崎市新町の旧名とされ、近接して藤岡市上落合がある。上野上郷内として牛田村や稲荷塚・日越田・西平などの地名が記されている。牛田は藤岡市牛田であるが、その他をその付近で探すと、藤岡市下戸塚に類似した地名がみえる。これら寺尾氏の所領は高山御厨にあったことがわかる。この所領は「相伝」とあるので、鎌倉期から保持してきたことになるが、寺尾氏の本領は寺尾郷なので、この間の何らかの武功によって獲得したものと考えられ、候補としては霜月騒動などが想定される。

翌年（一三三四）三月十九日、小林孫五郎重政《しげまさ》は大塚郷・中村田畠・在家などの地頭職の安堵を申請し、義貞はこれを許した（高九三）。重政もここを重代相伝の所領と述べている。小林氏の本貫地は高山御厨小林郷で、これも軍功による宛行であろう。高山御厨関係の安堵申請が前者に加え二例続くが、これは幕府直轄の同御厨が幕府滅亡によって混乱が生じ、建武政権から安堵を得る必要が生じたためであろう。

同年五月三日、佐貫荘羽祢継（郷）が後醍醐天皇綸旨によって別符幸時《べっぷゆきとき》に勲功賞として給付され（群五九二）、兵庫助氏政《うじまさ》がこれを幸時に打ち渡すよう命じている（群五九三）。同所は鎌倉幕府の文官であった摂津親鑒の所領であり、幕府方に与同したために没収されたのであろう。兵庫助氏政は、義貞の守護代である。

六月十日、義貞は東栄寺《とうえいじ》長老の了愚上人を長楽寺住持職に補任した（長一六）。年号はないが建武二年とみられる。ここからは、長楽寺住持職の選任が守護の権限となっていたことがわかる。同年六月十九日、上野国宣によって大胡郷内野中村地頭職が了愚の庵室に寄進され、目代《もくだい》に沙汰付が命じられた（長一五）。国宣には平・源・沙弥《しゃみ》の三名が発給者として名を連ねている。彼らは義貞の奉行人である。

遣された文書は少ないが、義貞は恩賞の伝達や武士たちの所領の保全・安堵などの業務に忙殺されていたことがうかがえる。側近には奉行人・守護代などが配置されていた。ただし、建武政権の恩賞給与・所領に関わる訴訟処理は混乱を極め、武士たちの不満を買ってしまう。

義貞は上野以外に越後・播磨、脇屋義助が駿河、堀口貞義が美濃・越前の国司・守護に補任され、新田一族で六ヶ国を得ている。なお、建武二年三月十五日、義助は駿河の丸子神社（静岡県沼津市）に武運長久を願って行光《ゆきみつ》造の太刀を奉納している（南関二一四）。このとき、篠塚《しのづか》五郎が使者を務めている。

守護所・板鼻の景観

新田氏の守護所は八幡荘板鼻《いたはな》（安中市）に置かれた。八幡荘は新田氏の本領ともいうべき拠点である。同荘は河内源氏の始祖頼信《よりのぶ》が長保（九九九〜一〇〇四）頃に上野介として赴任し、藤原道長《みちなが》の意向を受けて頼信が立荘を進めた可能性が高い。同荘八幡に石清水八幡宮から勧請された上野一社八幡宮が鎮座するが、これは頼信が創建したのであろう。前九年の役のときに源頼義・義家が詣でたと伝承される。豊岡《とよおか》にも義家の伝承を伝える若宮八幡宮がある。荘域として板鼻・里見・豊岡・八幡・剣崎《けんざき》などが含まれる。

板鼻は奥大道・鎌倉街道上道との交点にあたり、さらに越後へ向かう道（中世三国街道）・信濃善光寺（長野市）へ向かう道（信濃街道）・草津（草津町）への道（草津街道）が交わる要衝であった。正安三年（一三〇一）に成立した「宴曲抄《えんきょくしょう》」に、「ふみとゞろかす乱橋のしどろに違板鼻」とみえる（群四七二）。これにより、碓氷川《うすいがわ》対岸から乱橋を渡って板鼻に至ったことがわかる。

現況の板鼻市街地は、近世に碓氷川の河原を整地して開かれた中山道の宿である。中世の板鼻はその北側の碓氷川の河岸段丘上面にあった。源義経《よしつね》が奥州に向かうときに投宿した伊勢三郎義盛《よしもり》の屋敷跡の伝承地、同人の霊を祀る取勝社がある。段丘上面の西端が板鼻城址で、戦国期の依田《よだ》六郎の居城という。その北に古城・海龍寺《かいりゅうじ》などの字地名がある。古城は館址遺構、海龍寺は上杉氏が造営した寺院名である。新田氏時代もこの付近に守護館があったとみられる。

板鼻の碓氷川対岸が中宿である。中宿にも中世の宿があったと考えられる。中宿は大字地名であるが、小字地名として上宿・中宿・下宿に加え宮街道・在家などがあり、ここにも本格的な宿があったことがうかがえる。大河川の両側に宿が成立することは多く、中宿も板鼻宿の一部と考えられる。また、中宿には比叡山中本寺の天台宗蓮華寺《れんげじ》があるが、同寺は世良田長楽寺の開山栄朝が寛喜三年（一二三一）に開創したという伝承があり、鎌倉時代作の栄朝椅像がある。なお、板鼻の称名寺《しょうみょうじ》も長楽寺末である。

発掘調査によって、中宿からは中世のさまざまな遺構が見つかっている（中宿在家遺跡群）。道路とともにそれに関わる区割りがみられ、その中に土居を伴わない大規模住宅遺構が複数発掘されている。

遺物は少ないが、北宋銭《ほくそうせん》・船載陶磁器などで十二世紀まで遡れるという。

中先代の乱で時行は上野のどこを通ったか

建武政権成立後、北条一族・遺臣たちによる謀反・挙兵の動きは絶えず、全国的な広がりがみられるという（鈴木由美二〇二一）。その一人として著名なのが、北条高時の次男時行《ときゆき》である。旧得宗被官諏訪《すわ》氏・三浦《みうら》氏らによって擁立された時行は、建武二年（一三三五）六月頃、信濃に入って守護小笠《おがさ》原《わら》氏と戦い、七月十八日に上野に入り、さらに鎌倉街道上道を通って鎌倉に進撃した。

『太平記』によると、渋川義季・小山秀朝《おやまひでとも》は武蔵まで出向いて時行の侵攻を止めようとしたが、敗れて郎党三百人とともに討ち死にした。さらに、新田四郎は利根川で防戦しようとしたがこれも一瞬のうちに撃砕されたという。これに対し、『梅松論』は渋川と岩松兵部が武蔵女影原《おなかげはら》（埼玉県日高市）で合戦に及んだが、敗れて両人とも自害し、次いで小山が武蔵府中（東京都府中市）まで発向したものの、小山も一族・家人衆百人ともども敗れて自害したとする。足利方は何段かの防備戦を敷いたが、ことごとく撃砕されたことがわかる。

だが、新田四郎が利根川で防戦したというのは考えにくい。『太平記』の異本に「蕪川」とするものがある。上道を通った場合、山名から藤岡市森へ進む所で鏑川を渡るので、四郎が戦ったとすればここととなるが、それも考えにくい。信濃から鎌倉へ向かうため奥大道・上道を選んだ場合、板鼻に新田義貞方の守護所があり、無傷では通過できないだろう。板鼻を回避する道として、内山峠《うちやま》などから鏑川谷を通って武蔵へ抜ける道がある。時行はこのコースを選んだとみられるが、その場合でも守護所の近辺まで尊氏派の岩松一族が出向いて単独で時行軍と戦ったとは思えない。

『太平記』は新田四郎が利根川または蕪川で、『梅松論』は岩松兵部が女影原で戦ったとするが、岩松一族が二ヶ所で戦うことは不可能で、『太平記』が誤っていると考えられる。四郎と経家は同一人物の可能性が高い。

足利方は鎌倉の防御のため、時行の侵攻を武蔵南部で止めようとして軍勢を送った。義貞の鎌倉攻めのときも武蔵で渡河点ごとに防御陣が敷かれていた。『太平記』も四郎（経家）の討ち死にを渋川・小山の討ち死に後に記述しているので、鎌倉から出撃したと認識していた。場所を誤記したのであろう。なお、直義も武蔵井出沢《いでざわ》（東京都町田市）まで出撃し、七月二十二日に時行と戦って敗れたという。直義はそれ以上の抗戦をあきらめ、翌二十三日に成良親王を伴って鎌倉から落ちた。そのとき、鎌倉に幽閉していた護良親王を殺害している。

「長楽寺系図」によると、四郎経家・同禅師・同本空らが三人が同じ所で、長岡《ながおか》大蔵卿源瑜《げんゆ》兄弟や岩松庶流田中重氏《たなかしげうじ》らも女影原で討ち死にしたとみえる。さらに、七月二十五日の相模八幡原合戦で鳥山太郎氏盛《うじもり》が討ち死にしたともいう。長岡源瑜は額戸氏の庶流で、修験者ともみられる。さらに、七月二十七日に鳥山右京亮宗兼《むねかね》・同五郎氏綱《うじつな》・大館六郎時氏らが伊豆七里野で討ち死にしたとある。鳥山氏は東海道を逃れる途中、追撃されて討ち死にしたのであろう。この戦いで鎌倉に伺候していた岩松一門のみならず、多くの新田一族が落命したことがわかる。

時行の鎌倉攻めは、義貞のときとほぼ同様の経過を辿ったことがわかる。防戦のため出撃した三氏とも当主まで討ち死にする結果となったのは、鎌倉側に軍勢が集まらなかったことと、時行の侵攻が迅速であったことが要因であろう。その背景に、武士の間に建武政権に対する不満が広がり、東国の支配が安定していなかったことがある。時行軍には那波左近太夫が加わっているが、関東廂番衆として鎌倉を守る立場にあった人物である。同人はいつかは不詳であるが、時行の配下に入っていた。

鎌倉を奪われたことを知った尊氏は、直ちに時行追討・関東奪還を果たすべく後醍醐天皇に出陣の許可を求めた。同時に征夷大将軍の補任も申請したという。両方とも許されなかったが、尊氏は八月二日に出陣し、同月十九日に辻堂《つじどう》・片瀬浜《かたせはま》合戦で時行を破って鎌倉を奪回した。このときになって尊氏に征東将軍の任官が許されたという。後醍醐は尊氏による幕府開創を懸念していたが、関東の確保というその成果は認めたのである。

時行が鎌倉を確保したのはひと月に満たないわずかの期間にすぎなかったが、これを中先代《なかせんだい》という。短時間ではあるが、先代（鎌倉幕府）に続く一つの時代であったと評価されているのである。武家にとって鎌倉の支配者になることが重要であったことが示されている。

渋川氏を襲った悲劇

中先代の乱における渋川氏の討ち死に者について、『太平記』の異本（天正本）に記述がある。中間・厩者まで百三十余人が討ち死に・自害したとして、その姓名が記されている。そのうち渋川保と周辺の地名を苗字とする者が次のようにみえる。

石原《いしはら》五郎左衛門尉惟義《これよし》・同九郎頼輔《よりすけ》・同七郎高貞《たかさだ》
大寝（窪）平五入道・その子五郎・舎弟七郎五郎
三宮《さんのみや》二郎・同平四郎
湯上《ゆのかみ》彦七・舎弟彦八
石原六郎入道道覚《どうかく》・その子四郎頼成《よりなり》・辰寿丸
有馬《ありま》又四郎
中村《なかむら》五郎四郎・同松王丸
石原二郎入道西真・同左衛門太郎貞継《さだつぐ》
大窪六郎・その子弥五郎
三宮弥七郎・同平七
大崎《おおさき》伊勢房《いせぼう》・大崎四郎左衛門入道・その子孫四郎・同兵衛五郎
三宮孫八入道・同八郎太郎

石原・有馬・湯上（御幸田《みゆきだ》）・中村は旧大字で、いずれも渋川市内の地名である。大崎は渋川市渋川の小字名にみえ、利根川を渡河する大崎の渡しがかつてあったという。三宮・大窪（吉岡町）は渋川保に南接する国衙領である。石原・三宮・大窪氏は複数の家から参陣したのであろう。この記事は後から付け加えられたものである。『太平記』の別の項で、渋川刑部大輔（義季）の長男幸王丸の代官石原入道空円《くうえん》が討ち死に・自害の人々の実名を届け、足利直義に注進したところ、直義が感涙に耐えず「世の為に消えにし露の草の陰、思遣るにも濡るる袖哉」と書いて遺族に送ったというエピソードを載せる。渋川家に実名を記した文書があったとみられる。石原空円は同家の家宰の地位にあったのであろう。なお、足利直義の妻は渋川義季の姉妹である。

尊氏、ついに決起

後醍醐天皇は使者を送って足利尊氏に帰京を促したが、尊氏は新田義貞らの陰謀の疑いがあると述べて上洛を引き延ばした。その間に尊氏は、後醍醐の許しを得ずに武将たちに独断で恩賞給付を実行した。これは建武政権の権限を否定する越権行為であった。『太平記』によると、恩賞地として「新田一族共拝領シタル東国ノ所領共ヲ悉闕所ニシテ給人ヲ附ケラレケル」とある。尊氏による宛行状は九月二十七日付のものが多く、この日に一斉に行われたことがわかる。これに対して、義貞も一族が守護をつとめる越後・上野・駿河・播磨などの足利一族の知行地を奪い取って与えたという。尊氏は後醍醐と直接対立することを不利とみて避け、わざと義貞との争いを起こして後醍醐の譲歩を得ようとしたのであろう。

このときとみられる上野に関係する尊氏宛行状が三通残っているので、次にみていこう。

御袖判

下　吉河次郎経頼

下令早領知白井太郎左衛門尉跡事

右人、為勲功之賞、所宛行也、者、守先例、可致沙汰之状如件、

建武二年九月廿七日

白井太郎左衛門尉跡はこの間に新田一族に与えられていたと理解できるので、白井氏が鎌倉攻めの際に幕府方について没収されていた所領と考えられる（群六一六）。吉川《きっかわ》（河）氏は安芸国の武士である。もう一通は合屋豊後守頼重《よりしげ》に上野国吉田《よしだ》次郎跡を宛行ったものである（群六一七）。吉田次郎は甘楽郡吉田郷（富岡市）の地頭とみられ、同氏も幕府方であったのだろう。もう一通は次掲の文書である（群馬県立博物館所蔵文書）。

花押

下　神野孫五郎頼□実字有憚

下令早領知上野国海野次郎左衛門入道跡事

右人、為勲功之賞、所宛行也、者、守先例、可致沙汰之状如件、
　建武二年九月廿七日

海野《うんの》左衛門入道は、鎌倉時代初期に吾妻荘三原郷を保持していた海野幸氏《ゆきうじ》である。同跡が新田一族に与えられ、それを尊氏が神野氏に与えたことになる。海野氏も幕府方について、所領を没収されたのであろう。吾妻郡域では戦国期に海野一族の活動がみえるので、海野氏は族滅したわけではない。神野氏は源頼光《よりみつ》の子孫とみられ、系図によるとその子孫の頼高《よりたか》の子頼忠《よりただ》に「神野二郎」とみえる。神野は岐阜県関市にあった荘園名である。神野氏はこれ以降上野では活動がみえず、所領として維持できなかったと考えられる。

　尊氏は上野の奪取を企図して上杉憲房《のりふさ》を新たな上野守護に指名し、憲房は「用意」のため下国したという（『梅松論』）。これも九月末頃と思われるが、実際に上野に下ったかどうかは不明である。義貞の守護所は健在であり、下国しても実効支配は難しい。なお、憲房は翌建武三年

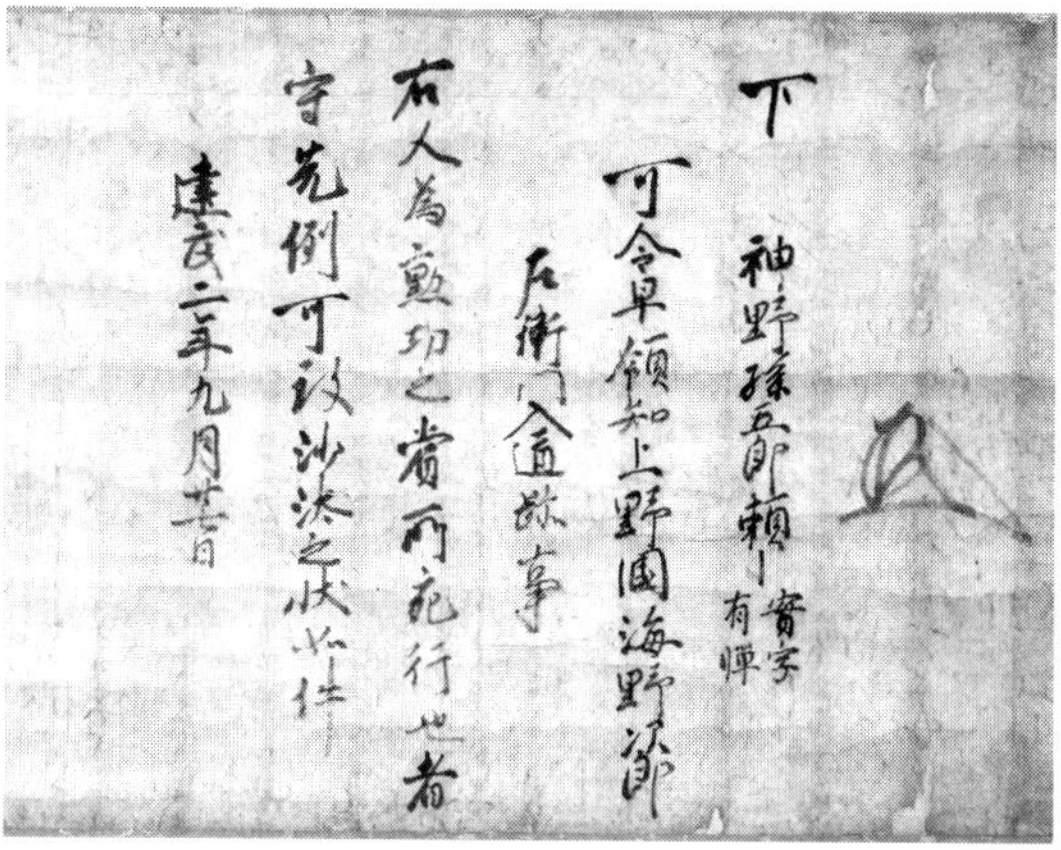
下　神野孫五郎頼一
可令早領知上野国海野郷
左衛門入道跡事
右人為勲功之賞所宛行也者
守先例可致沙汰之状如件
建武二年九月廿七日

建武２年９月27日付け足利尊氏袖判下文　「神野文書」　群馬県立歴史博物館蔵

（一三三六）正月二十七日の戦いで尊氏・直義の楯となって討ち死にを遂げ、上野守護はその子憲顕に引き継がれた。

建武政権の崩壊

建武二年（一三三五）十一月八日、後醍醐は尊氏の動きを謀反と断じて追討の宣旨を発し、義貞に出陣を命じた。義貞は同月十九日に尊良《たかよし》親王を奉じ、官軍を率いて東海道を鎌倉に向かった。一方、洞院実世《とういんさねよ》を中心とする搦手《からめて》軍は東山道を進んだ。『太平記』によると、東海道軍は六万七千余騎とあり、この中には諸国の大名衆や新田一族・被官らの名がみえる。

上野の武士もみえるので、ここで検討しておこう。まず、義貞軍の中に党を結んだ精兵の射手十六人がみえる。その中で上野の武士と思われるのが高田薩摩守義遠《よしとお》・高山遠江守・藤田六郎左衛門・藤田三郎左衛門・藤田四郎左衛門・篠塚伊賀守・薗田四郎左衛門・山上六郎左衛門らで、半分を占める。この時期、戦場で最も重要な武器は弓であり、義貞は騎射の得意な武士を集め、一軍を編成したのであろう。十六人を義貞の被官・家臣とする見方もあるが、義貞は後醍醐方の一部将であり、国人たちを被官として組織する余裕があったとは考えられない。

このうち高田義遠は、高田氏系図にもみえる（『寛政重修諸家譜』）。高山氏については、前出の系譜で時重の子重栄《しげひで》に「父時重討死以後、属新田義貞、度々顕戦功」とあり、弟重範《しげのり》も義貞に属したとみえる。藤田氏は四人みえるが、前出の「藤田氏系図」にみえる上野藤田氏の行忠に「左衛門尉、建武中、属新田義貞、有戦功」との記述があり、三郎左衛門にあたるかもしれない。他は武蔵の藤田一族であろうか。薗田・山上氏はともに秀郷流藤原氏で、ここでも一体となっている。篠塚伊賀守については、佐貫荘に篠塚の地名があり、そこに篠塚伊賀守の墓がある。ただし、藤岡市篠塚の赤城社は同人を神として合祀したなどの伝承がある。これに加えて、武蔵とする説もあるが、いずれが正しいか決め手に欠ける。

十二月十一日・十二日、両軍は箱根の西麓一帯（竹の下・水飲）で干戈を交えたが、足利方が勝利して義貞軍を敗走させた。足利軍は義貞を追って上洛する。翌年（建武三年、一三三六）正月、尊氏は京都に攻め入った。京都合戦の緒戦では尊氏方の攻勢が目立つが、正月十四日に陸奥の北畠顕家《きたばたけあきいえ》軍が上洛を果たし、さらに同月二十日に尊氏追討のために東山道を進んだ軍勢がほぼ無傷で京都に戻り、市中戦に投入されると攻守は逆転した。

北畠顕家は前年の義貞の鎌倉攻めに呼応して陸奥から出撃したが、北関東で足利方の軍勢に阻まれ、決戦に間に合わなかった。そこで越後・上野・常陸・下野などに残っていた新田一族等を集め、次の決戦の場となっていた京都に向かったのである。そして正月十三日に近江観音寺城《かんのんじ》（滋賀県近江八幡市・東近江市）を落として入京を果たした。『太平記』によると、鎌倉より西で顕家の進軍を妨害する者はいなかったという。ほとんどの武士が京都周辺に出陣していたのであろう。観音寺城攻めでは大館幸氏が討ち死にを遂げた。幸氏は軍忠状の証判の加判のために十二月頃まで鎌倉に留まり、その後上野にいて、顕家軍に投じて攻め上ったのである。

尊氏は正月下旬の京都市中での戦いに敗れ、いったん九州に落ちた。同年三月二日、尊氏は多々良浜《たたらはま》合戦で菊池武敏《きくちたけとし》を破り、九州の制圧に成功する。態勢を整えた尊氏は再び上洛を進めた。五月二十五日、尊氏は摂津湊川《みなとがわ》（神戸市兵庫区）で義貞・楠木正成を破り、京都に進撃した。これにより再び京都合戦が始まる。

両軍はしばらく対峙した末、尊氏は後醍醐に和議を申し入れた。後醍醐はこれを受け入れ、十月十日の京都還幸が合意された。ただし、このことは秘密裏に進められ、義貞にさえ知らせられていなかった。後醍醐は義貞を切り捨てたことになる。義貞が反対することがわかっていてこの処置をとったのである。建武政権はそこまで追い詰められており、後醍醐の降伏、京都還幸によって建武政権は瓦解した。

ここで、後醍醐のその後の動きをみておこう。京都に入った後醍醐は光明《こうみょう》天皇に神器を渡し、しばらく逼塞を余儀無くされていたが、十二月二十一日に京都を離脱して吉野《よしの》（奈良県吉野町）に移り、皇位に復して新たな政権を打ち立てた。これによって、北朝・南朝が並び立って競合する新たな戦いが始まる。後醍醐は暦応二年（一三三九）八月十八日に没するが、後醍醐の遺志は子孫に引き継がれた。南朝の天皇が京都に戻り、両朝併存が解消するのは明徳三年（一三九二）のことである。それまでそれぞれ両朝に従う武士たちの抗争は絶え間なく続いたのである。

尊氏に従った上野国人たち

　さて、この間に尊氏に従った上野の武士を探してみよう。建武三年（一三三六）三月日付の富木忠《ただ》茂《しげ》軍忠状によると、忠茂は前年十二月十一・十二日の箱根山合戦のとき、一の城戸《きど》で戦ったが、それを小幡新左衛門尉が見知したと述べている。富木は豊後の武士であるが、尊氏が北条時行を討つため京都を出発したときから従っていたという。小幡も最初から尊氏軍の一翼を担っていたのであろう。

足利尊氏坐像　大分県国東市・安国寺蔵

　その後、同年六月の西坂本《にしさかもと》合戦のときにも小幡右衛門尉が肥後の武士小代重峰《しょうだいしげみね》の軍忠を見知している（南関五〇七）。これは九州に逃れた尊氏が再び京都に攻め上ったときのものである。小幡氏も尊氏に従って九州まで下り、再度の京都攻めにも加わったとみられる。右衛門尉は前出の左衛門尉と同一人物と考えられるので、どちらかが誤記であろう。小幡は京都に残って在京活動を続け、康永四年（一三四五）の天龍寺《てんりゅうじ》落慶供養で尊氏に供奉している。なお、この中には薗田美作権守・寺尾新蔵人もみえる。両氏も早期に尊氏に従い、その側近となったと考えられる。

新田一門では、大嶋讃岐守義政は箱根竹下の合戦などでは義貞と行を共にしていたが、尊氏が九州から京都に攻め上がった際には同陣しており、尊氏が上洛を進めるために配置した周防大将に抜擢されている（『梅松論』）。途中で足利方に鞍替えしたのであろう。岩松氏も鎌倉攻めで経家が義貞に従ったが、その後、鎌倉廂番衆となって鎌倉で足利氏に仕えていた。鎌倉から京都を目指す尊氏軍に岩松頼宥という人物もみえる。

斯波家長による上野制圧

尊氏の京都攻めに並行して上野制圧を進めたのは斯波《しば》家長《いえなが》である。家長は北畠顕家の西上を妨害・阻止する役割を帯びていたが、顕家の進撃を止めることはできなかった。その代わりに手薄になった上野に乱入する。家長の上野侵攻は予見されたものではなく、上野の新田方も顕家について京都に向かった者もおり、斯波軍に対して抵抗できる兵力は残っていなかった。

斯波軍による上野侵攻の模様は、建武三年五月日の佐野《さの》義綱《よしつな》軍忠状写（群七〇〇）、同年十二月日の佐野一王丸軍忠状写などに記されている（群七四四）。それによると、家長に属した義綱は足利から奥大道を通って新田荘に侵入し、同年正月九日に新田城を攻め、笠懸原《かさがけはら》合戦で合戸（額戸）殿の家人左衛門三郎を討ち取ったという。斯波軍は直に新田城攻略を目指したことがうかがえる。

新田城は、新田荘内の義貞方の拠点である。笠懸原合戦は新田城攻めに関連して起こった戦いとみられる。笠懸野は新田荘北辺に広がる扇状地を指し、その南側に新田荘の水田地帯が広がる。扇状地と水田地帯の間を東西に奥大道（旧東山道）が通るが、市野井《いちのい》付近に中世の宿駅が想定され、その南隣の由良郷は新田惣領家の拠点であった。新田城は市野井または由良付近にあったと考えられる。新田方は新田城の北側、笠懸野で斯波軍を迎え討ち、殲滅されたのであろう。ここで討たれた合戸殿は新田一族の額戸氏で、義貞の留守を任されていた。「長楽寺系図」によると、額戸経義の五代子孫の政長《まさなが》は「従五位上兵庫頭」とあり、建武政権から官職を授けられていたことがうかがえる。合戸殿はこの人物と考えられる。

次いで、佐野義綱は三月十日に中野楯攻めに加わっている。同所で遠江三位殿（田中三位殿とも）に属して敵一人を討ち取り、若党も敵二人を討ち取ったという。中野楯は佐貫荘中野（邑楽町）にあった義貞方の城砦であろう。遠江三位殿は敬称がつくので足利一門クラスの人物と考えられ、遠江を名のるので岩松庶流である。岩松系田中氏に源朝《げんちょう》という僧形の人物がおり、この人物に比定される。

中野に関しては、『太平記』に中野藤内左衛門が登場する。越前で義貞が斯波高経《たかつね》を攻めて鯖江《さばえ》（福井県鯖江市）に進み、国府を攻略したときの配下にみえる。また、同人は義貞が灯明寺畷《とうみょうじなわて》（福井市）で自害をする場面で、義貞に落ち延びるよう進言したという。中野は新田荘に近く、新田荘に次いで攻略の対象となったのであろう。なお、中野氏は里見氏庶流の大島一族という。中野の神光寺《じんこうじ》の前方（字元宿）に城址があり、正和の頃（一三一二〜七）に中野景春《かげはる》が築城したという伝承がある。神光寺も景春の開基と伝えられている（細谷清吉一九七七）。

その後、斯波軍は八幡荘板鼻の攻略を目指し、四月二十二日にまず利根川中渡しで新田方を撃破した。当時の利根川は現在の伊勢崎市内を北西から南東に流れていた。中渡しは奥大道の伊勢崎市街地から連取《つなとり》への渡河点である。新田側はここで防御線を敷いたが、容易に突破された。義綱はここで「阿代殿祗候人五郎兵衛尉経政」を討ち取り、これを田中三位・古戸孫五郎・桃頭彦五郎らが見知したという。阿代殿《くましろ》は義貞の代行者でその子と考えられ、新田義興《よしおき》に比定されている。

翌日、斯波軍は板鼻に迫る。奥大道を西に進み、上並榎で烏川を渡河して上豊岡に入り、八幡宮の脇を抜けて板鼻に向かった。新田側は上豊岡で次の防御線を敷いたとみられるがここも突破され、最後に板鼻に立て籠もって抵抗したのであろう。しかし、そこもわずか一日の決戦で新田方が敗れた。新田側は寡兵で勝機はなかったと考えられる。佐野義綱は敵二人を討ち取ったものの馬を切られ、その模様は佐貫千原田小六郎・山上十郎太郎が見知したという。

これらの戦に登場した人々で、桃頭は新田荘内の地名（みどり市笠懸町久宮）、古戸は邑楽郡（佐貫御厨か）の地名（太田市古戸町）である。古戸氏は観応三年（一三五二）に幕府の命で所領の沙汰付の両使を務めており、地頭クラスの武士で佐貫一族であろう。同所に赤井広家《あかいひろいえ》の弟古戸九郎景綱《かげつな》がいたという伝承がある（「上野誌」）。赤井氏は佐貫氏の被官である。当地は利根川の渡河点として知られている。桃頭はこれ以外には登場しない武士で、新田一族かどうかは不詳である。古戸氏と同様の存在であろう。

ここから、佐貫千原田氏と山上氏が足利方についていたことがわかる。千原田氏は佐貫氏の庶流であろう。なお、前出の軍忠状に桃井兵庫が犬飼・栗崎で戦ったことがみえるが、その配下に佐貫六郎・小六郎がみえる。佐貫六郎は前出の左衛門六郎と同一人物、小六郎はその嫡子であろう。佐貫氏は同族の山上氏とともに尊氏方についたことがわかる。

斯波家長の侵攻によって、上野は一瞬の内に平定された。翌建武四年正月二十六日、足利氏は玉村御厨領主荒木田《あらきだ》氏の求めに応じ、同御厨内北玉村での押妨狼藉を排除し、円覚寺《えんがくじ》の雑掌《ざっしょう》に直ちに年貢などの弁済を行うよう命じている（群七四六）。上野制圧後、足利氏が所領の保全を命じる最初の奉書で、足利氏の支配が始まったことを示す。

再度の利根川合戦

上野守護となった上杉憲顕は尊氏の京都攻めには加わらず、斯波家長の上野侵攻にも登場しない。足利義詮を擁して鎌倉にいたと考えられる。建武三年（一三三六）十月十九日、尊氏は下野国皆川荘《みながわ》（栃木県栃木市）の闕所を上杉憲顕に預け置くことを同国守護小山朝氏《おやまともうじ》に命じている（群七三七）。この預置は陸奥からの北畠氏の侵攻に備え、上野の軍勢が下野国へ出陣した際の兵粮などを賄うためのものとみられる。建武二年に続く再度の上洛を進める顕家の動きが活発化していたためであろう。

翌建武四年五月十九日、足利直義は憲顕に書状を送っている（群七六八）。上野が静謐に推移していることを褒め讃え、「当国の沙汰、如法殊勝」と述べている。また、父憲房の死を悼み、「父子の御忠孝、誰かあらそふへく候や」と信頼の気持ちを伝えている。さらに、越後で蜂起が起こったことに懸念を示し、守護代と共に出陣すべしと命じている。憲顕はこれ以前に上野に下国し、国務に専念して成果を上げていたのであろう。

しかし、その後陸奥勢の動きが活発化し、憲顕は越後への出陣はできなかった。九月三日、直義は顕家が小山辺（栃木県小山市）まで進出してきたので、上野から下野へ馳せ越すよう命じている（群七七二）。陸奥勢が侵攻を開始したのは八月十九日であったという。陸奥勢の進路は、前回と同様に足利から奥大道を西に進み、鎌倉街道上道に入って鎌倉に向かうというものであった。上野に入るまでに手間取り、ようやく十二月十三日に利根川を渡ったという。このとき、合戦が起こっている。起こった場所は前回と同様、連取（伊勢崎市）付近である。合戦の模様は『太平記』に記されている。

それによると、義詮は憲顕に加え、細川和氏・高重茂《しげもち》に武蔵・相模の軍勢を利根川右岸側に配置した。そこに陸奥勢が到着したが、水量が多く渡る瀬がみつからないまま一昼夜過ぎたという。ここで顕家方の武将たちの間で先陣争いが起こる。多部井《たべい》十郎・高木《たかぎ》三郎らが瀬に馬を入れると、武蔵の斎《さい》藤別当実栄《とうべっとうじつえい》・舎弟豊後次郎は同じ所を渡っては高名にならないとして、三町（三〇〇メートル程度）ほど上流に馬を入れたが、そこは波が高く馬・人とも溺れて流されたとある。

「長井系図」によると実仲《さねなか》・実季《さねすえ》兄弟が細川阿波五郎頼宗《よりむね》のため利根川で討ち死にし、一族の長井弥藤五・別当代実栄が先陣を争って溺死したとあり、武蔵斎藤一族が顕家に従ったことは明らかである。その後、両軍は川を挟んで戦ったが、陸奥勢が勝利する。利根川の右岸の流れが速く、足利方の先陣が押し出せず陸奥勢の攻勢を防げなかったためという。

勝利した陸奥勢は、十二月十六日に安保原《あぼはら》（埼玉県神川町）で戦っている。奥大道は板鼻で上道と合流するが、その付近での戦いがみえないので別ルートで安保に向かったと考えられる。その場合、玉村御厨付近で折れ、角渕（玉村町）で烏川を渡り、上道に入ったとみられる。このルートでは板鼻は通らない。陸奥軍はさらに南下するが、入間川で新田徳寿丸《とくじゅまる》、相模で北条時行を加えて軍勢を増やし、二十四・二十五日に鎌倉の飯嶋・杉本で戦って、義詮を追い落とした。

さらに顕家は、鎌倉から東海道を上方に向かう。途中、美濃国青野原《あおのはら》（関ヶ原）で足利方と戦った後、伊勢に転進し、そこから大和を抜けて河内・摂津に入って足利軍と交戦したが、五月二十二日に和泉石津《いしづ》（堺市堺区）で高師直《もろなお》に敗れて討ち死にを遂げている。新田徳寿丸は後醍醐天皇に面謁を果たし、「興」の字を与えられて義興と名のった。同年三月頃から南朝は京都に攻め上り、石清水八幡宮のある男山《おとこやま》（京都府八幡市）まで進出した。義興はこの戦いに出陣したが、七月五日に男山は陥落している。

義興は吉野に戻り、閏七月二十六日に北畠顕信《あきのぶ》・義良《のりよし》親王の陸奥下向に従って関東に帰還を果たした。

さて、義貞のその後の動向をみておこう。後醍醐が京都に還幸したとき、義貞は越前国に落ちた。このとき、義貞は後醍醐の皇太子恒良《つねよし》親王を奉戴している。恒良は践祚《せんそ》して皇位に即いたともいわれ、義貞は越前で恒良を推戴する地域政権の確立を目指した。しかし、金崎城《かながさき》（福井県敦賀市）に拠った恒良は建武四年（一三三七）三月六日の落城によって捕らえられ、義貞の当初の目論見は崩れた。義貞はその後も足利方の攻勢に苦しみながら抵抗を続け、一時は足利方の守護斯波高経を追い落とす勢いを示したが、暦応元年（一三三八）閏七月二日に藤島《ふじしま》（福井市）で不慮の討ち死にを遂げた。これによって越前の新田方勢力は崩壊に進む。

同年九月六日、尊氏は長楽寺に平塚郷を寄進しているが、義貞の霊を慰めるためであろうか（長一七）。なお、同所の沙汰付を命じる奉書は暦応元年九月十六日に高師直によって憲顕に下達されている（長二二）。年欠の長楽寺寺領目録に「以八木沼郷以下散在之地、為義貞追善料所、将軍家御寄附御判」とみえ、尊氏は義貞の死を悼み、その菩提を弔ったことがわかる（長八一）。

上杉家守護領の成立

建武四年（一三三七）十一月二日、尊氏は「八幡荘已下」についての事書《ことがき》を遣わしたと上杉憲顕に伝えた（群七七四）。これは憲顕に八幡荘をはじめとする所領（守護領）を与えたもので、事書にはそ

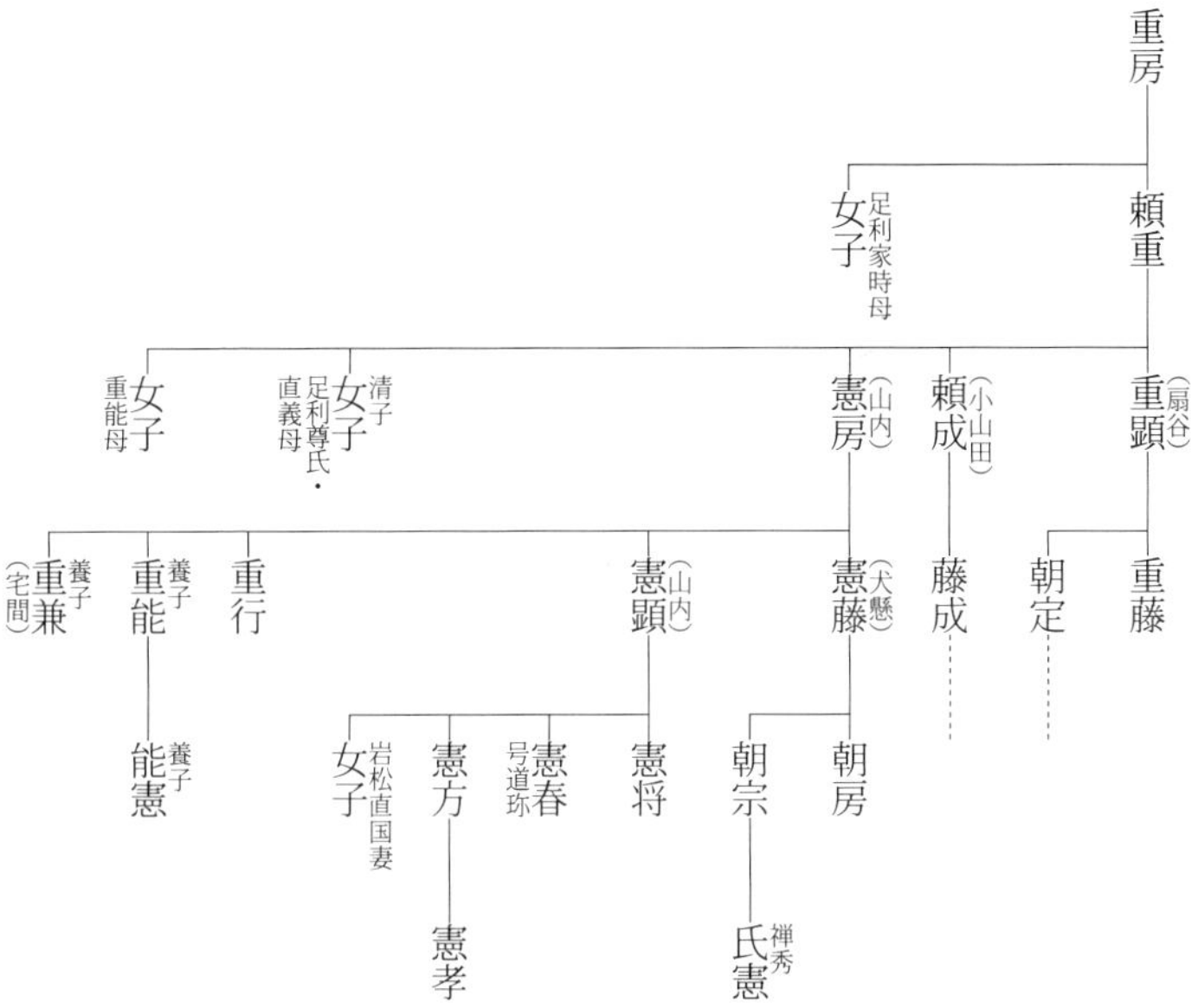

系図４　上杉氏略系図

の一覧などが書かれていたのであろう。ただし、事書そのものは残っていない。八幡荘は新田義貞から奪った所領で、上杉氏もここに守護所を置いた。

上杉氏守護領がどのような所領から構成されるのかみておこう。応永三年（一三九六）七月二十三日、幕府は上杉憲定《のりさだ》に所領を安堵した（群一二四七）。憲定は憲顕の孫にあたる。安堵された所領は鳥屋《とや》郷・南《な》雲《ぐも》・長野郷・八幡荘・春近領と上野国道弥《どうちん》跡で、この時点でこれらが上杉氏が知行していた所領であった。道弥は憲顕の三男憲《のり》春《はる》を指し、長子能憲《よしのり》とは別に憲顕から所領を受け継いでいた。憲春には後継者がいなかったため、二つに分かれた所領がその死によって一つにまとまったのである。

最後に挙げた道弥跡は、浄法寺土左入道跡・大胡上総入道跡からなり（群一一二三五）、いずれも没収地で闕所となっていたものが給付されたものである。前者は高山御厨内、後者は大胡郷内であろう。前述したように、高山御厨は鎌倉幕府の支配下にあった所領で、上杉氏はそれを継承したとみられる。ちなみに上杉氏は、戦国期になると同御厨内の平井《ひらい》（藤岡市）に拠点を構えている。

鳥屋郷については、甘楽町天引の小字として上鳥屋南・上鳥屋北・下鳥屋南・下鳥屋北があるので、これまで同所に比定されてきた。ここは額部荘内で得宗領とみられるが、それが没収されて給付されたことになる。その可能性もあるが、その場合、領域として狭小に過ぎ、所領としての価値は低い。

実は、鳥屋の地名は甘楽郡奥部（南牧村）にもある。尾附に鳥屋・赤小豆鳥屋、平原に登谷・塒後、羽沢に大鳥屋・鳥屋、砥沢に大鳥屋・下鳥屋・鳥屋・木皮鳥屋、六車に鳥屋坂、大日向に鳥屋、小沢に鳥屋沢野上・鳥屋山などである。尾附・平原は神流川《かんながわ》の最上流部で、上山荘である。羽沢・砥沢・六車・大日向・小沢は南牧川奥部にまとまっており、国衙領である南牧郷内の地である。鳥屋は鷹・鶏などを飼育する小屋を意味し、これらの地域で鷹の飼育がおこなわれていたことを示す。南牧郷が鳥屋郷と呼ばれていた可能性もある。現状ではどちらかに特定することは難しい。

南雲は林荘内で、現在地名としては渋川市赤城町長井小川田の小字名として残り、近世の沼田街道の宿として南雲宿があった。長野郷は榛名《はるな》東南麓に広がる大郷で、国衙領である。

春近領は、禁裏御服料などの用途に充てるため、国衙領の中から特別に設定された所領である。これが守護領となったのは、それらの管理が鎌倉期に守護の役割となったからである。上野の場合、小深郷・勾田村・石原郷・萩原・片山・岡本郷などが該当し、それ以外にも存在した可能性がある。上野中央部にまとまって存在したと考えられ、所領としての価値は高い。

小深郷について、小深の地名は上野では見つけられない。国衙郷の当て字かと思われる。上野国衙とその周辺に村が付属し、所領として成立したのかもしれない。年未詳の鎌倉時代の文書で、小深地頭が先例を破って政所役を負担しなかったので、上野国守護安達義景が先例を守るように命じている（群二四九）。勾田村は箱田（前橋市）とみられ、箱田に張近の小字名がある。さらに、石原郷は渋川市石原、萩原は高崎市萩原町、岡本郷は富岡市岡本で、これらは国衙領の郷である。片山は高崎市吉井町片山で多胡荘内であろう。

建武五年七月二十日、光厳《こうごん》上皇の院宣によって上野国知行国主に中院通冬《なかのいんみちふゆ》が再補任された（南関八五八）。上杉氏と中院家は深い関係がある。上杉氏は京都にいた頃、中院家の本家土御門《つちみかど》家の家司《けいし》の立場にあった。上杉氏が鎌倉に来たときも宗尊親王に随行した源（土御門）通親の娘親子（西御方）の侍としてであった。中院家も土御門一門で、上杉家にとっては主家一門であり、両家の関係は円滑であったと考えられる。なお、南北朝以降と思われるが、上杉氏は宗尊親王の子孫を家中に迎え、被官としている。宗尊の子孫は室町期に碓氷荘に入部し、安中《あんなか》氏を称している。

ところで、長野郷はどのようにして守護領となったのであろうか。鎌倉期に御家人として永野刑部丞がいた。応永二十三年（一四一六）六月三日、上杉憲基《のりもと》は「長野郷内簸輪本郷」を鎌倉明月院《めいげついん》に寄進した（群一二三五二）。簸輪本郷は箕輪郷内の中心地とみられるが、これに割註があって「賀島左衛門太郎跡」とみえる。同所は賀島《かしま》氏の旧領であったが、足利氏が没収し、それが上杉氏に与えられたという流れが考えられる。徳治二年（一三〇七）に比定される北条一族の金沢貞顕《かねさわさだあき》の書状に「兼又為関東代官、近日下進賀島五郎左衛門尉季実候」とみえ、季実《すえざね》は金沢氏の被官であった（神一五六七）。左衛門太郎は季実の関係者であろう。

賀島氏が金沢氏被官であれば、箕輪本郷は金沢氏から賀島氏に与えられた可能性が高い。長野郷全体が金沢氏の所領で、その一部が被官らに与えられたと考えられる。そうであれば、長野氏は何らかの事件に巻き込まれて所領没収の憂き目にあっていたとみられる。そのような事件として想定できるのは、すでに述べた霜月騒動であろう。ただ、長野氏はその後も存続するので族滅は免れている。長野郷は上野府中（前橋市元総社町）の西側に広がる国衙領の大郷で、守護所が置かれた八幡荘と府中の間に立地している。

勲功賞として与えられた闕所地

上杉憲春の旧領であった浄法寺土佐入道跡・大胡上総入道跡は没収された所領で、没収の理由は両氏が鎌倉幕府方であったことによると考えられる。浄法寺氏は藤岡市浄法寺を本貫とする。浄法寺は高山御厨内の郷とみられ、高山・小林一族に浄法寺を称する一族がいた。これに関連して、康応元年（一三八九）八月十六日、上野国守護代大石能重《おおいしよししげ》によって「浄法寺九郎入道跡平塚・牛田・岩井」が明王院に沙汰付されている（群一二〇五）。同じ浄法寺一族の没収地であることから、前者と同様に没収され、明月院に寄進されたものであろう。九郎入道跡のうち牛田は藤岡市の大字、平塚は藤岡市保美の小字、岩井は高崎市吉井町（多胡荘）の大字としてみえる。

幕府滅亡に関わって大量の無主の地、闕所が発生した。このような闕所は幕府の管理下に置かれ、適宜勲功賞として宛行・預置《あずけおき》された。例えば、南北朝内乱初期に小笠原長綱《おがさわらながつな》の所領である碓氷郡（碓氷荘）牧田村（安中市間仁田）の田畠・在家が闕所に混じり込み、軍勢に預け置かれるという事態が発生したため、長綱の申し出により足利直義が上杉憲顕に調査を命じている（群七五七）。また、観応二年（一三五一）二月一日、足利尊氏は「多胡荘地頭職闕所分」を佐々木道誉に勲功賞として宛行っている（群八八六）。

応永八年（一四〇一）六月二十六日、将軍足利義満は上杉憲定に「上野国闕所分」を先例に任せて「計沙汰《はからいざた》」するよう命じた（群一二七七）。これによって上杉氏は主体的に上野国の闕所の処分を行うことができるようになり、領国支配は強化された。

ところが、年未詳の鎌倉公方足利満兼《みつかね》御内書によると、満兼は上野国守護上杉憲定に上野国闕所のうち山上駿河五郎跡を別儀によって「若御前《わかごぜん》（持氏《もちうじ》）料所」にしたので、今後同所を望み申す者があってもその者に「御計《おはからい》」をしないようにと伝えた（群一一八〇）。この文書は内容から応永八年以降のものである。

これによって上野国闕所のうち一部は守護領に転化したが、足利氏が保持し続けた所領も存在したことがわかる。藤姓足利一門が鎌倉幕府に与同し、その所領が没収されて闕所となったが、この地域は享徳の乱後、古河公方《こがくぼう》政権を支える基盤となった。この地域が関東足利氏の所領となっていたからであろう。例えば、足利成氏《しげうじ》は桐生郷・荒金郷・山上保・仁田山郷（須永御厨の一部）などを佐野氏に与え、桐生佐野氏を成立させて配下としている。薗田御厨は岩松氏に与えられ、同氏の従属を進めている。佐貫荘・佐貫御厨も足利領となり、舞木《まいぎ》氏は古河公方に従属し、小泉には富岡《とみおか》氏が入部している。

これに関連して、これらの地域では臨済宗寺院が創建されていることが注目される。須永御厨とみられる桐生市川内に崇禅寺《そうぜんじ》があるが、同寺は貞治三年（一三六四）に東伝士啓《とうでんしけい》を開山にして創建されたという。薗田一族の智明坊《ちみょうぼう》が結んだ庵が始まりで、当初は浄土宗であった。それが臨済宗寺院となったのは、足利氏の影響によるものと考えられる。

桐生郷には西方寺《さいほうじ》がある。同寺ももと浄土宗であったが、明徳三年（一三九二）に桐生豊綱《とよつな》によって峻翁令山《しゅんのうれいざん》を開山に迎え、臨済宗寺院になったという。この桐生氏は藤姓足利一門の前桐生氏で、足利被官と考えられる。代官としてこの地を支配していたのであろう。

また、佐貫荘・佐貫御厨にも臨済宗寺院が創建されている。邑楽町鶉の恩林寺《おんりんじ》は文和二年（一三五三）

に東林友丘《とうりんゆうきゅう》を開山として茂木《もてぎ》氏が創建したという。利根荘吉祥寺《きっしょうじ》の二世となった大拙祖能《だいせっそのう》を開山とする寺院として、千代田町新福寺の宝林寺《ほうりんじ》と籾谷の安楽寺《あんらくじ》、館林市高根の龍興寺《りゅうこうじ》、さらに所在地不詳の知足寺《ちそくじ》がある。宝林寺は応安元年（一三六八）に「遠州大守」によって創建されたという。龍興寺・安楽寺は徳治元年（一三九六）創建ともいう。

碓氷荘松井田《まついだ》（郷）の崇徳寺《そうとくじ》は、足利尊氏が暦応三年（一三四〇）に大喜法忻《だいきほうきん》を開山として創建されたと伝承されている。大喜法忻は鎌倉五山の僧であり、この地が足利氏の所領となっていたことを示すものであろう。なお、時期は不詳であるが当所に諏訪一族が入部し、戦国期まで存続している。諏訪氏は足利氏の代官として支配を行っていたのであろう。

足利氏と上野国の関係を示すものとして、安国寺《あんこくじ》の造営がある。安国寺は尊氏が元弘以来の諸国合戦で犠牲となった人々の霊を弔うため、国ごとに利生塔《りしょうとう》とともに造営した寺院である。上野安国寺は暦応二年（一三三九）に僧光誉《こうよ》によって長野郷内（高崎市）に開基されたという。跡地が西明屋上之宿（連雀町）にあったと伝承される。慶長三年（一五九八）に当時の領主井伊氏が高崎城へと移転するに際して同地に移った。

また、尊氏は上野一宮の造営にも関わっている。「上野国一宮記録」によると、同社に次の棟札があったという。

当今上皇帝　当国司　按察使大納言

征夷大将軍　源朝臣尊氏

貞和五年戊戌十二月八日　神官　利氏　行氏

聖　阿舎梨広源

これにより、貞和五年（一三四九）十二月に上野一宮で社殿の造営が行われたことがわかる。同社は式年遷宮を行っており、この年がそれにあたっていたのであろう。一宮の造営は一国平均の国役《くにやく》として行われるのが通例で、国司の下命に尊氏が協力して行われたものと考えられる。

守護上杉氏による上野支配の実態

上野守護上杉憲顕の動きをみてみよう。暦応元年（一三三八）十二月十九日、足利直義は憲顕に上洛を命じた（群七九五）。憲顕はしばらく京都で幕政に携わっていたが、暦応三年に関東に戻っている。再び足利義詮の補佐に当たり、高師冬《もろふゆ》と共に関東管領《かんとうかんれい》と呼ばれている（「鎌倉大日記」）。同年六月二十二日には、長楽寺に「臨時祈祷」を求める奉書を伝達している（長二二二）。

翌暦応四年五月二十四日以前に、憲顕は越後に進出した。小林重政《こばやししげまさ》が出した着到状に証判を認めている（「小林家文書」）。越後には後醍醐天皇の子宗良《むねよし》親王が入って、南朝方の国人の動きは活発であった。憲顕は越後でしばらくの間南朝方との戦いに明け暮れたが、康永三年（一三四四）七月四日、長尾景忠《かげただ》らに後を任せて鎌倉に戻った。

暦応三年（一三四〇）九月頃、上野国高尾村（富岡市）でトラブルが起こっている。同所は安芸国の武士熊谷直経《くまがいなおつね》に宛行われ、和田次郎左衛門尉と和田宮内左衛門尉に沙汰付が命じられていた（群八一五）。九月十三日、両人の代官たちが当該所領の沙汰付を行おうとしたが、瀬下与一入道・彦五郎入道・一房丸・刑部房らが出頭して権利を主張した。そこで代官たちはそれ以外の土地を「直経代」に渡しただけで復命している。二重に宛行が行われたのであろう。

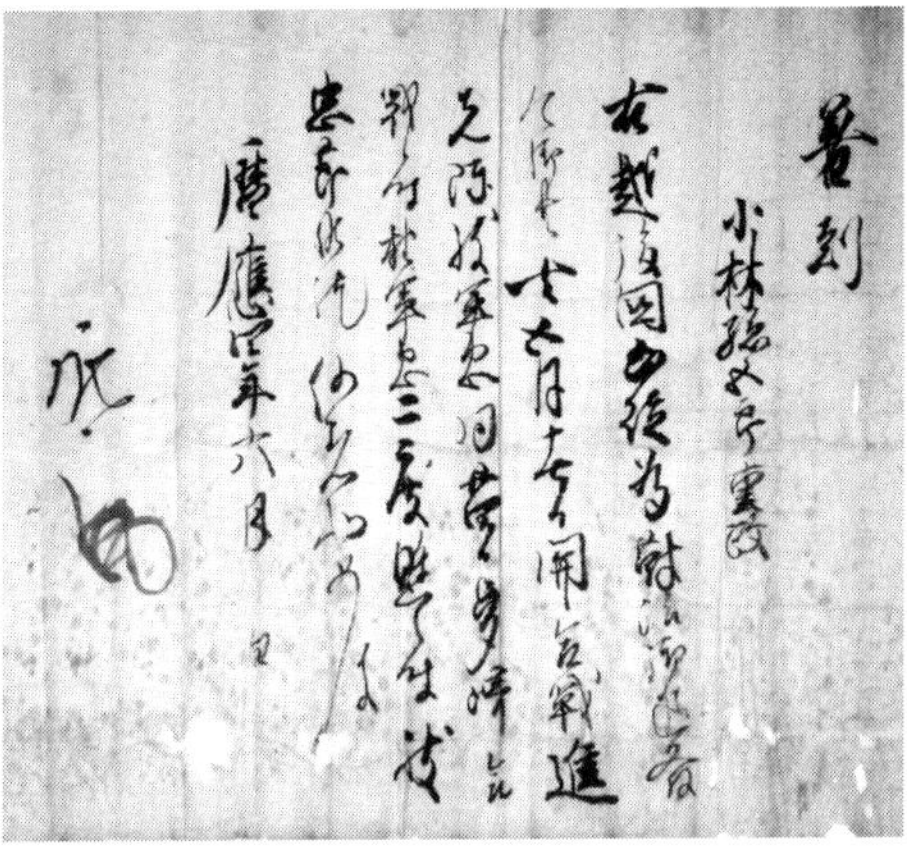

暦応４年６月日付け小林重政着到状　「小林文書」　個人蔵　群馬県立歴史博物館寄託

翌年六月二十九日、再び将軍御教書が下された（群八二五）。それによると、瀬下与一入道の知行分は高尾小太郎跡として間違いなく、直経に宛行った所領であるとして再度沙汰付が命じられた。このとき沙汰付の両使となったのは小幡右衛門尉と長《ちょう》左衛門三郎であった。小幡右衛門尉は小幡氏惣領で、康永四年の天竜寺供養で尊氏の随兵となっている。京都と上野を行き来していたのであろう。長氏は前にみた長谷部秀連の子孫であろう。所領宛行後の沙汰付は、この段階では幕府から地域の国人二名に命じられているが、後には守護・守護代を通して行われるようになる。

暦応四年二月十日、憲顕は幕府の命によって寮米保内内島《うちしま》村を佐貫江口《えぐち》又四郎入道に勲功賞として預け置いた（正木九五）。同所は佐貫内島彦六入道・同孫六入道跡とあるので、両人から没収されて江口氏に給与されたものである。勲功賞とあるので、いずれかの出陣の功によるものであるが、足利氏による新田方追討の戦いと考えられる。おそらく内島氏は新田方として追放されたのであろう。

ところでこの文書には、康永二年の長尾二郎左衛門景泰《かげやす》の名で西内島村の年貢請取状が添付してある。内訳をみると、御所椀飯用途として六六八文、侍所雑仕《ぞうし》五条局《ごじょうのつぼね》衣料用途として八八二文、新恩地年貢として二六〇文などがある。これらは同村にあった公田四町にかかるもので、さまざまな負担が懸けられていたことがわかる。長尾景泰は景忠の子か孫と考えられるが、特定はできない。さらに、西内島村の田数注文も入っている。守護方が年貢・公事以下の負担徴収のため、村ごとに細かな帳簿を作成していたのである。

暦応四年（一三四〇）八月十二日、摂津親秀《ちかひで》は子息らに所領を譲った（群八二八）。上野の所領では、惣領の能直《よしなお》に高山御厨領家職、庶子の阿古丸《あこまる》に知須賀・羽継郷が譲られている。羽継は建武元年に後醍醐天皇によって別符幸時に勲功賞として与えられたが、摂津氏に還補されたことになる。摂津氏がどのような動きをしたかはわからないが、足利氏は鎌倉幕府の吏僚であった摂津氏の実績に期待し、優遇したものと思われる。ただし、観応の擾乱後、再び別符幸時に与えられており、幸時が擾乱の際に尊氏方として功をあげた可能性がある。

新田惣領家を継承した岩松氏

元弘三年（一三三三）七月十九日、岩松経家は兵部大輔に補任され、さらに飛騨国国司に任じられた（群五六四）。加えて、北条氏旧領も新たな所領として下された（群五六三）。新田義貞とともに鎌倉攻めを進めた功績が高く評価されたものであるが、足利尊氏の推挙があったかもしれない。

前述したように、経家は関東廂番衆となり、建武二年（一三三五）の中先代の乱で北条時行軍の侵攻に立ち向かって討ち死にを遂げた。経家の廂番衆としての働きを示す史料が、次の尊氏書状写である（正木二七）。

陰謀輩露顕事、早速令注進候之条、悦入候、恐々謹言、
十二月十一日　　尊氏（花押影）
兵部大輔殿

経家が陰謀を暴き出して注進した功を、尊氏が讃えたことがわかる。この文書を諸書は建武二年に比定するが、経家は建武二年七月の中先代の乱で討ち死にを遂げているのでそれはありえない。建武元年に比定すべきだろう。このとき、経家は廂番衆であるので、陰謀は鎌倉またはその周辺で発覚したものと考えられる。十二月二十八日に元鎌倉幕府の要人であった二階堂道蘊《どううん》と一族が処刑されているが、この事件に絡むと推測される。経家は北条方の策動を探索し、未遂のうちに防いだのであろう。

経家の死後、家督は直国《ただくに》が継いだ。直国の初出は建武元年十二月二十一日の尼妙蓮《みょうれん》譲状案である。妙連は直国を養子にして譲ったという。譲状は写の形で二通あり、一通は「源土用王《とようおう》」（正木一九）、もう一通は「三郎直国」（正木二〇）に宛てられている。土用王と直国は同一人である。では、同日に別々の名前で譲状が作られたのはなぜであろうか。

まず、妙蓮が譲った所領は成塚郷・金谷村・菅塩村・新嶋郷の在家・岩松郷の東の屋敷・二子塚上下などであり、これらの所領を保持していることから彼女は岩松嫡流に属す女性で、経家の姉妹と推測される。成塚郷は新田荘内でも大郷で、彼女は岩松郷内に屋敷も保持しているので、一族では分限豊かな存在であった。

経家と直国（土用王）の関係は、系図によって区々《まちまち》である。「新田岩松系図」では父子、『尊卑分脈』では兄弟、「長楽寺系図」では直国は経家の兄弟の義政の孫としてみえる。このうち「新田岩松系図」は、経家から直国への家督継承が滞りなく行われたとするための作意によって父子関係にした可能性が高い。この場合、「長楽寺系図」が本来の形であろう。

そのようにみると、義政という人物が注目される。『太平記』によると、建武三年五月に比叡山に向かう後醍醐天皇に供奉した武将の中に、岩松兵衛蔵人義正がみえる。「長楽寺系図」と『太平記』の記述から、義政（義正）は討幕後に京都に出て建武政権に出仕し、その後は経家と立場を違えて後醍醐方に残って新田から離れたと想定される。なお、建武二年十一月の官軍の鎌倉攻め（竹の下合戦）

のとき、岩松民部大輔がこれに従っている。これも『太平記』の記事であるが、官途からみて岩松家の嫡流に近い有力者と思われ、あるいはこれが義政かもしれない。さらに、観応三年二月日の筑前安楽寺の寺領注文に岩松左近将監義継《よしつぐ》がみえるが、これも後醍醐方についた岩松一族である（『新田氏根本史料』）。

経家亡き後、義政流が嫡流となるはずであったが、義政は新田から離れていた。そのため、妙蓮は自身の所領（一期分《いちごぶん》）を義政の子（または孫）である土用王（直国）に戻したという展開が考えられる。土用王は、その機会に急遽元服を済ませたのであろう。なお、直国の「直」字は足利直義から偏諱を与えられたものである。また、時期は不詳であるが直国は上杉憲顕の娘を妻に迎えている。

建武二年十一月九日、尊氏は武蔵国の矢野《やの》氏の旧領を「兵部大輔（経家）跡」の代官の頼円《らいえん》・定順に打ち渡している（正木二二）。頼円は経家の弟である（『尊卑分脈』）。宛所に直国の名がないので、このとき直国はまだ後継者と決まっていなかったことになる。

「長楽寺系図」には、関係が次のようにみえる。

政経
├四郎経家　兄弟三人建武二年七月廿二日於女景原一所討死畢
├禅師
├本空
└義政―義種―直国―満純

女影原では兄弟三人が討ち死にしたとあり、経家・禅師・本空の三人とみられる。その後、義政の系統が家督を継ぐことになり、直国に白羽の矢が立ったのであろう。

直国は、建武二年末から始まる尊氏の再度の京都攻めに参陣したとみられる。建武三年六月六日、直義から京都陣へ進むよう命じられている（正木二一二）。この文書で直国は「三郎」と呼ばれている。なお、この頃から岩松一族で頼宥という人物の活躍が始まる。禅師ともあるので、僧であったことがわかる。後に伊予・備後両国守護に就任した。該当する人物は系図にみられないが、庶流の薮塚氏に禅師という人物がみえる。

貞和三年（一三四七）四月二日、尊氏は直国に袖判下文を用いて「新田荘由良郷・成塚郷、加菅塩・金屋両村」の地頭職に補任している（正木二一三）。成塚郷は妙蓮から譲られた所領であるが、由良郷は新田惣領家（義貞）の所領である。義貞の没落によってその中心的な遺領が岩松氏に与えられていたことがわかる。これにより、岩松氏は新田惣領家の地位を継承したと考えられる。義貞の所領は由良郷以外にも存在したはずで、他の一族にも恩賞として与えられた可能性がある。

第四章　観応の擾乱に巻き込まれていく上野国人

白旗一揆の登場

貞和三年（一三四七）八月、楠木正成の子正行《まさつら》が河内で挙兵し、摂津へ侵攻して焼き討ちを行った。これに対して、幕府は細川顕氏《あきうじ》を大将とする軍勢を派遣したが、顕氏は九月十七日に藤井寺《ふじいでら》（大阪府藤井寺市）で戦って敗れた。次いで、幕府は山名時氏を援軍として送って反撃に出たが、十一月二十六日に阿倍野《あべの》（大阪市天王寺区）などで戦って敗れた。山名方は時氏の弟兼義《かねよし》らが討ち死にする惨敗であった。

細川・山名らに代わって出陣を命じられたのが、高師泰《もろやす》・師直兄弟である。高兄弟は諸国の軍勢を招集し、十二月末に出陣した。師泰は山城淀（京都市伏見区）に集結して堺浦（堺市一帯）に、師直は八幡から四条畷《しじょうなわて》（大阪府四條畷市）に進んで陣を張った。正月五日、正行は師直が陣を張る四条畷に進んで決戦を挑んだ。激戦となったが兵力に勝る師直が勝利し、正行は敗れて自害した。

師直はその勢いをもって吉野に攻め入った。南朝の後村上《ごむらかみ》天皇は師直軍を防ぐことは叶わないとみて、奥地の賀名生《あのう》（奈良県五條市）に逃れた。師直は吉野にある南朝の皇居以下の建物を焼き払い、二月十三日に京都に凱旋した。この勝利によって師直は名声を高め、幕府内で勢力を拡大する。これ

四條畷正行奮戦の図　『国史画帖大和櫻』　個人蔵

が幕府内の新たな派閥抗争に発展していく。

『太平記』によると、師直は出陣にあたって四国・中国・東山・東海二十余国の兵を集めたという。東山も入っているので、上野にも軍勢の催促が行われたのであろう。ただし、師直の出陣は前々から予定されたものではなく、動員は急遽なされた。短期間で、そのうえ時期的に厳冬期であり、思うような動員ができたとは考えられない。

師直軍二万余騎は河内四条畷に張陣したが、その中に初めて白旗一揆《しらはたいっき》がみえる。白旗一揆の人々は県《あがた》下野守を旗頭として五千余騎が飯盛山（大阪府大東市・四條畷市）に登り、その南の尾崎《おざき》（先端）に張陣したとある。この白旗一揆が、関東から出陣した人々である。

さて、戦いの模様を追ってみよう。師直の本陣は、人々が張陣した場所から二十町ほど奥に置かれ、前後左右に騎馬の兵二万余騎、馬廻の徒歩立《かちだち》の射手《いて》五百人で囲まれていたという。

正月五日早朝、四条隆資《しじょうたかすけ》を大将とする南朝方の軍勢がさまざまな旗を掲げて飯盛山に向かった。これは幕府軍を混乱させ、正行を四条畷に向かわせる企みであったという。隆資の軍勢が敵を引き寄せている間に、正行の軍勢は早朝の霞がかりをついて四条畷奥の師直の本陣にまっしぐらに突入した。

このとき、白旗一揆は師直陣から離れた山尾根にいたが、正行軍の動きに応じて丘上から下り、楠木勢が駆け入る進入路に一文字に遮り、徒歩立となって迎えたという。楠木勢の最初の相手となったのが一揆衆であった。まず、足利方の秋山《あきやま》弥次郎・大草《おおくさ》三郎左衛門が射落された。居野七郎が倒れた秋山の上を越えて進んだが、居野も二か所射られて倒れたところを叩かれて首を取られた。結局、白旗一揆三百余騎が討たれ、県下野守も深手を負い、師直の陣に引き取られたという。白旗一揆に関する記事はこれ以外にはみえない。戦いは師直が勝利し、敗れた正行らは自害して果てた。

一揆とは、上下関係のない人々が一体となって活動することを神に誓約し、共通の目標を掲げてその実現のため尽力するというもので、さまざまな場で成立した。南北朝期には、地域の武士である国人たちの一揆が成立する。一揆の結成の際、目的を掲げた契諾書が作成され、参加者がそれぞれ加判し、神前で一味神水《いちみじんすい》の儀式も行われた。ただし、目標に達すればそこで一揆は解散する。全国各地で多くの一揆が成立したが、ほとんどはすぐに消滅している。ところが、白旗一揆は形を変えながらも、戦国期前夜まで存続し続けた全国的にも稀な存在であった。

白旗一揆は貞和四・五年の四条畷合戦に初めて登場するが、その直前に関東で結成されたとみられる。どのような経緯と目的で結成されたかを明らかにする史料はないので、参加者と活動からそれらを検討してみよう。参加者は『太平記』の記述から旗頭の県下野守、最初に討たれた秋山弥次郎・大草三郎左衛門・居野七郎らがいる。

旗頭の県下野守は、下野国簗田《やなだ》御厨県郷（栃木県足利市）を苗字の地とする足利被官の高氏一族と推測される。戦国期の県氏は「わちがい（輪違）」の紋を用いているが、高一族の紋は「花輪違」で、両者は同型の紋を用いている。県下野守は足利氏に従う高一門で、師直に近しい人物であろう。なお、「念仏往生伝《ねんぶつおうじょうでん》」に上野国渕名荘樹市に県入道という人物が居住し、建長三年（一二五一）六月に極楽往生したとする説話を載せている（群五四四）。樹市は現在の伊勢崎市上・下植木町で、奥大道に沿った地であり、県氏は上野にも進出していた。

『太平記』に登場する大草氏は、三河国大草（愛知県幸田町）を本貫とする足利被官とみられる。延文六年（一三六一）二月二十一日、足利基氏が大草新三郎に武蔵国六浦《むつら》荘内富岡郷半分を「台所料所」として預け置いている（南関二九五五）。同人は仮名《けみょう》の類似から三郎左衛門の後継者とみられ、このときは関東で足利家の台所を預かっていた。

秋山氏については、甲斐秋山氏が知られている。康永四年（一三四五）八月の足利尊氏の天龍寺供養に秋山新蔵人が供奉している。これに関して、武田一族の秋山氏に関わる「秋山系図」に新蔵人大夫光政《みつまさ》がみえる（『続群書類従』第五輯下）。現在の埼玉県本庄市児玉町秋山に秋山新蔵人光政を祀る新蔵人神社・館址もあるという。同系図によると、秋山氏一族が戦国期に上杉憲政《のりまさ》に仕え、上野・武蔵国境付近にいたとあり、その関係で生じた伝承であろう。弥次郎は光政の一族と推測されるが、武蔵国との直接の関係は考えられない。

居野については不詳とするしかない。「楠木合戦注文」に伊野一族がみえたが、同氏は上野国井野（高崎市）を本貫とする上野の国人とみられる。

白旗一揆の初期メンバー

次に、それ以外の初期メンバーを探してみたい。検討素材として、足利尊氏が貞和五年（一三四九）八月二十八日に所領を宛て行った複数の尊氏袖判下文がある。小林重連《しげつら》に宛てた次掲の下文をみてみよう（高一一三）。

（花押影）

下　小林中村弥次郎重連

可令早領知上野国高山御厨大塚郷内堀籠村田弐町七段小林七郎次郎重直跡・栗須郷内瓜生右衛門六郎跡事、

右、為勲功之賞所宛行也、早守先例可致沙汰之状、如件

貞和五年八月二十八日

この文書は料紙の手前の袖に尊氏の花押が据えてあり、「下」から始まる下文である。袖判による

下文は、格が高いとされる。これには室町幕府執事高師直奉書（群八七三）という関連文書がある。同日付で足利家の執事高師直が尊氏の命を奉じ、上野国守護であった上杉憲顕に同所の沙汰付を指示したものである。これを受けた憲顕は、沙汰付命令を在国の守護代に伝え、守護代が代官を派遣して当人へ所領を引き渡して一連の過程が完了する。二つの文書は一連のものである。

これら以外に、前者と同形式のものが次の四人に出されている。受給者と宛行地の対応関係は次のようになる。

桐生又六法師行阿《ぎょうあ》　桐生郷堤村内田三町五段少・在家二宇・屋敷一所（群八七五）
桐生次郎三郎国光《くにみつ》　桐生郷内前原村内田三町七段・在家二宇（群八七六）
発智《ほっち》右衛門尉為長《ためなが》　薗田御厨内南只懸村半分（南関一八四八）
真下《ましも》四郎太郎重氏《しげうじ》　山名郷内山名小六郎入道跡在家一宇（南関一八四七）

前出の小林中村弥次郎重連を含め、貞和五年八月二十八日に五人が足利家から所領を与えられたことが明らかとなった。これらの人々について検討してみたい。

まず、小林中村弥次郎重連は高山御厨内中村（藤岡市中）を所領としており、同御厨内大塚郷田地・栗須郷瓜生氏跡などが与えられた。「小林氏系図」などによると、小林氏は次郎と三郎の仮名を称す二家があったようで、重連は次郎家の当主とみられる。給付された所領は瓜生《うりゅう》氏や同門の小林七郎次郎重直《しげなお》の旧領である。前者は明らかに、南朝に属した越前瓜生氏が建武政権から下された所領とみられ、後者の小林重直も南朝与同者であろう。前述したように、高山御厨は源頼朝以来、鎌倉幕府・建武政権・足利氏の支配下に置かれていたことが再確認できる。

桐生氏は又六法師行阿と次郎三郎国光がみえるが、前出の桐生六郎の末裔とされ、桐生郷に居住する武士である。桐生郷は藤姓足利一門の旧領で、源姓足利氏が継承した所領である。

発智氏の本貫地は沼田荘発知で、沼田一族である。為長は薗田御厨内の所領を給付されたが、発智氏と当地の関係は不詳である。正安二年（一三〇〇）閏七月二十七日、鎌倉幕府は熊谷直光《なおみつ》と発智二郎後家尼妙法《みょうほう》との相論に裁許を下した（群四四四）。尼妙法は熊谷氏の出で、発智氏に嫁したのであろう。為長の祖は鎌倉期に武蔵にいたとみられる。薗田御厨も藤姓足利一門の旧領で、桐生郷と同様であろう。

真下氏は埼玉県本庄市児玉町・上里町などに地名があり、本来武蔵の武士である。鎌倉中期に足利被官となった真下一族もおり、その後西国で活動する一族もいる。上野の真下氏に関して、建武二年（一三三五）九月十六日、右京亮という人物が真下藤四郎に「上野国一宮内那波□田畠在家」を阿波式部大輔入道西蓮の娘源氏に沙汰付するよう命じている（群六一四）。阿波式部大輔は畠山国清《はたけやまくにきよ》の父家国《いえくに》である。家国の娘が上野一宮に所領を持ち、その保全を尊氏に求め、尊氏は真下藤四郎に沙汰付を命じたことになる。

当時、上野国守護は新田義貞であったが、尊氏は配下の真下氏を用いて問題の解決を図った。九月十六日は尊氏が北条時行から鎌倉を奪還した直後で、守護である義貞の存在を無視したことになる。同女の名は虎鶴で、法名を幾阿弥陀仏《きあみだぶつ》というので念仏者である。一宮の所領は祖母から譲られたもので、祖母は一宮の領主家の出身であろう。彼女は念仏を信仰し、同所を「本田道場《ほんだどうじょう》」（教念寺《きょうねんじ》）に寄進している。

重氏は藤四郎と同一人物の可能性が高い。「真下氏系図」によると、真下氏は藤原氏を称している（『児玉町誌』中世史料編）。一宮で沙汰付が命じられ、山名郷に所領を得たことなどから、重氏の居所は西上野の可能性が高い。なお、山名郷は多胡荘内の郷である。

以上の五人に加え、「高山氏系図」によると、高山重貞《しげさだ》について「貞和四年楠木正行起兵、河内合戦之時、尊氏卿命諸将、此時重貞応其旨、到彼地」とある。重貞には白旗一揆とは書かれていないが、同族の小林氏のこともあり、高山氏も一揆であった可能性は高い。

白旗一揆の成立背景

貞和五年（一三四九）の宛行は、文面に直接記されていないが、四条畷合戦への参陣の功に対するものであったと考えられる。理由として、この宛行がそれ以外には想定できないことがあげられるが、宛行までの展開をみておこう。

四条畷の戦いから吉野攻略まで、これまで誰もなしえなかったことに挑戦して勝利した高師直の名声は飛躍的に向上した。これによって高兄弟はおごり高ぶり、権力をかざしてさまざまな悪行を行ったという（『太平記』）。それらは一次史料では確認されないというが、地位向上によって高兄弟の行状が変化し、それが人々に専横と映ったことは事実であろう。政権を掌握する足利直義との間に摩擦が生じていった。

そして直義・師直両派の対立が激化し、直義が師直の誅殺を企て、それが失敗すると師直派は軍事クーデタを敢行する。クーデタは成功し、直義派は粛清され、直義自身も剃髪・引退を余儀なくされた。前記の下文・奉書が出されたのは、このクーデタ成功直後であった。師直は直義に替わって政権を握り、軍功への宛行を自ら行える条件が整えられた。これらの文書群は表向きは行賞であるが、自派の勢力拡大の手段ともなったと考えられる。そのため行賞は手広く行われたのであろう。特に白旗一揆には厚遇が目立つ。

一揆の対応をみると、四条畷合戦の折に一揆衆は積極的に師直軍の前面に立ち、死を厭わず戦っている。戦場に動員されてやむなく戦っているというようにはみえない。むしろ、師直の私兵の観さえある。後の一揆衆は戦場で戦いの帰趨を計算し、日和見的な態度に終始したとも評価されるが、この戦いでは師直を守ろうとする一揆衆の果敢な態度が目に付く。

なお、師直が武蔵国守護であったことから同国国人を結集したという見方もある。たしかにこの間、武蔵国の守護職は高一族がほぼ独占し、貞和四年当時は師直が現任であったが、構成員は武蔵国人が

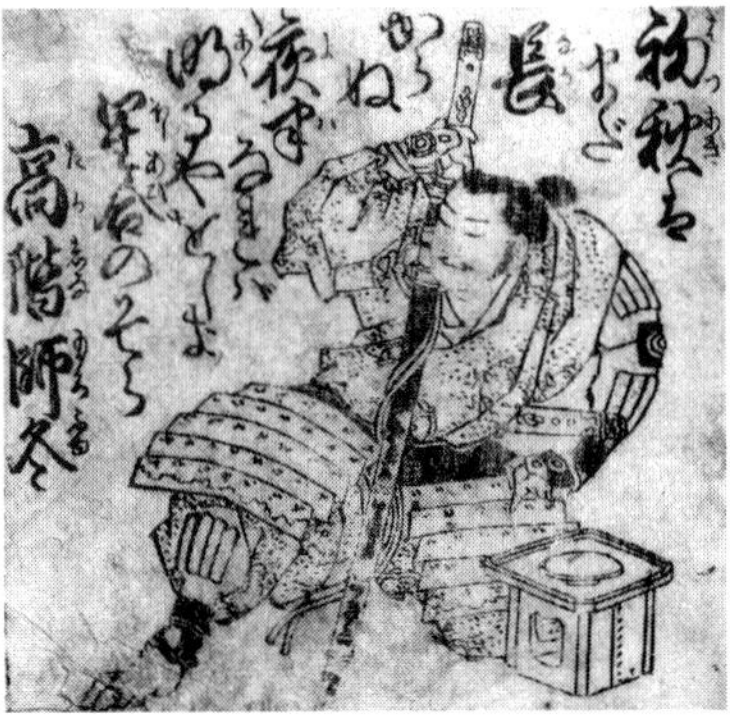

「続英雄百首」に描かれた高師冬　当社蔵

中心とはいえない。

武蔵国人と一揆に関して、次のことが取り上げられる。暦応元年（一三三八）に北畠親房が常陸に進出すると、尊氏は師直の子師冬を関東に下向させた。師冬はその後、康永二年（一三四三）まで常陸・下総で南朝方と戦い続けた。この戦いで武蔵国の武士たちが動員されている。その中に武蔵国土渕郷（東京都日野市・多摩市）の山内《やまのうち》経之《つねゆき》がおり、経之が戦地から一族の人々に送った文書群が高幡《たかはた》不《ふ》動尊《どうそん》（日野市）に収められて残っている（「高幡不動胎内文書」）。それによると、動員された人々は「いき（一揆）の人々」と呼ばれ、厳しい経済状況の中で所領の没収を避けるため長期にわたって参陣していたことがわかる。ここで一揆の人々という表現がみえるが、それは特定の階層を示す表現であり、彼らが一揆を結んで参陣したわけではない。

四条畷合戦に出陣した白旗一揆のメンバーをみると、武蔵ではなくむしろ上野の国人が中心である。そして、西上野の高山御厨・多胡荘、東上野の桐生郷・薗田御厨の国人たちが多くみられる。すでに述べたように、これらの所領は鎌倉時代には源頼朝・北条氏、幕府滅亡後は足利氏との関わりが強い地域と推測した。彼らが白旗一揆に組織されたのは、足利氏との関わりによることが明らかである。

また、一揆メンバーには特に地域的なまとまりがあったともいえない。国人一揆は同じ地域の人々が協力関係を構築するために結ぶもので、初期白旗一揆はそのような形で成立したものではなかった。

以上のことから、師直が南朝との戦いに勝ち抜くために手足となる軍勢が急遽必要となり、師直の命で県下野守を中心とする高一族が足利被官や足利氏の支配下の所領にいた人々を結集し、それを白旗一揆に仕立てたと考えられる。したがって、戦いが終了した後、白旗一揆はいったん解体されたのであろう。

県下野守についてさらに検討を加えてみよう。年未詳十月八日付の将軍足利義詮書状に、県下野守と同一人物とみられる県下野入道が登場する（南関四九七四）。これによると、下野入道が県郷の還補を義詮に願い出たので、義詮はこれを鎌倉公方足利基氏に伝達した。ところが、もう一方の当事者である建長寺宝珠庵《けんちょうじほうじゅあん》が高師有《もろあり》還補御教書などの証拠書類を提出して再審を求めたとある。下野入道はこの頃在京していたが、その間に県郷が宝珠庵の所領となっていたのである。

貞治元年（一三六二）十二月二十五日、基氏は高師有に県郷の還補について沙汰するよう命じている（館一三四）。それには該当地が「下野国足利荘内県郷県下総入道跡」となっているが、下野入道の誤記であろう。貞治段階で県下野入道は在京しているが、すでに貞和期に下野国を離れていた可能性もある。師直の下で活動していたとすると、同人は師直の指示によって関東に下り、味方となる国人を誘い集め、一揆を結成させて参陣させたとも考えられる。戦いが終わって一揆の役割も終了したため、白旗一揆はいったん消滅したのであろう。

幕府内の権力闘争・観応の擾乱が始まる

観応の擾乱は、幕府将軍足利尊氏・執事高師直と、尊氏実弟の直義がそれぞれの党派を率いて戦った全国的な内乱である。近年、対立の始まりやその原因について研究が進んだことでこれまでの見方が修正され、擾乱の評価についても大きく変化している。その発端についてもさまざまな出来事が想定されているが、貞和四～五年の楠木正行との戦いで師直が勝利したことが重視されている。この勝利が師直の名声を高めただけではなく、幕府内の勢力図を大きく変えたためである。

実はこれまで、初期の室町幕府においては尊氏と直義が政務を分担しあって政権運営がなされたとされてきたが、実際は直義の主導で行われていたという。師直も執事として尊氏の宛行状発給の事務などに携わっているが、次第に政権中枢からは外されつつあった。また、後醍醐の死などによって南朝勢力が衰退した結果、幕府の組織自体も初期の在り方を変える必要に迫られていたとも考えられる。

貞和五年（一三四九）閏六月、事態の結着をつけるため直義方が師直の暗殺を計画した。ところがこれが事前に漏れ、計画は失敗する。尊氏が仲介に走り、師直の執事解任、所領の召し上げなどで妥協を成立させた。幕府の人事も一部刷新され、師直派が追い落とされた。その後、師直は出仕せず謹慎の態をとっていたが、反撃に転じる。七月二十一日、師直の兄師泰が河内から軍勢を率いて入京を図った。直義の意向を無視して師泰軍は八月九日に入京を果たす。これを契機にして武将たちも次々に軍勢を率いて入京した。直義がいた三条殿に集まった武士は三千騎、師直邸には五万騎が入ったという。

このとき、三条殿に入った武士の中に、里見義宗《よしむね》・薗田美作守・秋山新蔵人がみえ、師直邸に入った上野武士として大嶋讃岐守盛真（義政）・小幡左衛門尉・寺尾新蔵人がみえる（『太平記』）。彼らはこの時点まで在京活動を継続していた。

妙吉が開いた崇福寺　群馬県甘楽町

軍勢において師直方が優勢であったことは明らかで、尊氏は直義を自邸に避難させた。八月十四日、師直軍七千騎が将軍邸を囲み、このとき尊氏・直義は切腹も覚悟したという。しかし、師直も主家の当主の殺害まで踏み切ることはできず、しばらくにらみ合った後、両者は講和を結び、妥協が成立した。その内容は、直義の引退と師直を讒訴した上杉重能《しげよし》・畠山直宗《ただむね》・僧大同妙吉《だいどうみょうきつ》らの流罪などであった。なお、鎌倉にいた義詮の上洛と幕政参加もこのときに決まり、代わってその弟基氏が関東に下ることになった。なお、上杉重能・畠山直宗らは配流先の越前国で殺害されたが、妙吉は事前に逃亡した。

妙吉に関わる寺院が上野にある。小幡の崇福寺《そうふくじ》である。崇福寺は妙心寺末であるが、正中二年（一三二五）に妙吉によって開基されたという（『上野国郡村誌』）。創建したのは小幡高行《たかゆき》で、同人が鎌倉・京都などとの関わりが深かったことがわかる。なお、同寺には近世小幡藩織田氏の墓所が営まれている。

打出浜合戦で高一族が失脚

擾乱は次の段階に入る。政争に敗れた足利直義は、夢窓疎石《むそうそせき》を導師として出家し、恵源《えげん》と称して閑居で逼塞したという。しかし、これは野心を隠す仮の姿にすぎず、密かに権力奪回のため陰謀を企んでいた。直義派の切り札は、尊氏の子で直義の養子となった直冬《ただふゆ》である。直冬は反師直の急先鋒で、九州へ逃れて抵抗を続け、次第に勢力を広げていた。貞和五年（一三四九）の暮れ頃には直冬が師直を討つため上洛するという噂も流れたという。

観応元年（一三五〇）に入ると、尊氏は直冬派を掃討するため何回か軍勢を出立させたが、九州にさえ入れないでいた。その間に直冬方の勢力はさらに広がり、九州を席巻する勢いを示すほどであった。十月二十八日、ついに尊氏が直冬征伐を決意して九州に向かった。実はその二日前に直義が閑居から姿を消していたという。それにもかかわらず尊氏は出陣を強行し、十一月十九日に備前福岡（岡山県瀬戸内市）まで軍勢を進めた。

京都を脱した直義は大和国の越智《おち》氏のもとに移り、ここで軍勢を集めた。直義の蜂起を知った尊氏軍の中から離脱する者も出たという。直義は十一月末に畠山国清が拠る河内石川城に移り、ここで南朝に対して降伏を申し出た。直義はこれまで南朝とは厳しく対抗してきたので、南朝側にも反発の声もあったというが、これを好機とみる北畠親房の意見が通り、南朝は十二月十三日に直義の申し出を正式に認めた。

南朝との提携によって直義は息を吹き返す。十二月二十一日、直義は摂津天王寺《てんのうじ》（大阪市天王寺区）に入ったが、このとき東国からの援軍が石清水八幡宮《いわしみずはちまんぐう》に入ったという。さらに、北陸からは桃井直常《もものいただつね》の軍勢が京都に迫ると、義詮は京都を捨てて尊氏の陣に逃げ込んだ。尊氏は京都奪回のため軍勢を送って桃井直常と戦い、いったん京都を回復したものの確保することはできなかった。

このとき、桃井軍の中に赤旗一揆・扇一揆・鈴付一揆などの一揆がみえ、それ以外にも薬師寺公義《やくしじきんよし》配下の大旌一揆、高師泰配下の小旗一揆、上杉配下とみられる鷹角一揆などが登場する。これらは軍事動員に対応して各地の国人たちが結んだ一時的な一揆である。

その後、両派は西国各地で小競り合いをくり返し、二月十七日・十八日に両軍の主力が摂津打出浜《うちではま》（兵庫県芦屋市）で決戦を敢行した。『太平記』ではこれを小清水《こしみず》合戦と言っている。尊氏方に多数の戦死者が出たため、尊氏は戦意を失って降伏を決意し、側近の饗庭《あえば》命鶴丸《みょうつるまる》を使者として講和を申し出た。講和の条件は師直兄弟らの出家、政務からの引退であった。師直ら多くが直ちに剃髪したという。擾乱の第一幕は尊氏・師直派の完敗で終わった。

高一族・被官を討った上野関係者

二月二十六日、尊氏は京都に向かった。師直は報復を回避するため尊氏と同行することを懇願したが許されなかった。師直一行が摂津武庫川の鷲林寺《じゅうりんじ》(兵庫県西宮市)の前を通過したとき、惨劇が起こる。師直ら一党に直義派の兵が襲い掛かったのである。上杉・畠山の兵が各所に待ち伏せ、面通しによって確認したという。師直一族・被官を狙い撃ちに殺害したのである。両派の最初の対立のとき、上杉重能・畠山直宗が師直を讒言したとして配流され、配流先で殺害されたことへの報復であった。

殺害に及んだ武士たちの名が『太平記』にみえる。吉江《よしえ》小四郎が高師直を、小柴新左衛門尉が高師《もろ》景《かげ》(師直の甥)を、井野《いの》弥四郎が高師幸《もろゆき》(師直の従兄弟)を、長尾彦四郎が高師世《もろよ》(師泰の子)を、小《お》田《だ》左衛門五郎が高宗久《むねひさ》(師直の従兄弟師兼《もろかね》の養子)を、小林又次郎が山口入道を、小林掃部助が彦部七郎を、佐々宇左衛門と阿佐美三郎左衛門が梶原孫六を、高山又五郎が山口新左衛門を、長尾三郎左衛門が鹿目《しかめ》平次左衛門を、西左衛門四郎が高師夏《もろなつ》(師直の子)を討ったとみえる。討たれた人名は『園《えん》太暦《たいりゃく》』と多少相違があり、同書では陣僧まで討たれたとある。

関わった人名をみると、上杉氏の被官・関係者が多い。まず、長尾氏二名は上杉氏の根本被官である。「長尾分流系図」によると、長尾彦四郎は白井長尾景守《かげもり》とみられる。景守は系図に「武庫川ニ於高越後将ヲ討時、景守十六歳」とみえる。三郎左衛門は「長林寺長尾系図」にみえる白垣三郎であろう。小林・高山氏は高山御厨の武士である。小柴は小此木《おこのぎ》の誤記で、佐位荘小此木（伊勢崎市）を本貫とする。西は「さい」とルビがあり、佐位荘名を名に負う武士とみられる。佐位荘は上杉氏の支配下に置かれていたと考えられる。

吉江は越後の武士で、越後国守護上杉氏の目代《もくだい》である。井野は前出の居野氏であろう。『太平記』に同氏が登場するのはこれで三度目である。出典に問題はあるが、御家人・国人であった井野氏が高崎市井野にいたことはこれで確実であろう。佐々宇と阿佐美氏については上野の武士とみられるが、他に関連史料はなく、不詳である。これらの人々は、上杉能憲に率いられてこの合戦に参陣したのである。

高一族を誅戮した惨劇の後、尊氏と直義は別々に帰京した。直後に今後の幕府運営をめぐって両者の会談がもたれた結果、政務は義詮が行い、直義がそれを補佐することとなった。尊氏の地位・権限もそのままで、直義は勝利した割に得たものはなかった。惣領である尊氏に対する遠慮があった。一方、尊氏・義詮も譜代被官の師直が降伏の意を示して僧形にまでなって無防備な状態であったにもかかわらず、惨殺されたことを許しがたい思いを持っていたのであろう。このような微妙な関係が次の抗争を生み出す。

幕府は義詮を中心に直義が補佐することによって運営されていたが、七月十九日、直義は政務からの引退を表明し、同月三十日に京都を出て、越前金ヶ崎（福井県敦賀市）に落ちた。このとき、尊氏・義詮が各地で起こっていた反乱鎮定のため近江・播磨などに出陣し、直義はひとり京都に取り残されていた。それを直義は、両人が自身を討つための陰謀と考えたとされる。打出浜合戦以降、武将たちの中には尊氏・義詮に従う者が増えており、直義は南朝に降伏・帰参したことが北朝の人々の不興も買っていた。

京都に戻った尊氏は、八月十八日に直義追討の宣旨を得て近江に出陣した。両派はここでしばらく対峙する。その間に尊氏は南朝との講和を進めた。十月下旬に講和が成立するが、その中の条件の一つに直義追討が入っている。直義に対する共同戦線ともみえるが、これは義詮の主導で行われたものという。尊氏は直義追討に執心していたわけではなく、実は講和を望んでいたという見方もある。これで両者の和解の道はほぼ消滅した。なお、この講和によって北朝の崇光《すこう》天皇は廃位され、神器も放棄させられている。これを正平一統《しょうへいいっとう》といい、元号も南朝の正平に統一された。

十月八日、直義は越前を発ち、十一月十五日に鎌倉に入った。鎌倉は当時直義派が優勢となっていた唯一の場所であった。直義はひと月以上かけて鎌倉に到達している。移動にかなり時日をかけているが、途中で妨害などがあったものと考えられる。尊氏はすでに八月十日に信濃国守護小笠原氏に指示し、信濃の通路を塞ぎ、直義が上野に入国した場合には同国へ馳せ向かうよう命じている（群八九二）。十月十日にも同様の指示をしているので、信濃を通るのは不可能と考えた直義は北陸道を通って越後に入り、三国峠を経て上野から鎌倉に向かったとみられる。

関東の情勢と薩埵山の戦い

次に、この間の関東の動静をみておこう。鎌倉では公方足利義詮を上杉憲顕と高師冬（師直の従兄弟で養子）が執事として補佐する体制が成立していたが、康永三年（一三四四）に師冬に替わって高重茂（師直の実弟）が執事となった。貞和五年（一三四九）八月の直義・師直の抗争の結果、義詮が京都に呼び寄せられ、替わってその弟の基氏が鎌倉に入っている。基氏はそのとき九歳の少年で直義の養子となっていたので、憲顕にとっては好都合の人事であった。

足利基氏坐像　神奈川県鎌倉市・瑞泉寺蔵

翌貞和六年正月、重茂に替わって師冬が再び関東執事に任じられて下向している。師冬は初任のとき、東関東で南朝方の北畠親房と渡り合った歴戦のつわもの兵であった。これに対して重茂は能吏で、和歌にも精通していた。師冬をあえて鎌倉に派遣したのは憲顕を抑えて鎌倉の実権を師直派に取り戻すための布石である。

正月二十五日、憲顕は廻文を持っていた僧を捕らえたという（「祇園執行日記」）。また、三月二十四日には伊豆の三嶋神社から「怪異」の注進があり、基氏は精誠祈祷を命じている。廻文や怪異の内容は不明であるが、党派的な動きが始まっていたのであろう。ただし、関東では両派の顕著な動きはなく、しばらくは平穏な状態が続いた。

十一月十二日、憲顕の子能憲が常陸国信太《しだ》荘（茨城県土浦市・つくば市など）で挙兵した（群八八五）。これは直義が京都の自邸を出奔した直後で、それに連動した動きと考えられる。同荘は上杉家の所領である。十二月一日には憲顕も上野に下った。同月二十五日、師冬は基氏を擁して鎌倉を脱した。毛利荘（神奈川県厚木市）に着いたところで、石塔義房《いしどうよしふさ》・加古《かこ》修理亮・同宮内少輔ら直義派が師直派の従者たちを討って基氏を確保し、鎌倉に連れ戻したという。師冬は甲斐逸見《へみ》城に逃れたが、上杉憲将《のりまさ》が討手として派遣されている。師冬は翌年正月十七日に甲斐須沢《すざわ》（山梨県南アルプス市）で討ち死にした（南関一九七二）。これによって、鎌倉は憲顕の支配するところとなった。

二月十七日・十八日の打出浜合戦で直義が尊氏・師直の軍勢を破ったことを前にみたが、この戦いに関東からも援軍が出陣していた。二月三日、直義は憲顕に書状を送って、「可有上洛之由事、おどろき入候」と述べている（群八八七）。憲顕が軍勢を上洛させると伝えたことに対する返書であろう。二月六日、直義は「東国軍勢等馳上処、於勢多（瀬田）依無乗船逗留云々」と伝え、園城寺《おんじょうじ》衆徒に渡河の支援を命じている（南関一九六八）。

打出浜合戦が終結した三月十三日、直義は憲将の手に属して軍忠のあった者に関東分国内の關所から恩賞を与えるよう命じている（群八八八）。憲顕は自身の代わりに長子憲将を派遣したことがわかる。憲将の手の者が師直らを惨殺したことは前述した。直義の勝利に憲顕の貢献があったことは明らかである。

その後、しばらく平穏が続いたが、直義の京都脱出によって対立が再燃する。九月一日、基氏が新田荘世良田に下着したという（群八九六）。直義はまだ越前国にいたが、関東への下国が模索されていたのであろう。基氏は上野を確保して、直義の関東入国をここで待ったものと思われる。九月二十一日、基氏は長楽寺に武蔵国長浜郷安保中務丞跡を寄進している（長二六）。憲顕が基氏の下命を奉じ、憲将が請文を認めている。憲顕・憲将父子が基氏に随行し、軍勢も引き連れていたのであろう。

同月二十三日、基氏は佐々木秀綱妻跡の足利荘狩宿郷を鑁阿寺《ばんなじ》（栃木県足利市）に寄進し、憲顕がこれを奉じている（南関二〇五六）。実は、それに先立つ九月十日、義詮が憲顕の所領であった常陸国佐都東を佐々木秀綱に勲功賞として与えている（南関二九五一）。基氏の寄進はこれに対する報復として行われたものと考えられる。

直義が関東に移ると、尊氏も京都を発った。十一月四日のことである。十六年前の中先代の乱のとき、同じ道を直義救援のために東上したが、今回はその直義を討つためである。同月二十九日に駿河国薩埵山《さったやま》（静岡市清水区）に到着し、ここに陣を張った。ここは山が海岸まで迫り、当時の東海道は海岸沿いではなく、山中に入って薩埵峠を抜けて鎌原《かんばら》方面に出る。大軍が動くことが難しい場所で東海道を押さえる要地であり、ここで直義軍の出方を待ったともみられる。

直義も鎌倉を出て伊豆国府中（静岡県三島市）に入った。当初は直義軍のほうが圧倒していた。『太平記』では尊氏軍三千騎に対し、直義軍五十万騎という。五十万騎は信じられないが、直義軍が尊氏軍を圧倒していたのは事実であろう。尊氏が薩埵山に陣を敷いたのは、大軍を動かすことが難しい山間を利用して劣勢をカバーするためであった。ここで両軍は小競り合いをくり返した。

三度目の利根川合戦

この頃、北関東ではもう一つの決戦が進んでいた。尊氏方は、下野国の有力大名宇都宮氏綱を味方につけていた。『太平記』によると、氏綱は薬師寺次郎左衛門入道元可《げんか》（公義）の勧めによって尊氏方につくことを決意し、高一族の三戸七郎を大将とし、十二月十五日に挙兵して宇都宮を出立したという。七郎は高師澄《もろずみ》の子師親《もろちか》で、師直の猶子でもあった。これに従ったのは氏家《うじいえ》一族・紀党《きのとう》の益子《ましこ》氏・薬師寺一族、武蔵国の住人猪俣《いのまた》・安保・岡部《おかべ》氏らで、あわせて千五百余騎であった。十六日、天命宿《てんみょう》（栃木県佐野市）に入ったところで、佐野・佐貫一族五百余騎が馳せ加わっている。

翌朝、評定の席で大将の三戸七郎が急に狂気を発し、自害して果てたという。これを見た加勢の人々は不吉として陣から去り、再び宇都宮勢ばかりとなったが、薬師寺が吉凶は交互に来るもので、宇都宮大明神が氏綱に大将の地位を与えたと申し述べ、行を急がせたという。宇都宮軍は十九日の午刻に利根川を渡り、那波荘に入ってここで決戦を行った。

氏綱が那波荘に入る直前、上野では大胡・山上一族が新田大嶋氏を大将として五百余騎で挙兵し、薩埵山の後詰めのためと称し、笠懸野に打ち出たという。これに対し、上野警固のため新田荘世良田に駐屯していた長尾孫六・平三ら三百余騎が笠懸野に攻め寄せ、敵に一矢も撃たせず大嶋勢を懸け散らしたとみえる。

観応三年（一三五二）五月日の香林直秀《こうばやしなおひで》軍忠状に山上一族の戦いの記述がある（群九三六）。山上一門の香林時秀《ときひで》・直秀父子は十二月十三日に尊氏方の山上十郎公秀のもとに馳せ参じ、十六日の渕名荘木島《きじま》合戦に参陣した後、十九日の那波合戦では芳賀高貞《はがたかさだ》に属して戦ったという。木島は佐位荘内で笠懸野ではないので、笠懸野合戦とは別の戦いであろう。木島は世良田から旧利根川沿いを北上する道上にあり、宇都宮軍が進んだ奥大道と伊勢崎市街地で合流する。木島合戦は世良田にいた直義方の長尾軍の動きを抑え込むための戦いと考えられる。決戦の前にこのような局地戦が行われていたことになる。

十九日午刻には、利根川付近で那波合戦が行われた。宇都宮氏綱軍が渡河したときに後方に馬煙がみえたが、それは桃井播磨守と長尾左衛門らの兵一万騎であったという（『太平記』）。氏綱は陣を敷いてこれを迎えうった。氏綱の陣は小川を前にした野中に敷かれ、紀清両党七百騎は北側、氏家二百余騎は中の手に、薬師寺兄弟五百余騎は南側に配置された。これに対し、桃井七千騎が中の手から氏綱陣へ、長尾左衛門三千余騎が薬師寺陣へ、長尾孫六・平三五百余騎が氏家陣に打ち懸かった。軍勢の数をみると桃井・長尾方がはるかに勝っていた。もちろん、人数については信頼できない。半時ほど戦いが続いたが、長尾孫六の配下の一揆勢五百余騎が敵の突出に打ち破られて討ち死に者を出し、桃井・長尾左衛門も支えきれずそれぞれ戦場から落ちた。合戦は直義方の敗北で終わった。

戦いがあった場所は奥大道上で、旧利根川（現広瀬川）を渡った那波郡側である。伊勢崎市連取付近であろう。この付近は段丘も少ないまったくの平原である。桃井播磨守直常は越中国守護であるが、直義の鎌倉入りに同行して関東に入ったのであろう。長尾左衛門は上野国守護代の長尾景忠で、孫六はその長子、平三は次子である。

桃井・長尾ら直義方の敗因は一揆勢が早々に崩れたためとみえる。一揆勢は主体的に参加した兵ではなく、動員された中小武士で、最初からそれほどの戦意があったとはみられない。彼らが戦場を脱落したのは、両派の優劣を計算して行動した結果であろう。

この一揆衆はどのような人々なのか推測してみよう。まず、白旗一揆とは書いていないので、それとは別物と考えられる。一揆はそれ自体、所領を持たない弱小の武士を指す。彼らは関東執事・上野国守護である上杉氏が職権で集めた小規模領主たちであろう。その場合、守護領など上杉氏の支配が強く及ぶ所領内にいた武士たちと考えられる。上杉氏は関東執事でもあったので、鎌倉府領の武士も動員できたかもしれない。

この戦いに勝利した宇都宮氏綱軍は奥大道を東進し、その後上道に入って武蔵を南下した。『太平記』に「上杉民部大輔、故高倉禅門ノ方ニテ、始ハ板鼻ノ合戦ニ宇都宮ニ打負テ、後ニハ薩埵山ノ軍ニ御方ノ負ヲシタリシ」とみえる。氏綱軍は板鼻で憲顕軍を破ったというが、憲顕は直義と同陣していたので、板鼻にいたのはその配下であろう。

伝足利直義の墓　神奈川県鎌倉市・延福寺跡

武蔵には守護上杉憲将の守護代吉江中務がいたが、利根川合戦と同日に尊氏方の津山《つやま》弾正左衛門・野与《のよ》氏一党によって撃破されたという。これによって北関東の直義派は一掃され、氏綱軍は容易に相模に進むことができ、直義軍の背後に迫った。さらに、小山氏の兵も相模に入ったので、挟撃を恐れた直義軍は自壊する。上杉憲顕と長尾左衛門も報復を恐れて信濃国に逃れた。

その結果、直義は降伏し、尊氏に伴われて正月五日に鎌倉に入ったものの、二月二十六日に四十六歳で突然の死を迎える。死因は黄疸（『太平記』）、毒殺（「足利氏系図」）、覚悟の自死などの説があり、論争は絶えない。この日は高師直が惨殺された命日で、報復であった可能性も指摘されている。足利基氏が両者の仲介を取り持ったが、尊氏によって取り上げられなかったため安房国に逼塞したという記事もある(「喜連川判鑑」)。

尊氏方と南朝方の決戦となった武蔵野合戦

薩埵山合戦の後、尊氏はそのまま鎌倉に留まった。鎌倉府を再建する必要があったのである。その間、東国は尊氏、京都を含む西国は義詮による分割統治が行われているが、両人の関係は必ずしも良好ではなかったという。直義を倒した足利家にとって、次の難問は南朝との関係修復である。南朝との交渉は京都にいた義詮が進めていた。

「正平一統」によって北朝の天皇を廃し、南朝の後村上天皇を京都に迎えることになっていたが、後村上は突如武力による京都回復に方針を変更した。閏二月六日、後村上は宗良親王を征夷大将軍に補任しているので、これ以前に同職は尊氏から剥奪されたと考えられる。次いで、後村上は軍勢を率いて閏二月十九日に石清水八幡宮に入り、翌日京都に侵攻した。「正平一統」は南朝方が協議に不満を持ち、自ら破棄したのである。ただし、三月に入ると義詮は反撃を開始して京都を回復している。

南朝軍の京都侵攻に先立って、閏二月十五日、新田義興は世良田の長楽寺に軍勢などの狼藉を禁じる禁制を掲げた(長二三)。これ以前に後村上から「正平一統」の破綻が告げられ、尊氏追討が指示されており、この日、義宗・義興ら新田一族を中心とした関東の南朝方が蜂起したのである。『太平記』は、新田被官の由良信阿《ゆらしんあ》が勅使として関東に派遣され、挙兵の段取りが進められたとする。

義宗による南朝への注進状では、十五日に挙兵し、十六日に上野の凶徒（足利方）を討って武蔵に入り、十八日に鎌倉に攻め入ったが、尊氏が狩野河（神奈川）に逃れて立て籠もったので十九日にそこに向かい、雌雄を決すると伝えている（群九二七）。隙をついた南朝方の急襲に対し、尊氏はあえて防衛策をとらず、事前の十七日に武蔵に退避したのである（「鶴岡社務記録」）。中先代の乱で、北条時行軍を途中で阻止できず、渋川・小山・岩松氏らを討ち死にさせたことを教訓にしたのであろう。

三月五日付の覚誉書状写にも、尊氏の狩野河城没落の記事がみえる（南関二二二一）。義宗は宗良親王らの到来を待って決戦に備え、義興・脇屋義治らは武蔵に戻って敵陣を掃討しており、奥州から北畠顕信《あきのぶ》の軍勢も白河関を越え、宇都宮に達していたともみえる。義興・義宗らは狩野河を攻めず、関戸まで退いて援軍を待って再度の決戦を行うとする戦略を取ったのであろう。なお、水野《みずの》致秋《むねあき》軍忠状には「自武州鶴見宿馳参関戸」とみえ、致秋は尊氏を見限り、武蔵鶴見《つるみ》（横浜市鶴見区）より関戸に参じたとみられる（南関二二〇九）。関戸は上道が多摩川を越える所に立地する要衝である。

新田義宗木像　群馬県沼田市・白佐波神社蔵
非公開　画像提供：沼田市教育委員会

軍忠状類をみると、二十日に金井原《かないがはら》、二十八日に小手《こて》指原《さしがはら》で合戦が行われている。前者を人見原《ひとみがはら》、後者を高麗《こまが》原《はら》（同日高市）とする史料もある。金井原は東京都小金井市、人見原は同府中市で場所は離れている。尊氏軍は狩野河から多摩川右岸を北上し、新田方はこれを両地で迎え撃ったのであろう。この戦いで義興が尊氏を追い詰め、尊氏は死を覚悟したという場面が描かれる（『太平記』）が、「鶴岡社務記録」は「御方打勝、御敵没落」と尊氏方の勝利を伝える。

二十八日、戦いは八日前の決戦場から北方に移る。南朝方は最初小手指で尊氏軍と戦ったが敗れ、さらに高麗原に後退して戦ったが支えきれず、ついに敗走したものと考えられる。笛吹峠《ふえふき》（埼玉県鳩山町）で合戦があったとする史料もある。一方、義興は義宗とは別れて二十三日に三浦（神奈川県三浦市）に移り、二十八日に三浦氏や北条時行とともに鎌倉に攻め入って再度鎌倉を奪取した。その後、義興は河村城《かわむら》（同山北町）に撤退したという。尊氏は観応の擾乱に続いて南朝方の蜂起も鎮圧し、唯一の勝利者となった。

尊氏軍の主力となった白旗一揆と平一揆

閏二月二十日の武蔵野合戦の際、『太平記』にはさまざまな一揆が登場する。新田義宗の下に赤印一揆、義興の下に月弓一揆、脇屋義治の下に鍬形一揆・母衣一揆という具合である。一方、尊氏は一陣に平一揆《へいいっき》三万余騎、二陣に白旗一揆二万余騎、三陣に饗庭命鶴丸を大将とする花一揆、四陣に御所一揆などを配置している。五陣以降は側近の大名衆である。大名衆の手兵以外は一揆衆と呼ばれたのであろう。

平一揆については「小手の袋・四幅の袴・笠符《かさじるし》に至るまで一色に皆赤」、白旗一揆については「白葦毛・白瓦毛・白佐馬・鴾毛《つきげ》なる馬に乗りて、練貫《ねりぬき》の笠符に白旌《しらはた》を差した」などと説明されている。平一揆は赤色、白旗一揆は白色で統一されていたことがわかる。『源威集《げんいしゅう》』にも白旗一揆がみえ、尊氏は畠山国清・仁木頼章《にっきよりあき》・同義長《よしなが》らとともに出陣し、平・白旗両一揆の輩を従えて金井原合戦に臨んだとある。

これらの記述から、尊氏軍の主力は平一揆・白旗一揆であったことがうかがえる。薩埵山合戦のときも尊氏が西国から引き連れてきた軍勢はそれほど多いものではなく、宇都宮氏をはじめとする関東勢の到来によって勝利した。そうであれば、南朝方が鎌倉に迫ったとき、尊氏がやすやすと鎌倉を放棄したのは迎え撃つだけの軍勢を保持していなかったためとみられる。

『太平記』によると、尊氏は閏二月十六日に五百騎で「敵ノ行合ンズル所マデト、武蔵国へ下リ給フ」とある。南朝軍が迫りくる中、とりあえず敵が来ることのできない場所として武蔵へ下ったのである。これに鎌倉から三千騎が追いつき、「久米川」で一日逗留した後、ようやく軍勢が結集して八万余騎になったとみえる。久米川は狩野河（神奈川）の誤りである。軍勢の数も正確とはいえないが、ここで軍勢の到着を待ったことは明らかであろう。このとき集まった軍勢が関東の一揆衆と考えられる。

『太平記』に挙げられている人々は、河越《かわごえ》弾正少弼を先頭に江戸《えど》・高坂《たかさか》・豊島《としま》・土屋《つちや》・土肥《どひ》・二《にの》宮《みや》・曽我《そが》・渋谷《しぶや》・海老名《えびな》・小早川《こばやかわ》・豊田《とよだ》・狩野介《かののすけ》・那須《なす》・本間《ほんま》・鹿嶋《かしま》・嶋田《しまだ》・瓦葺《かわらぶき》・見田《みた》・古尾谷《ふるおや》・

長峰《ながみね》氏、さらに上野高山御厨の人々（浄法寺・白塩・高山・小林）がみえる。河越氏は武蔵国留守所《るすどころ》惣検校職《そうけんぎょうしき》を称し、秩父平氏の盟主的地位にあった。江戸・高坂・豊島・渋谷氏らはその一門である。土屋・土肥らは相模の武士、狩野介は伊豆の武士である。これらの人々が平一揆のメンバーと推測されている（小国浩寿二〇一三）。

ただし、問題もある。那須・鹿嶋・長峰氏らはそれぞれ下野・常陸・甲斐の武士で、西関東の国人ではない。また、高山御厨の人々は貞和四年（一三四八）に白旗一揆として活動したと推測された。このとき、彼らが平一揆であるとすると、平一揆も固定されたものではなく、そのつどメンバーが入れ替わったことになる。あるいはこの中に白旗一揆や他国衆で尊氏の命によって急遽参陣した人々も加わっていた可能性もある。

河越氏らは貞和五年十月に義詮が上洛したとき、高坂氏とともに従っている。薩埵山合戦のときにどのように行動したかは明確でないが、武蔵野合戦のときにはいち早くまとまって迅速に尊氏方に駆け付けたことになる。これはなぜであろうか。守護の交代が関わっていた可能性もある。直義の没落によって、武蔵国守護は上杉氏から尊氏側近の仁木頼章に替わっている。河越・高坂氏らは平一揆衆を糾合し、仁木氏と提携して活動する機会が訪れ、これによって平一揆は武蔵における最有力の軍事集団となる。

ここで、武蔵国のもう一つの一揆である八文字《はちもんじ》一揆についてみておこう。高麗季澄《こますえずみ》は金井原合戦の際に尊氏側近であった薬師寺公義と同道して参陣したが、このときに自身を八文字一揆と称している（群九三七）。八文字一揆はこのときにしかみえず、これも急遽結成された一揆とみられる。後に白旗一揆に吸収された。

高麗一族の動きは、高麗経澄《つねずみ》・同助綱《すけつな》らが提出した軍忠状によって詳細に述べられている（南関二一六八・九）。彼らは観応二年（一三五一）八月に「鎌倉殿」の御教書を下され、宇都宮に馳せ越して、公義と対面して上杉討伐について談合したという。公義は尊氏によって派遣され、宇都宮氏らに服属を勧めていたが、同時に高麗一族にも参陣を働きかけていたことになる。そのとき、鎌倉殿の御教書が使用されている。このときの鎌倉殿は足利基氏を指すが、基氏はこの間、上杉憲顕の庇護下にあり、御教書を発給したとは考えにくい。これは偽文書の可能性が高いが、彼らに出陣を求める根拠となったのであろう。

彼らは十二月十七日に鬼窪《おにくぼ》で挙兵し、武蔵の各所で戦い、相模足柄山《あしがらやま》に進んだという。さらに、着到状によると鬼窪弾正左衛門・渋江《しぶえ》左衛門太郎・岡部弾正左衛門・鬼窪左近将監らが見知役を務めたとみえ、同陣していることから彼らも八文字一揆衆と考えられる。彼らはまず難波田《なんばた》九郎三郎を追罰したというが、同人は直義方の国人である。これらの軍忠状に薬師寺公義の証判があるので、公義が高麗一族と鬼窪氏以下の国人らを率いていたことになろう。

公義は薩埵山合戦の勝利に貢献した影の功労者であったが、尊氏が危機に陥ったところで再び八文字一揆の動員に尽力したのである。守護とは別に、公義のような尊氏側近の人々が地域の国人たちの一揆結成に関わり、出陣を促していたことを示す。

なお、高麗一族の中に南朝方についた者もいた。高麗神社神官家の多門坊行高《たもんぼうゆきたか》は建武四年(一三三七)の北畠顕家の西上野攻めの際、新田義興の招きに応じ、鎌倉攻めに参加したという。さらに薩埵山合戦のときには直義方に加わり、義興の挙兵にも応じた。義興とともに河村城まで逃げ延び、義興の没落後は上野藤岡に隠れ、延文二年(一三五七)にようやく帰郷が叶ったという。弟の高広《たかひろ》・則広《のりひろ》らは中途で討ち死にを遂げている(「高麗系図」、『埼玉県史』別編4)。

白旗一揆のメンバーの動向

白旗一揆の動きを追ってみよう。正平七年(一三五二)正月日の別符幸実《ゆきざね》軍忠状に白旗一揆が登場する(南関二一七二)。幸実は前年十二月二十八日の駿河由比山上の戦いに尊氏方として参陣し、配下の中間《ちゅうげん》が鑓疵《やりきず》を負ったが、これを「白旗一揆人々」が見知したと述べており、別符氏も白旗一揆の一員であったと考えられる。薩埵山に別符氏らの一揆衆がまとまって参陣したのであろう。この文書に証判を据えているのは、武蔵国守護に補任されたばかりの仁木頼章で、武蔵の白旗一揆衆は仁木氏の指揮下で出陣したことになる。

少し時期を遡るが、幸実は常陸合戦に出陣している。幸実が書いた康永三年(一三四四)二月日付の軍忠状写がある（南関一四八〇）。前述したように、この合戦は高師冬と北畠親房が東関東の支配権をめぐって干戈を交えた戦いである。軍忠状に各所での戦いが細かく列挙され、幸実の活躍はそのつど同陣した人々によって見知されている。

見知者を挙げると、浅羽《あさば》太郎左衛門尉・玉井《たまい》太郎四郎・立河《たちかわ》左衛門尉・奈良《なら》五郎左衛門尉・若和泉《わかいずみ》太郎次郎・玉井三河五郎・奈良新左衛門尉・毛呂《もろ》八郎・浅羽太郎兵衛尉・成田《なりた》四郎治郎らである。玉井・奈良・成田は埼玉県熊谷市、若和泉は同本庄市、浅羽は同坂戸市、毛呂は同毛呂山町、立河は東京都立川市に地名があり、そこを本貫とする。別符氏を含め北武蔵の武士が多い。これらの国人らは戦乱が起これば、このようにまとまって参陣し、互いに見知者となったのである。このとき白旗一揆はまだ結成されていないが、事実上、一揆と同様であったとみられる。これが正平七年の参陣に引き継がれたとみられる。

国人・一揆衆の動員について、守護が関わった可能性は大きい。薩埵山合戦時の上野・武蔵国は上杉氏が守護であり、国人・一揆衆に対してその働きかけがあったであろう。直義が没落すると上杉氏は守護を改替され、武蔵は早々に仁木義章が活動を始めている。別符氏が尊氏方となったのは、仁木氏の働きかけによるのかもしれない。では、その他の白旗一揆衆はどのような行動をとったのであろうか。白旗一揆の基盤ともなる武蔵北部から上野の人々の動きを検討してみよう。

すでに述べたように、まず宇都宮氏綱の蜂起には武蔵国住人猪俣兵庫大夫・安保信濃守・岡部新左衛門入道・子息出羽守らが参陣した。途中で佐野・佐貫一族が馳せ加わっている。さらに、新田大嶋氏を大将に大胡・山上氏らが蜂起し、香林氏も加わった。一方、直義方では長尾孫六の配下に上州の一揆衆五百余騎が従っていた。武蔵でも上杉氏の守護代吉江中務が多少の軍勢を集めたが、津山弾正左衛門・野与一党がこれを撃砕した。八文字一揆衆（高麗・鬼窪・渋江・岡部氏）らは尊氏方となり、難波田九郎三郎を討っている。さらに、薩埵山合戦で児玉党三千余騎が直義に従い、大類《おおるい》弾正・富田《とみた》らが討ち死にした（『太平記』）。

次に、着到状・感状類にも一揆衆・国人衆の活動の様子がみえる。薩埵山合戦に関しては、金子《かねこ》信泰《のぶやす》が観応二年十一月から尊氏と行をともにしており（南関二二五一）、安保五郎左衛門尉は正月六日に着到し（南関二二四八）、別符尾張太郎幸実は十二月二十八日に着到する（南関二二五六）。安保信濃守は正月二十二日に勲功賞の宛行を（南関二二六六）、二月十六日にも再度宛行をうけている（南関二二八〇）。

以上、武蔵で直義方となったのは難波田九郎三郎・大類弾正・富田氏らで、多くの国人衆が尊氏方についたことは明らかである。これが武蔵野合戦で白旗一揆が尊氏方の主力となったことに繋がった。一方、上野では少なからぬ一揆衆が上杉氏に従ったことがわかる。

さらに『太平記』では、武蔵野合戦で新田義興・義宗に従った人々として、酒匂《さかわ》・松田《まつだ》・河村・大《おお》森《もり》・小磯《こいそ》・大磯《おおいそ》・酒間《さかま》・山本《やまもと》・鎌倉・玉縄《たまなわ》・梶原《かじわら》・四宮《しのみや》・三宮《さんのみや》・高田・中村《なかむら》・児玉党浅羽・四方田《よもだ》・

庄《しょう》・桜井《さくらい》・若児玉、丹党安保信濃守・修理亮父子・舎弟六郎左衛門・加治《かじ》豊後守・同丹内左衛門・勅使河原《てしがわら》丹四郎・西党・東党・熊谷《くまがい》・太田《おおた》・平山《ひらやま》・私市《きさいち》・村山《むらやま》・横山《よこやま》・猪俣党が挙げられている。

　このうち、酒匂から中村までは相模の人々であろう。相模の国人衆は姓だけしかみえない。また、武蔵でも姓だけの者も多いが、安保氏・加治氏・勅使河原氏のように官途・名のりが記される者もみえ、検討の素材になる。例えば、勅使河原氏に関して、『太平記』によると丹三郎が建武三年正月に大渡合戦に敗れ、後醍醐天皇の都落ちを知って自害を遂げたという。丹三郎は後醍醐方であったが、ここにみえる丹四郎はその弟である。「勅使河原氏之系譜」（『上里町誌』）では丹三郎は直重《なおしげ》、丹四郎は光《みつ》直《なお》とみえ、共に討ち死にしたとある。ここにみえる丹四郎は光直の子宗直《むねなお》であろう。勅使河原氏は一族として南朝派であったと考えられる。

武蔵安保一族の場合

　安保氏は尊氏・直義両派の間で動揺していたとみられるが、史料も残っているのでその動向をうかがうことができる。まず、安保左衛門尉道堪《どうたん》（経泰《つねやす》）は得宗被官であった。新田義貞の鎌倉攻めの際、分倍河原合戦で討ち死にを遂げている。その子丹後権守は尊氏に従い、建武二年（一三三五）八月の遠江国橋本合戦で疵を負い、その功によって道堪（道潭）跡の継承を許されている（『梅松論』）。「安保系図」では同人は光泰《みつやす》とみえる。

安保氏館跡　埼玉県神川町

建武三年十二月十一日、光泰（法名光阿《こうあ》）は足利直義から所領を安堵されている（南関六一二）。武蔵国安保郷内屋敷在家・同国枝松名内塩谷田在家・同国太駄郷と他国領である。安保郷では屋敷在家のみで、同郷は一族で分割されていたのであろう。翌年四月には勲功賞として滝瀬郷・枝松名内長茎郷などが与えられている（南関六八四）。光泰は尊氏による京都攻めなど建武政権との抗争で功をあげたものと考えられる。安保氏は得宗被官から足利氏に従うことで家を維持したことがわかる。

光泰は暦応三年（一三四〇）正月二十四日、子息らに所領を配分している（南関一〇八八）。子として惣領の中務丞泰規《やすのり》、次子左衛門尉直実《ただざね》、三子彦五郎光経《みつつね》があり、女子にも分配がなされている。なお、直実には不孝の儀があったが、「貴辺御口入」があったので少々譲ると断っている。光泰は八月に譲状を書き改め、子孫でこの譲状に背くか、違乱煩いを起こすなどのことがあれば、その跡は泰規のものとすると述べている（南関一一四二）。この譲状に高師冬の証判が書き加えられているので、光泰は守護である師冬に従っていたことがわかる。つまり、貴辺は師冬を指す。一族内の結束の乱れを強く懸念して、このような譲状を作成したのである。

直実は京都に進出し、肥前権守の官途を与えられ、高師直の家人として活躍している。康永四年（一三四五）八月の天龍寺供養の際、尊氏の供奉人となったほか、貞和四・五年（一三四八・四九）の高師直の南朝攻めに参陣し、楠木方の和田正朝《わだまさとも》を討ち捕らえる軍功を挙げている。建武二年正月、尊氏・師直軍が京都奪回のため直義方の桃井直常を攻めたときにも、桃井方の秋山光政を討ち取っている。直実の活動は文和三年（一三五四）頃までみえる。一方、光泰の嫡男の泰規は関東にいて、薩埵山後詰めのため宇都宮氏とともに活躍したことは既述した。

正平七年（一三五二）正月二十二日と同二月十六日、尊氏は安保信濃守に勲功賞を与えた。信濃守は泰規である。泰規とともに五郎左衛門尉という人物がみえるが、誰であろうか。前出の譲状に彦五郎光経がみえたが、五郎の仮名《けみょう》が同一なので光経に比定される。光経も自立して一家を立てたのであろう。薩埵山合戦まで安保一族は足利家に従ってきたことがわかる。

では『太平記』において、安保信濃守・子息修理亮・舎弟六郎左衛門尉が新田義興・義宗の下に馳せ参じたのはどういうことであろうか。誤記または誤挿入とみれば、問題は一応解決されるが、別の可能性もある。安保一族へ宛てられた尊氏の下文・感状類は、五郎左衛門尉に宛てた観応三年四月二十日付の尊氏感状が最後で、それを除くと同年二月以前となる。五郎左衛門尉は尊氏方に留まったとしても、信濃守泰規が武蔵野合戦で新田方に従った可能性は残る。

なお、観応二年九月二十一日に尊氏は「武蔵国賀美郡長浜郷安保中務丞跡」を長楽寺に寄進している（長二六）。中務丞は泰規の以前の官途である。薩埵山合戦以前に泰規は所領を没収されたとみられるが、その段階で直義に従っており、直義没落後に新田方に転じた可能性がある。さらに、五郎左衛門尉に宛てた尊氏感状も写で観応年号を用いており、文言にも違和感があるため、偽文書と考えられる。

白旗一揆が再確立された理由

次に、上野の一揆衆をみてみよう。観応二年（一三五一）十二月に香林一族が尊氏方につき、山上氏に従って蜂起した。『太平記』では大胡・山上の人々とみえる。また、佐野・佐貫の一族も宇都宮氏綱に従った。これらの人々は藤姓足利一門である。さらに、高山御厨の高山一族が武蔵野合戦で尊氏方に加わっていた。東上野の藤姓足利一門と高山御厨の高山一族が尊氏についたが、これらの地域が足利氏の支配下にあったことが再確認できる。

これに対し、長尾孫六に従った一揆衆は守護上杉氏の催促に応じた人々とみられる。ただし、彼らの戦意は低く、数に劣る宇都宮勢に容易に打ち破られたことはすでにみた。この一揆衆は白旗一揆とは特定されていないが、同一揆とみてよいであろう。彼らはここで敗れた後に活動はみえず、武蔵野合戦にも出陣しなかった。

観応二年十二月二日、尊氏は園城寺青龍院に天下安全・武運長久の祈祷を命じ、上野国沼田荘志加《しか》摩《ま》六郎左衛門尉跡・庄田《しょうだ》彦太郎跡を寄進している（群九〇九）。志加摩（四釜）・庄田氏は沼田一族とみられる。また、正平七年（観応三）二月十六日に「同（秩父）郡内寺尾次郎跡」が安保泰規に宛行われている（南関二一八〇）。寺尾氏は上杉氏に近く、明らかに直義派であった。さらに、尊氏方についた小林新蔵人重有《しげあり》は、観応三年五月二十九日に「綿貫保内綿貫四郎次郎并妻跡」を勲功賞として与えられている（南関二二六八）。

この間に所領を没収された上野の武家所領を挙げたが、これらは直義方についたために所領が没収された可能性が高い。これ以降、没収所領の宛行はみえず、武蔵野合戦で上野の一揆衆の動きがみえないことに対応している。

以上、この間の合戦で文書史料に白旗一揆と記述されているのは別符氏だけであるが、一揆は北武蔵の国人衆の中に広がっていたと推測できる。『太平記』では、白旗一揆が武蔵野合戦において尊氏軍の重要な軍事力であったことが描かれているが、これは事実とみてよいだろう。ただし、上野の一揆衆は一部が当初上杉氏に従ったが、その後は活動を停止したと考えられ、武蔵でも反尊氏派の一揆衆が一部にいたとみられる。

薩埵山合戦・武蔵野合戦は白旗一揆が登場した貞和四年から三・四年後にすぎない。この間に何があったのだろうか。当初の白旗一揆は、主に上野の足利氏に深く関わる国人・被官が高師直に近い県下野守によって結成されたが、すぐに解体したと考えた。それがわずかの間に北武蔵・上野の国衆の間に広がっていたことになる。

この期間は師直と直義の対立がヒートアップした時期で、両派とも多数派工作に奔走していた。師直は白旗一揆の再確立を企図して関東の国人に働きかけを進めたと考えられる。師直はこの頃武蔵国守護を務めており、同国がターゲットになったことは明らかで、常陸合戦などで高一族と関わったことのある別符幸時らはその中心になったのであろう。薬師寺公義は師直の武蔵国守護代であり、八文字一揆の高麗氏との関係も公義の活動の一環である。武蔵国で白旗一揆が再確立したことが想定される。

師直没落後は、上杉憲顕が武蔵国守護となる。当然、一揆衆の掌握に努めたと考えられるが、ごく短期間に終わったので十分な掌握は不可能であったろう。これに対し、上野は上杉氏が守護であり、師直の力は及ばず一揆衆を結集することはできなかった。憲顕の下に参陣した国人が一揆衆と呼ばれたものと考えられる。

白旗一揆が尊氏の直属軍として武蔵野合戦を戦ったことは、その後の白旗一揆の在り方を規定することになった。これによって、白旗一揆は幕府奉公衆に比肩する地位が与えられたとみられる。

尊氏による東国支配の実態

上方では三月十五日に義詮が京都を奪還したが、南朝は撤退にあたって北朝の天皇・皇太子・上皇ら皇族を賀名生に連行し、北朝は存続の危機に陥った。八月十八日、光厳上皇の子で僧侶となる予定であった人物が神器もなしに即位した。後光厳《ごこうごん》天皇である。翌文和二年（一三五三）にも南朝は再度京都を占拠している。京都でも両朝の戦いは続いていた。一方、武蔵野合戦に勝利した尊氏は京都に戻ることなく、鎌倉に居続けた。東国の安定支配を優先したのである。尊氏が京都に向かったのは文和二年の七月二十九日であるので、武蔵野合戦から一年半以上鎌倉にいたことになる。

関東の新体制を確認すると、東国各国の守護については直義との抗争が始まった段階から順次直義派が罷免され、尊氏派の人々に置き換えられていった。例えば、上野・越後国守護は上杉憲顕から宇都宮氏綱に、下野は宇都宮氏綱・小山氏政に半国ずつ、武蔵は上杉憲顕から仁木頼章に、伊豆も上杉能憲から畠山国清に替わった。相模は尊氏が直轄としているが、後に河越重頼《しげより》が補任される。桃井直常も越中守護を解任された。執事として尊氏を補佐したのは仁木頼章である。新体制の発足によって、関東は静謐に向かった。

尊氏は軍功のあった人々への行賞も行っている。人々の忠誠心を高めるためには恩賞給与が不可欠であるが、上野国で目ぼしい所をみると、新田大嶋義政はすでに観応二年（一三五一）十月十一日に渕名荘が与えられていた。尊氏は大嶋氏の軍功を高く評価したのである。ところが、翌観応三年正月二十日に同所が走湯山伊豆権現の造営料所となり、トラブルとなった。尊氏は閏二月十六日に同所を折半して半分を義政に渡している（南関二一九四）。二月六日、高尾張権守師業に足利荘内大窪郷・生

長楽寺普光庵跡　群馬県太田市

河郷、武蔵国戸森郷・小江郷などを常陸国所領の替地として与えている（南関二一七八）。師業は貞和期に白旗一揆の旗頭であった県下野守の関係者である。

観応三年三月十一日、長楽寺は寺領目録を作成し、尊氏に安堵を求めた（長二〇）。それらは鎌倉時代に得河義季やその子孫の世良田一族から寄進された散在領であるが、尊氏はこれを安堵している。さらに翌年三月十九日、尊氏は長楽寺普光庵《ふこうあん》に所領の寄進を行っている（長一八）。寄進地は新田荘内の新田一族領を含む在家田畠である。

尊氏が関東から去ると、基氏が鎌倉公方として政務を引き継いだ。基氏は鎌倉から出て、入間川（埼玉県狭山市）に陣所を構えて政務を行った。基氏は貞治元年（一三六二）までここで暮らし、畠山国清が執事として補佐した。基氏が入間川で政務を執ったのは、相模国守護河越氏の動きを制するため、または南朝方の策動を制するための臨戦態勢維持などとする説がある。

後者に関して、『鎌倉九代後記』によると基氏は新田の残党蜂起の噂を聞き、これを退治するために鎌倉を出て、三万六千余騎を集めて入間川に陣所を設け、新田方に心を寄せる者を捕らえ、自ら処罰を加えた。このため、関東八ヶ国で新田に好意を持っても声に出す者はいなかったとある。一種の強硬政治を敷いたのであり、新田義興の動きを懸念していたのであろう。義興は武蔵国内に隠れ住み、隙があれば蜂起を狙っていたとみられる。

観応の擾乱に巻き込まれた榛名寺

上野国六ノ宮榛名《はるな》神社は、神仏習合によって当時は榛名寺と呼ばれていた。ここに鎌倉鶴岡八幡宮の僧頼印《らいいん》が入り、座主《ざす》となって一山を差配した。頼印の活動に関して、『頼印大僧正行状絵詞《らいいんだいそうじょうぎょうじょうえことば》』（以下、『絵詞』）という史料がある。いつ成立したかはわからないが、記述の信憑性は高いとされる。これによって榛名寺と観応の擾乱の関わりをみておこう。

榛名神社三重塔　群馬県高崎市

『絵詞』によると、頼印はもともと榛名寺の出身で、父は三条《さんじょう》内大臣公忠《きんただ》の猶子となった人物で、母は榛名寺座主快忠《かいちゅう》の嫡女であったという。元亨三年（一三二三）四月十四日に生まれ、五歳のときに鎌倉永福寺《ようふくじ》別当道《どう》承《しょう》のもとに出仕した。建武三年（一三三六）八月に鶴岡八幡宮別当頼仲《らいちゅう》の門に入り、暦応三年（一三四〇）十月に出家を果たし、受戒のため上洛を果たした。醍醐寺《だいごじ》三《さん》

榛名神社　群馬県高崎市

宝院《ぼういん》などで修業を積んで鶴岡に戻り、やがて榛名寺に入る。

観応の擾乱の影響は榛名寺にも及んだ。観応三年（一三五二）閏二月の新田義興・義宗の挙兵の際、榛名新座主となった忠尊《ちゅうそん》がこれに同心・合力したという。そこで尊氏は座主職を頼智《らいち》に替えたが、忠尊が支障を伝え、交代が進まず延引した。ところが六月十二日、忠尊が頓死し、続けてその父快尊《かいそん》も同月二十四日に死去した。ここで、快尊の末子の快承《かいしょう》が譲りを受けたわけではないのに新座主と主張して寺務を管轄するも、快承も翌年三月八日に没したため、寺内は混乱したという。

これによると、旧座主一派が新田氏側についたことがわかる。「同心・合力」とあるので、実際に僧兵などを送ったのであろう。その結果、忠尊が失脚して頼智に交代する。頼智の座主職補任を伝達するよう命じた尊氏の御内書が十一月十日付で発給されている（高補九一）。これは観応三年の発給であろう。この中に「先途被仰之処、不事行云々」とあり、交代が難航したことがわかる。頼印には観応三年五月九日に榛名山執行職と寺領三ノ倉が宛て行われている（群九三四）。尊氏は武蔵野合戦の勝利後、頼智・頼印を入れて榛名寺の掌握を目指したことがわかる。

その後、座主一族が次々に亡くなったが、これは粛清・殺害の可能性がある。『絵詞』によると、文和四年（一三五五）十二月末の事として、「榛名山ノ社領等城内トナリシアイダ、山上ノ者トモ悉没落セシヲリフシ」との記事がある。榛名山の紛争はこのときに起こったのである。なお、快尊と頼印との確執があったことも描かれている。快尊は頼印が執行職として執務するのを羨み、頼印の殺害を企図したという。頼印は三ノ倉と榛名寺を行き来しており、快尊は途中の烏川の道に一勢を配置して待ち受けたが、権現の加護によって一度も成功しなかった。旧座主一派がこれを詫びたので、頼印は許して和睦したともみえる。

『絵詞』には次のような記事もある。尊氏と直義の対立が深まったとき、上杉憲顕は信濃に城を構えていたが、二月頃、大軍を率いて武蔵へ向かった。このとき、「石上ノ寺」に宿をとり、頼印を招いて対面した。戦いは本意ではなく、懇祈によって戦いが止むことを求めたという。その後、尊氏の死によって憲顕が許されて越後国守護職に補任されたが、憲顕はこれを頼印の法験《ほうげん》として感謝し、大前保司職を寄進したという。憲顕が薩埵山から信濃に落ち、武蔵野合戦に出陣するときに頼印のもとを訪ねたことがわかる。憲顕と頼印はすでに鎌倉で入魂の間柄であった。

憲顕が関東管領に復帰すると、頼印の立場は強まった。貞治二年（一三六三）十二月二十九日、頼印は渕名荘花香塚実相院の安堵と下地の沙汰付を求め、承認されている（群一〇二三）。ここで頼印は「満行《まんぎょう》寺《じ》執行《しゅぎょう》」と呼ばれている。満行寺は榛名寺の別称で、執行職は座主に次ぎ、実務を担当する地位である。応安四年（一三七一）閏三月二十九日、頼印は座主職に補任されている（群一〇八七）。頼印はついに榛名寺のトップの地位に上り詰めたのである。

この年、再びトラブルが起こったという。旧座主幸尊《こうそん》が利権を申し立て、座主職領の石上・石津・毛呂田・中山などの支配が滞った。しかし、これらを頼印に沙汰付するようにとの幕府の遵行状が出され、幸尊の申し立ては却下された（『室田町誌』）。その後、頼印は鶴岡に戻り、鎌倉の宗教界のトップリーダーの一人となる。

榛名寺は榛名山中に社殿があり、山下に冬住みの住房があった。「石上ノ寺」、「石上ノ坊」ともみえる。石上は現在三ノ倉の字名であるが、ここに「シンテラ」と呼ばれる場所があり、ここが寺跡ともいう。同所に観応元年銘の五輪塔がある。また、三ノ倉に「座主ノ森」があり、旧座主派の人々の墓所とみられる。

新田荘の知行をめぐる抗争

観応元年（一三五〇）五月七日、岩松頼宥が自身の新田荘内の所領が鳥山右近将監によって押領されたと訴えたところ、幕府は頼宥の言い分を認めて押領地の返還を承認している（正木二四）。当該所領は寺井郷内の田在家とみえ、頼宥が貞和三年（一三四七）三月に勲功賞として拝領したものである。頼宥は西国で活動し、新田には長く不在であった。鳥山が押領したのは収益の「得分物《とくぶんもつ》」で、鳥山が同所の管理を委ねられていたのであろう。なお、寺井は正しくは村田郷内の村で、郷ではない。鳥山氏は押領の咎として所領の五分の一を没収されると宣告されている。

中先代の乱のとき、鳥山一族が鎌倉から敗走する足利軍の中にいて討ち死に者を出したことをみた。鳥山氏の主流は足利氏についたことがわかる。「長楽寺系図」には右近将監宗義《むねよし》がみえ、右左の表記の違いがあるが同一人物であろう。鳥山氏は享徳の乱頃まで荘内で領主の地位を保持している。

同年十二月二十三日、尊氏が「新田荘内世良田右京亮并桃井刑部（直信）跡」を岩松直国に引き渡すよう上野国守護の上杉憲顕に命じた（正木二五）。直義・尊氏の対立が激化した時期で、尊氏が直国を味方に留まらせるために行った宛行である。恩賞宛行は尊氏が掌握していた権限で、それを利用して武将たちを味方につけ、服属関係を強めたとされるが、直国は有力な直義派であり、この所領給付で鞍替えすることはなかった。

同月二十七日、岩松頼宥に和泉・備後の世良田右京亮跡と新田義貞跡の新田荘木崎村安養寺《あんようじ》を宛行っている（正木二六）。こちらは勲功賞とみえるので、この間の合戦の功を認めたものである。木崎村安養寺は真言宗寺院で、義貞の供養を頼宥に委ねたのであろう。

世良田氏は弥次郎満義《みつよし》がみえ、鎌倉攻めでは義貞とは距離をとり、武田氏と同陣していたことは前述した。「長楽寺系図」には満義は満氏《みつうじ》とみえ、世良田氏の家督であったことに疑いはない。『上野国一宮記録』によると、いつかは特定していないが、世良田満氏が三河国安祥《あんじょう》（愛知県安城市）で一宮神を信仰し、守郷の人々が守大明神として勧請したという。これが事実であれば、満氏（満義）は新田を離れ、安城にいたことになる。

この時期、世良田右京亮という人物が登場する。観応元年（一三五〇）十二月二十三日、尊氏は新田荘内世良田右京亮・桃井刑部大輔跡を岩松直国に沙汰付するよう命じている（正木二五）。また、同月二十七日に和泉・備後国の世良田右京亮跡を岩松頼宥に宛行っている（正木二六）。薩埵山合戦の直前に所領が没収され、岩松氏に宛行われていることから、右京亮は直義に味方していたともみられる。同人を満義と同一人物とする説があるが、同一人物とすれば、満義は新田を離れ、上方で活動していたことになる。「両家系図」では、満義の子に世良田右京亮政義がみえるので、右京亮は満義の子であろう。

観応二年七月三日、直義は岩松直国に御教書を下し、「本知行地事、不可有相違之状如件」と伝達した（正木二八）。この時期は直義が実権を掌握しながらも、尊氏・義詮との関係は微妙な時期であり、直義は自派の武将たちの求心力を高めるため、このような文書を発給したのであろう。この後、直義は京都を出て、尊氏に最後の戦いを挑む。

十一月下旬、薩埵山で両者の対陣が始まった。十二月十六日に渕名荘木島合戦が起こり、十九日に宇都宮氏綱軍が新田荘北辺を東西に結ぶ奥大道を西進した。このとき、新田荘にいた桃井・長尾の兵が那波で氏綱軍と戦った。新田一族では大嶋氏が尊氏方となったことがみえる。岩松直国がどちらについたかを示す明証はないが、桃井・長尾軍が世良田に駐屯していことからみて、直国が直義方であったことは明らかである。ただし、積極的に活動したとはみられず、没落は免れた。

翌年閏二月二十日の金井原合戦に、新田方には一族として江田・大館・堀口・篠塚・羽河・岩松・田中・青龍寺《しょうりゅうじ》・小幡・大井田・一井《いちのい》・世良田・籠原《かごはら》が参陣し、一方の尊氏方には岩松式部大夫・大嶋讃岐守がみえる（『太平記』）。大嶋義政は尊氏方であった。岩松氏は双方にみえるが、直国がどちらかは明確ではない。あるいは岩松式部大夫が直国なのかもしれない。

第五章　内乱の終結が上野にもたらしたもの

新たに守護となった宇都宮氏綱の上野支配

上杉憲顕没落の後、新たに上野国守護に補任されたのは宇都宮氏綱である。氏綱は守護代に芳賀高貞を据え、守護所を板鼻に置いた。上杉家領も氏綱に引き渡されたと考えられる。氏綱は越後国守護にも補任されたが、同国では前任の上杉氏に加えて南朝の勢力も強固であり、各地で戦いが止まなかった。一方、上野ではそれほどの軍事衝突はみられない。

文和元年（一三五二）十二月二十七日、足利尊氏は上野国雀袋・戸矢郷を大嶋義高・長尾景忠らが拝領地と称して違乱に及んだので、両人の違乱を停止させるよう氏綱から守護代に下知することを命じた（群九四九）。戸矢郷は尊氏によって鎌倉の法泉寺《ほうせんじ》に寄進されていた。なお、上杉家守護領に鳥屋郷がみえたが、戸矢郷と同一のものであろう。そうであれば、この時期は守護領化していなかったとみられる。雀袋は今のところ想定地がないが、甘楽郡域であろうか。彼らは上信国境地域で違乱行為を続けていたものと考えられる。

長尾景忠は上杉被官であるので排除されたのは当然としても、大嶋義高については事情は不明である。氏綱との間で何らかのわだかまりがあったのかもしれない。薩埵山の後詰めとして氏綱が新田荘を通過する直前に大嶋義政が蜂起して、長尾景忠に敗れたことがあった。氏綱はこれを聞いて「此人々慭ナル事為出シテ、敵ニ気ヲ着ツル事ヨ」と思ったという（『太平記』）。「慭」は「なまじいに、無理して」の意で、大嶋氏の動きを揶揄したことになる。大嶋氏は佐位荘を与えられたが、走湯山（伊豆山権現）造営料として半分に減らされている。これを氏綱の所為とみて対抗心を持っていたのかもしれない。

　年未詳三月十八日付の文書によると、太田《おおた》邦康《くにやす》が上野国山上保田部・蒲井（久保井）・葛塚村で違乱が発生したと訴え出たので、足利基氏が氏綱に邦康の知行を保全するよう計沙汰を命じている（群九五二）。邦康が現領主であるが、旧領主らが権利を主張して違乱に及んだことが考えられる。観応の擾乱の結果、これまでの勢力地図が変わり、利権を失った人々が回復を求めて不穏な動きを始めたのであろう。

　翌文和二年十二月には、多胡荘でも騒動が起こっている。多胡荘は佐々木道誉の所領であったが、在地の神保太郎左衛門尉・瀬下宮内左衛門尉・小串四郎左衛門らが違乱に及んでいた（群九六一）。神保・小串らは多胡一族で、瀬下氏は瀬下郷を本貫とするが、当地にも所領を持っていた。道誉が将軍足利義詮にこの事態を訴え、義詮が氏綱に下地を保全して佐々木氏に沙汰付し、違乱が今後も続くのであれば、違乱人を召し進せるよう命じている。

　宇都宮氏の上野支配を示す史料はこの程度しかない。その後、氏綱は貞治二年（一三六三）までに越後・上野国の守護職を相次いで解任された。その遠因は、延文三年（一三五八）四月に尊氏が没したことにある。二代将軍となった義詮と尊氏の関係は疎遠であったという。また、義詮と鎌倉公方基氏は幼少期に鎌倉で上杉憲顕の補佐を受けていたことがあり、憲顕と彼らの関係は良好とされる。尊氏の死によって憲顕の復帰が可能となり、義詮はまず越後国守護に補任した。憲顕の在任を示す史料はすでに貞治元年十一月頃からみえる（群一〇一〇）。次いで義詮は憲顕を関東管領職に復帰させ、上野国守護に補任した。山内上杉家は義詮の上意によって復活を遂げたのである。

戦乱に揺れる伊勢神宮領

伊勢神宮は全国に広大な所領（御厨）を保持していた。上野にも多くの伊勢神宮領があるが、この間の戦乱によって御厨の支配・維持は困難となっていた。内乱が終息すると、神宮は御厨の支配を再開する。なお、御厨の領主は伊勢神宮であるが、個々の御厨には祭主《さいしゅ》・給主《きゅうしゅ》が設定されている。彼らが神宮の意向をうけて御厨を管理し、現地に代官を派遣して住民から上分《じょうぶん》を取って納入するという形が基本であった。住民には様々な税がかけられていたが、上分は伊勢神宮が設定した税である。

貞和三年（一三四七）十二月八日、修理亮重禧という人物が伊勢神宮領細井《ほそい》御厨で検注の実施を承ったことを神宮禰宜荒木田《あらきだ》氏に伝えている（群八六八）。細井御厨の管理に当たった給主は来迎院《らいごういん》で、重禧は来迎院から派遣された人物である。この時点で検注が進められたのは、当地でも混乱が収まっていたことを示す。ただし、この後まもなく観応の擾乱が始まるので、実際に検注が実施されたかどうかはわからない。

延文元年（一三五六）七月二十三日、同御厨で住人助五郎清長《きよなが》が五年間もの間、上分・乃貢《のうぐ》を抑留していたことが明らかになった。来迎院の雑掌藤原国長《くになが》が事態を伊勢神宮に訴えたところ、神宮側も訴えを認め、清長に未納分の弁済を求める庁宣《ちょうせん》を下している（群九七八）。五年前というと、関東に観応の擾乱が波及した年となる。清長は「借武威、寄事於左右」等によって上分・乃貢を納めなかったという。武威を借りて実務を勝手に進めたとみえる。清長は在地の武士であろう。

延文三年十二月には、抑留分が八年分に増えている（群九八五）。ここでは清長は「仮守護所威」とみえる。守護代芳賀氏に通じ、その庇護をうけて抑留に及んだのである。住民らが積極的に守護の配下となり、その威を借りて違乱行為を続ければ、領主・神宮側にそれを排除することは困難で、御厨が存続の危機に陥っていたことを示す。一方、宇都宮氏は清長のような人々を配下に集めて軍事力としていたのであろう。このような事例はどこでも起こっていたはずである。

この頃の伊勢神宮領の実態を示す史料として、延文四年十月の日付のある諸国御厨御園帳写がある（南関一〇二一）。上野国分として次のようにみえる。

上野国
　薗田御厨　布廿端
　高山御厨　布十橋

上野の御厨の内、このとき上分が納入されたのはわずか二ヶ所にすぎなかったようである。戦乱によって伊勢神宮の御厨支配はほぼ崩壊していたことがわかる。

伊勢神宮領に関する基本資料として、『神鳳鈔』がある（群八三）。この史料は延文五年（一三六〇）三月日の奥書があり、南北朝期に作成されたものであるが、所々に朱点が付いており、これは建久四年（一一九三）の注文と照合した結果という。上野国のみ抄出すると次のようになる。

上野国

二宮　薗田御厨　各四丈布卅段　二百余町

内宮　須永御厨　上分布十段口入廿段　五十四町七段

内宮　青柳御厨　布三十段　百廿町　建永符八十町

内宮　邑楽御厨　布五十段　五十六町

二宮　高山御厨　各四丈布七段内入十段　二百八十町

内宮　玉村御厨　布三十段　百廿五町

内宮　細井御厨　七十町六段卅五歩

二宮　大蔵保　七十五石

内宮　広沢御厨

内宮　寮米御厨

上野国として十ヶ所が挙げられているが、御厨は九ヶ所で一つは保である。保は基本的には国衙領である。広沢・寮米には何も記述がなく、この時点で神宮の支配は有名無実化していた。細井御厨も田畠の広さは記述されているが、上分の記事はなく、前述の記述に符合する。その他は布を上納している。大蔵保のみ米であったようである。各御厨とも広さの割に神宮側の収入がそう多くはない。神宮は上級領主の一つにすぎず、そのほか給主の取り分があり、国衙・守護・地頭などにもそれぞれ一定の得分が配分されていた。

足利氏満坐像　神奈川県鎌倉市・瑞泉寺蔵

上野国御厨の消長

薗田御厨は二百余町の田地を有する、ある程度広大な所領であった。すでに述べたように、発智氏に給付した南只懸村や「僧野田（薗田）庄米山寺」（東雲寺鰐口銘文）などから、太田市只上町・同丸山町などを含む太田市東北部に比定される。「薗田七郷」ともみえる。管理権を預かる給主は内宮神官荒木田氏で、荘官（地頭）は藤姓足利一門の薗田氏であったが、同氏は鎌倉時代にここから退転したと推測した。

至徳二年（一三八五）十一月六日、浜《はま》名《な》政信《まさのぶ》が円覚寺大義庵

に同御厨内東村上村を寄進している（群一一八二）。同所は亡父朝経《ともつね》が勲功賞として拝領したもので、寄進の目的は尊氏・基氏・憲顕の菩提を弔うためと述べている。翌月、鎌倉公方足利氏満《うじみつ》が同所を大義庵に沙汰付するよう命じている（群一一八四）。浜名氏は足利被官の奉公衆であろう。薗田御厨は足利氏の支配下に入り、勲功賞として功臣・被官らに給与されていたことがうかがえる。

須永御厨は桐生市川内町・みどり市大間々町高津戸などを領域とする。建久三年（一一九二）八月日の伊勢大神宮神主請文写によると、給主は外宮権神主荒木田利弘《としひろ》であるが、「近代無其勤之」とあり、この段階ですでに実態が失われていた。鎌倉期の荘官・地頭は薗田氏と考えられ、同氏の退転によりここも薗田御厨同様、足利氏の支配下に置かれていたと考えられる。

同所にある崇禅寺は、貞治三年（一三六四）に足利基氏が東伝士啓を招いて開創したという。もとは法然から念仏の教えを受けた智明坊（薗田氏）が建てた庵があり、それを改宗したとされる。須永御厨の東隣の桐生郷にも臨済宗寺院西方寺が創建されている。同寺は明徳三年（一三九二）の創建と伝承される。これらは伝承であり、証明する史料はないが、これらの地域が関東足利氏の所領であったことをうかがわせる。

青柳御厨は前橋市青柳町にあり、内宮禰宜荒木田氏が給主を務めていた。貞和三年（一三四七）十二月二十六日、荒木田継延《つぐのぶ》は伊勢国度会《わたらい》郡宇治《うじ》郷の宿所で火災にあい、青柳御厨などの文書類を焼失したとして神宮に届を提出している（群八六九）。権利関係を示す書類や支配関係の帳簿類が焼失したのであろう。継延は同御厨の維持のため、届けを出して権利関係の確認を進めたとみられる。観応元年（一三五〇）九月十日、重阿《じゅうあ》という人物が同御厨の下地を預所代妙善《みょうぜん》に沙汰付している（東洋文庫旧蔵祭主御教書案）。妙善は荒木田氏によって派遣され、御厨の管理を任されたのであろう。正平七年（観応三年）二月十九日、上杉憲顕が制札を下して御厨内での軍勢・甲乙人の乱妨狼藉を禁じている（同前）。これは武蔵野合戦の直前で、軍勢の侵入に備えたもので、給主荒木田氏が御厨の維持に苦慮している様子がみられる。なお、関係文書が戦国時代までみえるので、その後も細々と継続したのであろう。

邑楽御厨は規模が比較的狭小であるが、上分布は五十端と多い。飯塚郷を邑楽御厨内とする史料があるので、飯塚（太田市）を中心に周辺を含むとみられる。南北朝期以降、伊勢神宮に関わる史料はなく、維持できなかったとみられる。

高山御厨は藤岡市の東部域で、神流川に沿った地域と考えられる。没官領として源頼朝の支配下に置かれ、幕府草創とともにその功臣に分け与えられ、入部した高山・小林一族は御家人として遇されたことは既述した。南北朝期以降、神宮の支配に関わる文書はほとんどみえず、神宮の支配は維持できなかったとみられる。

玉村御厨は那波郡の西側を領域とする。鎌倉幕府成立によって安達氏の支配下に置かれたが、同氏の没落後は得宗領となった。得宗によって北玉村は円覚寺領、その他は極楽寺領に寄進されている。

建武四年（一三三七）正月二十六日、給主荒木田氏女らと円覚寺が同御厨をめぐって争っている（群七四六）。これ以降、神宮に関わる史料はみえず、神宮の支配が及ばなくなったのであろう。なお、直義は同年七月十日に円覚寺に北玉村地頭職の領有を確認している（群七六九）。当御厨は足利氏の支配下に置かれ、鎌倉の寺院領として維持された。なお、御厨内神人村が京都の長福寺《ちょうふくじ》領となっており、これは室町幕府が寄進したものとみられる（群一三〇四）。享徳の乱時、幕府が白井長尾氏に当御厨を宛行い、その後は守護領となった。

細井御厨は前橋市上・下細井町が故地で、青柳御厨の東側に位置する。前述したように当御厨では検注を進める一方、守護所と結ぶ住人による上分・乃貢の抑留に苦慮していた。貞治六年（一三六七）四月五日、上野国守護代長尾景忠が給主来迎院に寺銭を引き渡すと伝えている（群一〇六五）。地頭・預所などと号した何者かが寺銭を上分物として抑留したのである。前出の清長の仕業ともみられるが、来迎院の利権を侵す行為であることは明らかで、景忠はこれを非法として来迎院の利権を容認したのである。この間に守護が上杉氏に交代し、上杉氏は来迎院の立場を尊重したことがわかる。

貞治七年二月、来迎院雑掌国長が神宮禰宜荒木田氏に「領主代一度」の検注を伝えた（群一〇六九）。国長は「世間動乱（観応の擾乱）以後」守護の違乱や甲乙人の押領によって支配が滞ってきたが、去年知行が実現できるようになったと述べている。御厨再建の兆しがみえてきたことがうかがえる。その後、史料はしばらく途切れるが、長禄二年（一四五八）八月、荒木田氏が細井御厨に上分米などの神役納入を命じるよう神宮に求めているので、御厨として維持されていることがわかる。

大蔵保は太田市下小林の小字に大倉があり、ここを中心とした領域である。山田郡に属し、薗田御厨の南側にあたる。建久七年（一一九七）二月十四日の伊勢神宮神主注進状写に「上野国大蔵保処地頭広綱、不従　聖詔、違背御教書、対捍所当・雑事」とみえる（群一一七）。地頭広綱は佐貫氏で、地頭が綸旨・御教書に背いて不法行為を行っていたことがうかがえる。

その後、文永元年（一二六四）十一月九日に地頭願西が御厨祭主（領主）に、年貢送文案を出している（群三三九）。先例に任せ、定年貢の対象地として二四七段分の代物を、経費を除いて進上するとみえる。願西がどのような人物かは不詳であるが、年貢の納入は続いたのであろう。しかし、これ以降関係文書は途絶え御厨としての実態は失われた。室町期に京都の吉良《きら》氏が当所を保持していたが、横瀬氏が吉良氏から買得している（『松陰私語』）。

広沢御厨は「薗田御厨広沢郷」とみえ、薗田御厨の一郷であった（群三八〇）。鎌倉期に足利氏の所領となっていたことは既述した。南北朝期の鎌倉公方足利氏の御料支配に関わる文書にも広沢郷がみえる（群八六二）。これらの史料から、広沢郷が鎌倉公方の御料所となっていたと考えられる。

寮米御厨は太田市龍舞の地に比定されるが、神宮に関わる史料はない。暦応・康永頃に同保内の内島村などが佐貫江口氏の所領となっていたのはみた。貞治六年（一三六七）二月十日、鎌倉公方足利基氏が「同保内庶子分」を鎌倉覚園寺《かくおんじ》持宝院《じほういん》に寄進している（群一〇六四）。応永八年（一四〇一）四月十三日、将軍足利義満は寮米保地頭職を吉良氏に与えたことを、上野国守護上杉憲定に伝達している（群一二七二）。当地は鎌倉府・幕府の支配地になっていたことがわかる。

以上、南北朝期以降には青柳・細井御厨などで神宮・給主の動きがみえる程度で、それも守護上杉氏の保護によったものであった。

佐々木導誉画像　東京大学史料編纂所蔵模写

佐々木京極氏の多胡荘支配

観応二年（一三五一）二月一日、足利尊氏は佐々木道誉に各国に散在する所領を勲功賞として与えたが、その中に「多胡荘地頭職闕所分」がある（群八八六）。道誉がこの間、尊氏方として忠勤に励んだことが評価されたのである。同年五月十八日、今度は道誉が関東の所領が在地の国人たちによって押領されたとしてその回復を尊氏に求め、尊氏が鎌倉公方足利基氏に所領の回復を依頼している（群九三五）。ここでは「多胡荘地頭職」とみえる。

佐々木一族が鎌倉期から西上州の各所に所領を保持していたことは前述した。多胡荘地頭職は定綱からその直系子孫の道誉まで維持されてきたが、多胡荘闕所分はこのとき新たに給付された所領である。なお、薩埵山合戦・武蔵野合戦後の文和三年（一三五四）六月七日、後光厳天皇の綸旨によって道誉は多胡荘を安堵されている（群九六四）。綸旨による安堵は違例で、遠国所領の維持に苦慮していたのであろう。

時代は下がるが、応永二十四年（一四一七）九月十四日、将軍足利義持《よしもち》が、佐々木大膳大夫高通《たかみち》が多胡荘後閑《ごかん》の引絹役について異議を申し立てたが、これを認めないよう上野守護上杉憲基に下知した（群一三六七）。同荘後閑において、引絹役が地頭の負担となっていたことがわかる。後閑は荒蕪地を示し、一般の税が取れない所領であるため引絹役が懸けられていたのである。これを幕府に収めていたとみられ、当荘が幕府の支配下にあったことがわかる。高通は系図には登場しないが、大膳大夫の官途から佐々木京極《きょうごく》家嫡流とみられ、道誉の孫高詮《たかあき》が応永八年に没しているので、高通はその子高《たか》光《みつ》に相当する。

【佐々木京極氏系図】

定綱―（三代略）―宗氏―高氏（道誉）―高秀―高詮―高光（高通）

これ以降、佐々木氏が同荘に関わることを示す史料はないので、佐々木氏は同荘の実効支配ができなくなったのであろう。なお、佐々木氏被官に多胡氏がみえ、多胡一族中に佐々木氏被官となって近江に移った者がいた。佐々木氏の支配が終わった後、ここは山内上杉氏のものとなったと考えられる。

利根荘を領した大友氏

利根荘川場郷内にある臨済宗吉祥寺《きちじょうじ》（川場村）は、地頭の大友氏泰《おおともうじやす》が中巌円月《ちゅうがんえんげつ》を開山に迎えて創建した寺院である。中巌と大友氏との関わりは、氏泰の父貞宗《さだむね》が正中元年（一三二四）に元《げん》に渡航する中巌に出会ったことに始まるという。貞宗は利根荘内に一族の菩提寺の建立を企図したが、志半ばで元弘三年（一三三三）十二月に病死した。その子氏泰が父の遺志を継ぎ、暦応二年（一三三九）に伽藍を築き、父の七年忌追善供養を行ったという。

中巌は「自歴譜」を書き残しており、その中に鎌倉と利根荘を行き来している様子が記されている（群一一〇七）。薩埵山合戦・武蔵野合戦があった文和元年（一三五二）条には、「三月、帰利根、永碑軍同帰」の記事がある。中巌は三月に鎌倉から利根に帰ったが、永碑の軍勢も帰還したというのである。永碑は「前長州大守」・「永碑禅門」ともみえ、長門守の官途を名のる武士で、このときは軍を率いていた。永碑の姓は橘であるが、大友一門の立花氏とみられるという（山本世紀二〇〇三）。利根荘に帰還したことから、この軍勢は利根荘の大友一族・被官を引き連れたもので、同人は大友氏の代官として利根荘を管理していたと考えられる。吉祥寺に近い川場村谷地に大友館伝承地があり、跡地にある桂《けい》昌《しょう》寺《じ》に大友氏時《うじとき》夫妻の墓塔と伝承される五輪塔がある。川場地域には大友氏旧臣と言い伝えられている家も多い。

沼田市白沢町高平の雲谷寺《うんこくじ》に永碑の逆修塔がある（諸田義行二〇一〇）。銘文は「長州禅門永碑

六十一逆修　応安三年（一三七〇）庚戌十月廿日」とある。その横にある五輪塔に「聖慶禅尼生年廿八　文和三（一三五四）甲午十月十三日申刻死去」とあり、その妻とみられる。なお、もう一つの無銘の五輪塔は新田義宗の墓塔というが確証はない。同寺は応安元年（一三六八）に氏泰の弟大友氏時によって創建されたという（現在は曹洞宗）。

年未詳九月十七日付の清巍書状には、次の記述がある（南関四九四二）。

将又森下事承候条、悦入候、一円の段過分ニ相存候間、先半分可受用申由存候、仍半分の代官職事、尾塞二郎と申領候、残半分の事、御状相副て、吉祥寺へ慥付進候了、

雲谷寺の五輪塔　群馬県沼田市

森下（沼田市）のことを承ったと述べている。代官職を尾塞二郎と吉祥寺とで折半したとあるが、尾塞は大友被官で、吉祥寺と同所の代官職を折半したことを示す。吉祥寺は代官職を得て、年貢などの管理を行ったことになる。清巍は氏泰の法名である。

観応三年（一三五二）八月一日、尊氏は利根荘吉祥寺を祈願所とし、「精誠祈祷」を行うよう求めている（群九四三）。これによって同寺は官寺に位置付けられたが、大友氏の忠節を評価するものである。尊氏は地方の臨済宗寺院に対しても所領の寄進や祈祷の依頼を

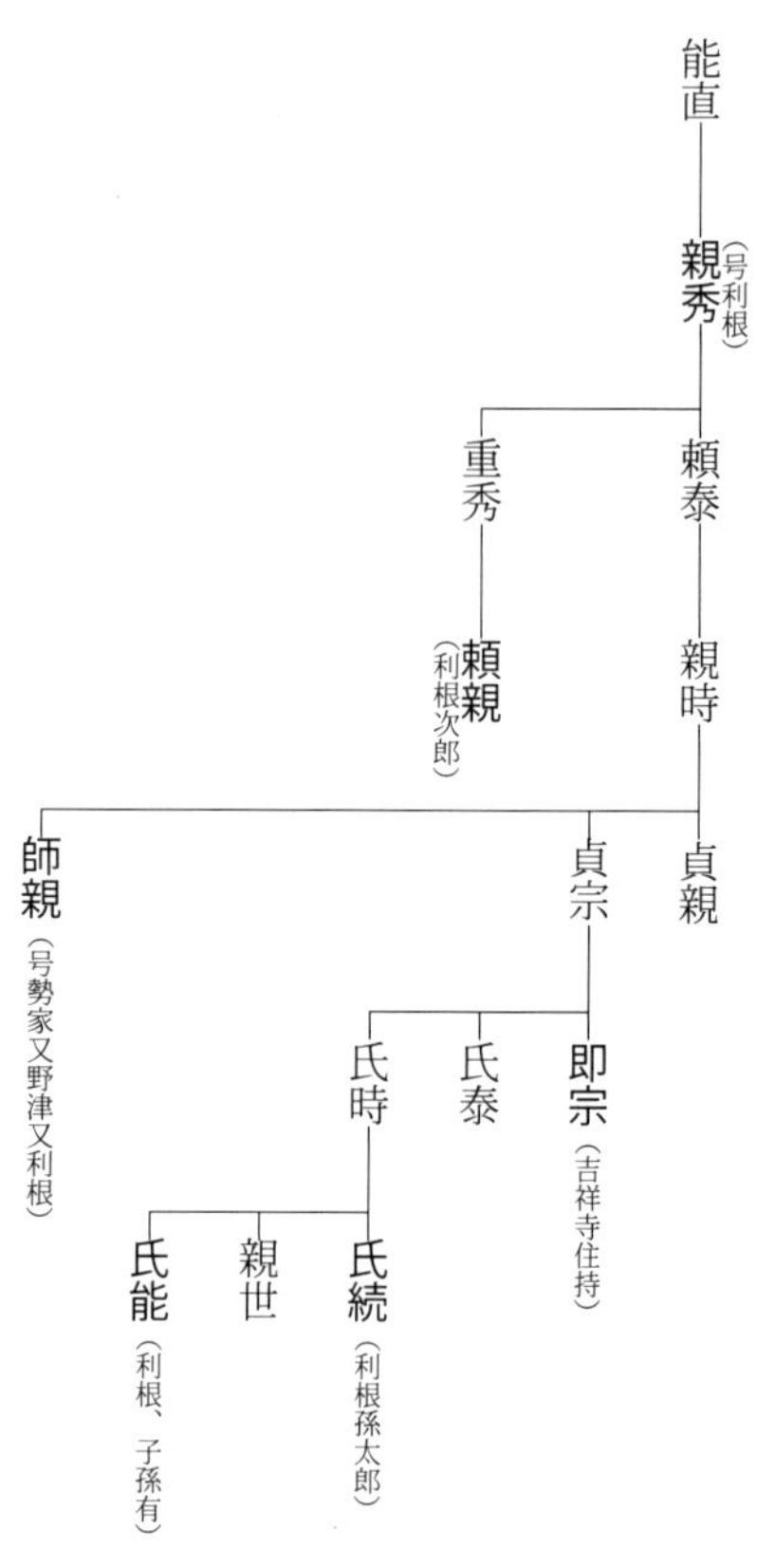

系図５　大友氏略系図　太字は利根に関わる人物

行っており、地域との関係を強めている。

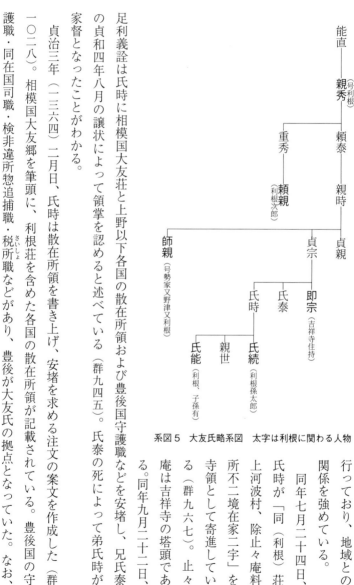

同年七月二十四日、氏時が「同（利根）荘上河波村、除止々庵料所不二境在家二宇」を寺領として寄進している（群九六七）。止々庵は吉祥寺の塔頭である。同年九月二十二日、足利義詮は氏時に相模国大友荘と上野以下各国の散在所領および豊後国守護職などを安堵し、兄氏泰の貞和四年八月の譲状によって領掌を認めると述べている（群九四五）。氏泰の死によって弟氏時が家督となったことがわかる。

貞治三年（一三六四）二月日、氏時は散在所領を書き上げ、安堵を求める注文の案文を作成した（群一〇二八）。相模国大友郷を筆頭に、利根荘を含めた各国の散在所領が記載されている。豊後国の守護職・同在国司職・検非違所惣追捕職・税所《さいしょ》職などがあり、豊後が大友氏の拠点となっていた。なお、年未詳（七月二十九日付）であるが義詮が上杉憲顕に送った御内書に、氏時が利根荘の返付を申してきたが、氏時の忠功もあるので意に懸けるよう伝えている（南関四八七八）。大友氏も遠隔地所領の維持に苦慮していたのであろう。

次に、「大友系図」によって一族の動向をみてみよう。鎌倉期には親秀をはじめとして利根を名のる人々がみえる。南北朝期に入ると、氏泰・氏時の兄即宗は吉祥寺の住持とあり、利根荘内に居住したことがわかる。中巌が住んだ止々庵に暮らしたという。ただし、即宗は吉祥寺の世代には入っておらず、貞治三年に没したという。大友一族として当主に替わって荘務にも携わったのであろう。即宗の死後に二世大拙《だいせつ》祖能《そのう》が入寺した。

氏時の長子氏続《うじつぐ》は南朝方となったため家督を継げなかったという。利根孫太郎と称し、不二庵と号したとあるので、利根荘に旧住したとみられる。さらに、氏続の末弟氏能《うじよし》も「住関東利根、有子孫」とあり、利根荘に居住したとみられるが、詳細は不詳である。永徳三年（一三八三）七月十八日に氏続の弟親世《ちかよ》が再び所帯注文を作成しており、家督を継いだことがわかる（群一一五六八）。上野国で大友氏の動きがみえるのはここまでで、その後は上野の所領を維持することが困難となったのであろう。

室町期になると利根荘は公家の万里小路《までのこうじ》家が領家職《りょうけしき》を保持し、年貢の徴収に腐心していたことが万里小路時房《ときふさ》の日記『建内記《けんないき》』にみえる。大友氏はすでに当地から撤退していた。誰が地頭職を保持していたかは不明だが、白旗一揆が下地を押領していた。沼田氏がその一人で、戦国期に沼田氏の所領になったとみられる。

山名氏による山名郷支配

山名時氏は足利尊氏に従って西国の守護に抜擢され、以後上野に戻ることはなかったが、山名一族は本領の山名郷を長く維持し続けた。山名の地には山名氏の祖義範が宇佐《うさ》八幡宮《はちまんぐう》から勧請したと伝承される山名八幡宮があり、山名一族の氏神として外護する必要があった。山名八幡宮に関わる史料として「蜷川文書」があるので、これによって南北朝期以降の山名氏と山名郷との関わりをみてみよう。

暦応三年（一三四〇）十一月、重弁《じゅうべん》・時広《ときひろ》・光仏《こうぶつ》らが山名八幡宮大般若免供僧職《だいはんにゃめんぐそうしき》一口付田二段を大《た》輔《ゆう》阿闍梨《あじゃり》祐賢《ゆうけん》に寄進した（群八二〇）。祐賢には供僧職と付田も寄進されたが、これは山名時氏の仰せによるとみえる。八幡宮供僧職の任免に当主の意向が反映されていたのである。応安三年（一三七〇）には大輔律師《りっし》泰賢《たいけん》が源義渡によって供僧に補任されている（群一〇八三）。源義渡は誰か特定できないが源姓を称すので山名一族と考えられ、泰賢は祐賢の後継者であろう。

神仏習合によって、八幡宮の経営には供僧と呼ばれる人々が経営に関わっていた。供僧として中《なかの》坊《ぼう》・遊戯坊《ゆうぎぼう》・福蔵坊《ふくぞうぼう》・慶実坊《けいじつぼう》・成円坊《じょうえんぼう》・角坊・梅本坊《うめもとぼう》の七坊があり、祐賢は中坊の坊主である（群一〇三〇）。応安六年に源一という人物が式部《しきぶ》阿闍梨に田を寄進しているが、式部阿闍梨は角坊の供僧である（群一一〇一）。

貞治三年（一三六四）三月十二日、関東管領上杉憲春が八幡宮別当に修理料所として坊地一宇を寄進した（群一〇二九）。これにはあわせて一町の田が付属している。別当は供僧らの上に立って八幡宮の経営を行うリーダーである。社殿の修理なども別当の役割であった。貞治五年正月、別当職に奥《おく》平《だいら》土佐法眼が補任された（群一〇五五）。補任状写には花押があるのみで、人物名は不詳であるが、山名氏関係者であろう。

応安四年六月、比丘尼《びくに》妙本《みょうほん》が「安穏泰平并男女子息災延命」を願って、「山名郷宿在家一宇孫五郎跡」を別当職の奥平法眼に寄進した（群一〇八八）。宿在家は旅宿などの民屋と考えられ、妙本はそこから上がる利益を寄進したのであろう。宿在家の存在から、山名郷が交通の拠点であったことが浮かびあがる。

永和元年（一三七五）四月十九日、山名師義《もろよし》は奥平法眼の譲状によって角坊主式部阿闍梨を八幡宮別当職に任じている（群一一一〇）。さらに、阿弥陀堂の別当職も大輔律師の譲状によって同人に補任している。師義は時氏の嫡子で、これらも当主としての行為であった。いつしか阿弥陀如来を安置する阿弥陀堂（中御堂《なかみどう》とも）が建立され、八幡宮の寺院化が進み、人々の信仰を集めていたのである。

康暦元年（一三七九）九月に刑部房頼尊《ぎょうぶぼうらいそん》が民部卿《みんぶきょう》に山名郷内八幡神田を譲っている（群一一三六）。彼らは供僧とみられる。翌年八月に源義渡が合計七段の田を八幡宮に寄進している（群一一四二）。永徳三年（一三八一）六月には源義安《よしやす》が別当坊職を渡すと伝えている（群一一五五）。宛所が別当御坊とあり特定されていない。義安は何らかの事情で別当坊職を一時預かっていたのであろう。義渡は前にみたが、義安は義渡の関係者（一族）と考えられる。

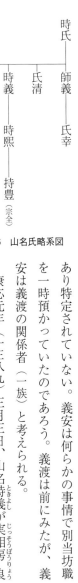

康応元年（一三八九）三月三日、山名時義《ときよし》が実相房《じっそうぼう》良《りょう》尊《そん》を別当職に補任している（群一二〇四）。時義は師義の弟であるが、当初師義に子がなかったため代わって正嫡となった人物である。時義はこの年の五月九日に没し、子時熙《ときひろ》が家督となる。

系図６　山名氏略系図

明徳二年（一三九一）に明徳の乱が起こり、山名一族の多くが足利義満の策謀によって排除されたが、時熙は但馬国を維持して生き残った。明徳三年卯月二十九日に山名修理亮季義《すえよし》が「山名郷内渥渡太郎三郎作田壱段」を寄進している（群一二一七）。渥渡は阿久津《あくつ》であろう。季義は山名氏系図にはみえないが、明徳の乱で討ち死にした時義の弟高義《たかよし》が修理亮の官途を称しているので、季義はその関係者であろう。これによって山名郷は一族に分割されて伝領されていたことがうかがえる。

応永四年（一三九七）八月十八日、時熙が讃岐阿闍梨を別当職に補任し（群一二五四）、さらに阿弥陀堂別当職も任せている（群一二五五）。さらに、時熙は応永十一年に山名郷内で十貫文の下地を「舞会要脚」として寄進している（群一二八八）。応永十四年、時熙は代官が当郷に入部したとき、毎回「煩」を起こしているが、今後はそのようなことがないようにする。もし違犯があったら注進するようにと伝えている（群一三〇〇）。山名郷に山名氏の被官が代官として入部していたことがわかる。

応永二十四年二月九日には肥後守憲経《のりつね》が「為上方御祈祷、又為憲経」と述べて、阿久津村舞台田二段を三位法印に寄進している（群一三五七）。憲経も義渡・義安と同様に、山名に居住していた被官であろう。「上方御祈祷」は西国にいた山名本家のための祈祷である。

寛正四年（一四六三）十二月二十七日、山名持豊《もちとよ》（宗全《そうぜん》）が長宥《ちょうゆう》律師を別当職に補任した（群一六七七）。持豊は別の書状で別当に「恒例祈祷」を依頼している。山名氏は定期的に祈祷を依頼していたことがわかる。このとき、別当は読誦した経名を書いた巻数《かんず》と土産の鍬一具を献上している（群一七四二）。

中世山名郷の景観

中世の山名郷は、現在地名である高崎市山名だけではなく、木部《きべ》・阿久津もその領域に含まれていた。山名郷の南側を西から東へ鏑川が流れるが、木部対岸の森新田の小字に上宿・中宿・下宿などの地名がある。近世には渡しがあり、ここが鏑川の渡河点であった。また、阿久津の烏川対岸が倉賀野である。鎌倉街道上道は当地を経て板鼻へ向かうが、倉賀野から和田へ向かう支線も想定される。

木部にも宿・新宿などの宿地名があるので、上道は森新田から鏑川を渡河して木部に入ったのであろう。前出の比丘尼妙本が寄進した宿在家も木部にあったとみられる。応永十八年（一四一一）四月五日、「山名郷くもせのうなき在家」を四貫五百文で弥平治入道に宛て課した人物がいる（群一三二三）。人物名は花押だけなので特定できない。なお、雲瀬も木部の小字名である。

木部には古八幡の字名が残っている。八幡宮は現在山名に鎮座するが、中世の八幡宮はここにあった可能性が高い。山名には若宮の地名があり、若宮八幡宮が存在したことがわかる。また、木部には堀之内の地名もある。同所に木部城址と呼ばれる方一町ほどの方形館があったが、山名氏居館の可能性もある。ただし、時宗の光台寺《こうだいじ》の寺地も館址であり、ここを山名氏居館址とする見方もある。

倉賀野には近世に烏川最奥の河岸があり、西上野の水陸の交通の拠点とされる。その状況は中世まで遡るとみられる。河岸の機能は対岸の阿久津・木部も関わっていたと考えられる。西上野では河川を利用した木材の搬出が行われていたが、鏑川流域について木部が役割を果たした可能性も想定される。甘楽郡奥部では砥石が産出され、上方まで搬出されていたが、これも中世に遡るだろう。

応永二十一年（一四一四）十二月、「山名郷内新熊野職」が別当に安堵され、土佐守常行《つねゆき》がこれを伝えている（群一三四三）。同職は新熊野社の管理権を指すが、新熊野とあるので京都の新熊野社から勧請されたものである。現在山名に熊野社が鎮座する。同社を別当の支配下としたもので、当地にも熊野信仰が広がっていることがわかる。

最後の文書が、享禄五年（一五三二）五月二十日の吉祥院に宛てた憲包《のりかね》書状写である（群一九七〇）。憲包は大鳥居の造営について吉祥院に勧進を命じ、自身も百疋（一貫文）を出している。憲包は前出の憲経に関わる人物で、山名被官として現地の支配に関わっていたのであろう。

以上、山名氏は山名を離れてから、二百年もの間山名郷と八幡宮に関わり続け、山名当主が別当・供僧らの補任に関わり、定期的に祈祷を依頼していた。現地に代官を派遣し、一族で所領を分有しあっており、このような状態が続いた例は他にはみえない。

赤堀氏と小串氏

南北朝期の伊勢国に赤堀《あかほり》氏がみえ、戦国期まで継続する。この伊勢赤堀氏は佐位荘赤堀郷を本貫とする藤姓足利一門である。文和二年（一三五三）七月十三日、足利尊氏は赤堀三郎左衛門入道勝謂《しょうい》に上野国赤堀郷・同貢馬牛村とともに、伊勢国野辺《のべ》御厨地頭職の領掌を認めた（群九五五）。「任代々公験《くげん》」と述べているので、赤堀氏が同所を代々保持していた証拠書類（譲状など）があったとみられる。

実は上野にも赤堀氏がみえる。文和四年九月五日、足利尊氏は赤堀又太郎時秀《ときひで》の申請により、佐位荘内今井郷を還補し（群九七四）、渕名荘内香林郷三分一・三分二方を相伝の証文によって安堵している（群九七五）。この赤堀氏は香林郷・今井郷を所領としていた赤堀氏で、前者とは別系とみられる。時秀は薩埵山合戦のとき、山上十郎公秀に属して蜂起し、那波合戦で宇都宮氏綱の被官芳賀氏に属して直義派の桃井・長尾氏と戦ったことは前にみた。時秀はその功によって今井郷の還補・安堵を願い出たのであろう。

上野赤堀氏も戦国時代まで存続する。永禄三年（一五六〇）の長尾景虎（上杉謙信）の関東進出に関わる「関東幕注文」によると、同氏の陣幕紋は「いほりのうち十万」、山上氏は「五のかかりのいほりのうち十万」で類似し、同族であることを示している（群二一二二）。赤堀氏は山上氏と同族であった可能性が高い。なお、これまで幕紋の読みが「十方」とされてきたが、「十万」であったことが明らかにされている（松田猛二〇二一）。

同史料でこれと同系の紋を探すと、新田衆渕名大炊助（いほり之内十万）・同浅羽弥太郎（同）・同岡部弥三良（丸之内の十万）・同横瀬雅楽助（五のかかりの丸之内の十万）・同雅楽助親類常陸守（四のかかりの丸の内之十万）・同家風矢内《かふうやない》弥十良（三段かかりの丸之内十万）・同家風林佐渡守（丸之内ニ亀甲、亀甲之内ニ十万）・羽生《はにゅう》衆岡部長門守（丸之内十万）・勝沼《かつぬま》衆岡部氏（団之内十万）などがある。

上野赤堀氏の幕紋は渕名・浅羽氏とまったくの同紋で、岡部氏もこれに近い。渕名は佐位荘の政所があった同荘の拠点で、佐位荘は得宗領と推測した。渕名氏はここを苗字の地とすることから、同荘内の有力武将とみられる。浅羽氏は武蔵七党系図にみえ、得宗被官として活動した者がみえる。これらのことから上野赤堀氏は武蔵七党系の武士で、得宗被官として佐位荘に入部し、赤堀郷を与えられて苗字の地としたとみられる。

これに対し、伊勢赤堀氏は早期に伊勢国に移ったが、赤堀郷を先祖伝来の所領と主張し、尊氏に忠節を尽くして安堵されたものと考えられる。上野赤堀氏は香林郷に本拠を移して香林氏を称すが、その後赤堀郷の復活に傾注したのであろう。伊勢赤堀氏と赤堀郷の関係はその後みえず、結局放棄せざるを得なかったようだ。なお、山上氏の幕紋は横瀬氏に近い。横瀬氏は新田荘横瀬郷を本拠とする。その一族が山上保に所領を得て入部したと考えられる。

さて、多胡荘の小串氏の中に、北条被官となって上方に移り、室町幕府の奉公衆などを務めた一族がいる。康正元年（一四五五）十二月二十七日、足利義政《よしまさ》は小串成行に所領を安堵した（高補一六四）。その中に小串地頭職が含まれている。成行は在京でありながら、小串惣領として同郷を支配したのであろう。小串郷の支配は代官を派遣していたとみられるが、在地にも一族がいて後に一揆衆として活動がみえる。

藤姓足利一門についてこれまでの展開をみると、治承・寿永の乱で平家に与同したことによって敗者となった結果、一門の所領の多くが没収されて源頼朝の功臣に分配された。生き残った一族もいるが、彼らの所領もいったんは没収され、還補された可能性が高い。桐生郷・山上郷・広沢郷・薗田御厨・佐貫荘などは幕府の所領（関東御領）となっていたと考えられる。上野東部では高山御厨・多胡荘・碓氷荘なども同様である。

鎌倉幕府滅亡後、これらの所領は足利氏に引き継がれた。享徳の乱後、これら西上野の所領は古河《こが》（茨城県古河市）に進出した足利成氏《しげうじ》の支配下に置かれ、古河公方の権力基盤となっている。桐生郷は佐野一族に与えられて桐生佐野氏が成立し、新田荘の領主岩松氏も薗田荘・佐位荘などを与えられて有力国衆化している。

新田義興、矢口の渡しで散る

武蔵野合戦後、新田義興は武蔵・上野の間で隠れ住んでいたが、矢口の渡し（東京都大田区）で謀殺された。通説では延文三年（一三五九）とされているが、これは『太平記』の誤読が原因で、明らかに延文四年のことである。同書では関東管領畠山国清らがさまざまな罠をしかけて義興を多摩川の矢口の渡しに誘って謀殺に追い込み、恨み死にした義興が怨霊となって下手人たちに復讐する話が記されている。現地には義興を祀る新田神社もある。

では、この事件の真実を探り出してみよう。『喜連川判鑑《きつれがわはんかがみ》』・『神明鏡』は延文三年説を採っている。一方、系図類では「鑁阿寺両家系図」・長楽寺所蔵「源氏系図」は延文四年十月三日、『系図纂要』では延文四年十月十三日とある。同時代史料である『大乗院日記目録《だいじょういんにっきもくろく》』には次のように記されている。

延文四年十月十日、新田左兵衛佐義興、自害於武蔵国、鎌倉左馬頭知行、

同書は同時代の史料なので、これらの中では最も信頼に足る史料である。

『太平記』を読み直すと、「新田左兵衛佐自害事」は巻第三十三の末尾に置かれている。同巻では「京軍事」・「三上皇自芳野御出事」・「将軍御逝去事」・「菊池合戦事」などが描かれ、義興の死に続く。将軍足利尊氏が没したのが延文三年四月三十日、菊池合戦は懐良《かねよし》親王が少弐頼尚《しょうによりひさ》を破った大保原《おおほばる》合戦

錦絵「新田義興の霊」　府中市郷土の森博物館蔵

（筑後川《ちくごがわ》合戦）のことで、延文四年八月六日の出来事である。続けて義興の死となるので、義興の死は延文四年八月以降であることは明らかである。

誤解は巻第三十四から生じたと思われる。その冒頭は「宰相中条賜将軍宣旨事」であるが、これは延文三年十二月十八日のことである。これが書かれたことによって、義興の死が延文三年とみられたのであろう。しかし、巻第三十四は京都の情勢を伝えることに主眼があり、そのために義詮の将軍宣下から書き起こす必要があった。『喜連川判鑑』は錯乱が多く、編纂過程で十分な推敲が行われていないことによる。

義興の死が延文四年となると、その死の意味も変わってくる。これまで義興は足利基氏・畠山国清らの謀略によって不慮の討ち死にを遂げた凡庸な悲劇の若武者とされてきた。実はこの年は南朝・北朝の決戦の年でもあり、同年八月六日に、九州で大保原合戦があった。上方でも両朝の抗争が起こり、関東から大軍が派遣されており、関東の南朝方にそれを阻止することが求められていた。まさに両勢力にとって勝負の時であった。義興の死は南朝方の全国的な蜂起計画によって起こったのである。

信濃に転戦した脇屋義治

近年、脇屋義治が信濃の市河《いちかわ》氏に宛てて書状を発給していたことが明らかになった。山梨県立博物館所蔵の「市河文書」の中の一つで、存在は以前から知られていたが、脇屋義治発給のものと考えられるようになったのは最近になってからである（中根正人二〇二一）。

其後、久不申奉候条、無心本候、抑一両日之間、当方へ罷越候、為其方事者委細奉候、進使者候、参奉候者悦入候、恐々穏言、

九月十日　　義治（花押）

市河十郎左衛門尉殿

【現代語訳】その後、久しくご無沙汰をしており、気がかりに思っていました。そこで一両日中に当方へおいでいただきたい。そなたのことについて、よく承知しています。使者をやります。参じていただければありがたい。

この書状で義治は市河十郎左衛門尉経助《つねすけ》に参陣を求めているが、発給年は記されていない。実は「延文五年比ナリ」の付箋が付いているが、その根拠は明白ではない。義治が延文期前後の何らかの軍事

行動（挙兵）に関わっているとすると、義興の死と関わっている可能性が出てくる。延文四年十月に義興が関東で南朝方の蜂起を進めて謀殺されたと考えたが、義治もこれに呼応する動きを信濃で取っていたと考えられる。この文書は同年九月に発給されたとすると整合性が得られる。

義治が関わる文書がもう一通あるという。これまで別人とされていたが、次の文書の証判に前出文書と同じ花押がみえる。

市河備前権守軍忠之事

右、当国凶徒為対治、大将軍発向之間属御手、去十月廿一日、高井郡取陣処、不廻時剋御敵寄来間、致散々合戦追帰畢、同廿三日小菅寺合戦分捕并郎党被疵候、同廿八日平林合戦、致軍忠候畢、此等次第大将御見知之上者、賜御証判備向後亀鏡、恐惶謹言上、

正平十一年十二月日

「一見了（花押）」

【現代語訳】市河備前権守の軍忠について。これについて、当国（信濃国）の凶徒退治のために大将軍が発向し、その手に属して去る十月二十一日に高井郡で陣を張ったところ、すぐに敵が寄せて来たので、激しい合戦を行って追い返しました。同二十三日には小菅寺合戦で敵を討ち捕らえ、同時に郎党が疵を負いました。同二十八日の平林合戦でも軍忠を致しました。これらの次第について大将軍に認知のうえ御証判を賜り、後の（恩賞下賜のための）証拠として備えておきたい。

謹んで申し上げます。

証判の花押は冒頭の脇屋義治書状と同型であり、大将軍が義治であることは間違いない。義治は市河氏を配下に信濃で戦っていたことがわかる。正平十一年は延文元年（一三五六）であるが、この頃信濃ではもと直義派であった上杉憲将が尊氏派の守護小笠原氏と戦っていた。義治は憲将と提携して尊氏派と戦っていたのである。

義治の動きを追うと、武蔵野合戦で新田方が敗れ、その後一時、義興とともに相模河村城に立て籠もったことが明らかにされている。これらの史料によると、義治はその後信濃に移り、延文元年頃に北信地方で国人たちを味方につけて戦っていたことがうかがえる。さらに、延文四年に義興とともに挙兵を企図したが、この企ては義興の謀殺によって頓挫した。

畠山国清の挫折と没落

さて、新田義興謀殺の前に話を戻してみよう。延文四年（一三五九）二月七日、鎌倉公方足利基氏は「南方凶徒退治事、将軍家所有御発向也、早令参洛、可致忠節」と波多野・金子・高麗・別符氏らに命じている（南関二八四七〜五一）。同日付・同文の文書が複数残っているので、関東の国人らに一斉に行われたことがわかる。

同様な軍勢催促は九月十一日にも行われ、武蔵金子氏・下野茂木氏宛のものが残っている。茂木知世《ともよ》は今度の上洛で不慮のことがあった場合を考え、遺領配分などを記した置文を残している（南関二八九二）。関東からの軍事動員はこの年二回にわたって行われていた。「将軍家所有御発向」とみえることから、幕府の指示によって行われたのは明らかである。

『太平記』によると、畠山国清は上洛に向けて十月八日に入間川陣を発したという。鎌倉を経由して東海道を進んだとみられる。義興殺害の日が同年十月十日であれば、両者は鎌倉付近で遭遇した可能性が高い。義興は関東勢の出陣の阻止または妨害を謀り、その過程で落命したと考えられる。挙兵によって阻止することはできなかったので、国清の殺害を企むなどして逆に討たれたなどのことが想定される。

国清は十一月二十八日に入洛を果たした。これに従った軍勢として武田一族をはじめ、佐竹・河越・土屋・小山・宇都宮氏に加え、坂東八平氏・武蔵七党・紀清両党ら二十万七千騎とみえる。白旗一揆が加わっていたことも『太平記』にみえる。国清は将軍足利義詮と鎌倉公方基氏の仲を取り持つためにわざと大軍を催したという。数はともかく、国人衆の都合を無視した大量動員であったことは疑いない。

関東からの援軍を得た将軍義詮は、十二月二十三日に京都を出て河内に向かった。東国勢は搦手《からめて》に回り、主に紀伊国で戦うが、ここで白旗一揆がみえる。国清の弟義深《よしふか》が率いたのは白旗一揆・平一揆以下三万騎で、龍門山で苦戦したことがみえる。南朝方は山城に籠もって抵抗したが、次第に数に勝る足利軍が有利となり、足利軍は赤坂城（大阪府千早赤阪村）に続いて後村上天皇の行在所《あんざいしょ》があった観心寺《かんしんじ》（同河内長野市）を落とし、翌年五月二十八日に兵を引かせた。

実は、これ以前から足利方の武将の間で対立が起こっていた。これが内部紛争に発展し、南朝との戦いどころではなくなってしまったのである。国清も八月四日に許可のないまま関東への帰国の途についている。関東の国人の中からも勝手に帰国する者も出ていた。さらに、足利方の武将の中から南朝方に鞍替えする者も出るという始末であった。幕府方の動揺をみた南朝は攻勢に転じ、十二月八日に京都を落として二十日余り占拠している。

関東勢の上方出陣が、国清失脚の原因になった。『太平記』は次のように説明する。関東勢の張陣は一年近くの長期となり、そのため馬・武具を売るほどの困窮に陥り、陣から抜け落ちる者も多かった。国清は関東に戻ると、中途で脱落した人々の所領を事情も聞かずに没収した。これに対し、不満を募らせた人々が基氏に強訴に及び、今後も国清が関東管領を続けるのであれば鎌倉府に従わないと、一味神水する者が千人に及んだという。基氏も彼らに背かれたら鎌倉府は一日ももたないと考え、国清に申し開きをさせるため出頭を命じた。

九月十五日付で上杉憲顕に宛てられた将軍義詮の書状に、「修理大夫入道没落事、承候了」とある（群九九六）。修理大夫入道とは国清のことで、康安元年（一三六一）発給の可能性が高く、越後にいた憲顕が情報を入手して国清の没落を義詮に伝えたことがわかる。同年十一月、国清は誅殺を恐れて鎌倉を落ち、領国の伊豆国に下って修善寺（静岡県伊豆の国市）に立て籠もった。この結果、国清の行動は公然とした謀反となった。

白旗一揆と藤家一揆

『太平記』によると、基氏は国清征伐のため最初に平一揆らを向わせたという。ところが、平一揆と葛山《かずらやま》備中守が兵粮料所をめぐって対立し、これをみた畠山方が反撃を行い、彼らは撤退を余儀なくされた。そこで基氏は新田田中を大将とする関東中から募った二十万余騎を向わせたという。新田田中は岩松庶流の田中氏とみられる。

最初に平一揆を出陣させたというのは事実であろう。文書史料をみると、基氏は康安元年（一三六一）十月八日付で平一揆と思われる中村弥次郎に出陣を命じている（南関二九七九）。その後、基氏は十一月二十六日に波多野次郎左衛門尉・安保五郎左衛門尉らに伊豆への出陣を命じている（南関二九八三・四）。この日に一斉に出陣が命じられ、本格的な討伐が開始されたことがわかる。

白旗一揆は翌年になって出陣する。翌年二月二十一日付で、岩松直国に宛てられた次の軍勢催促状写がある（正木三〇）。

　　畠山阿波入道以下輩誅伐事
　早相具白旗一揆・上野国藤家一揆・和田宮内少輔、令発向神余城、可致忠節之状如件、

康安二年二月廿一日　　　　　　　　　　　　（花押影）

岩松治部少輔殿

直国の手に白旗一揆・藤家一揆が加えられているが、直国は貞和期の県下野守と同様の地位が与えられたものとみられる。さらに和田氏がみえるが、同氏は国衙領である和田郷の武士であり、配下に上野の一揆衆を抱えていたともみられる。なお、藤家一揆は上野の藤姓足利系の武士たちとみられる。具体的には桐生・山上・赤堀・薗田・佐貫氏らであろう。これにより、白旗一揆は合戦が始まってしばらく経ってから参陣したことになる。

五月二十八日付の書状写では、基氏は直国が夜討ちを受けたものの敵勢を撃退したとして褒め、新手を送ると伝えている（正木一〇九）。国清方に援軍はなく、修善寺城に籠もって抵抗を続けたが、兵粮も尽きて最期の時を迎えた。九月十八日、国清は討手が迫ったことを知り、その直前に上方へ逃れた。最期は奈良で乞食のように死んだという。

『太平記』は、国清の後日譚を載せている。このような結果になるのがわかっていたらとして、「新田左兵衛佐ヲ、枉テ打ツマジカリケルヲ」と後悔したという。左兵衛佐は義興のことで、「枉」は「まげる」、「欺く」という意味である。義興を謀って殺害した遺恨が自身に及んだと国清は後悔したのである。また、同書は義興の怨霊が後醍醐天皇の御廟前に出て、国清を生きながら軍門の恥をさらさせたいと奏上したという話を載せている。

国清没落後の翌貞治二年（一三六三）三月、基氏は義詮の要請を受け入れて上杉憲顕を関東管領に迎え入れる決断を下した（群一〇一三）。憲顕はその年八月に越後から鎌倉に入る。これに対し、宇都宮氏が強く反発した。宇都宮の越後国守護代であった芳賀高家は、憲顕の守護復帰を認めず同地で数ヶ月間抵抗し続けた。

その後、憲顕が鎌倉に迎えられると、芳賀氏は板鼻で待ち受け、その途上で憲顕を討とうと企図した。これを知った基氏は自ら兵を率いて出陣すると、芳賀方もこれを迎えうつため出陣して戦となった。決戦の時と場所を『太平記』は六月、苦林野《にがばやしの》（埼玉県毛呂山町）とするが、文書史料では八月二十六日、岩殿山《いわどのやま》（同東松山市）とする。後者が正しく、基氏の勝利で終わった。

この戦いに、白旗一揆が平一揆と共に参陣している。『太平記』によると、基氏方の陣構は東側に白旗一揆五千余騎、西側に平一揆三千余騎、中央に基氏の直臣衆三千余騎であった。白旗一揆の数が平一揆を上回っており、白旗一揆の拡大ぶりが目に付く。

第六章　南北朝時代の終焉

中院家と上野国衙領

上野国守護に返り咲いた上杉憲顕が最初に関わったのが、中院家の上野知行国主への復帰である。すでに康安元年（一三六一）九月二日に後光厳天皇は中院通冬を上野国知行国主に補任し（群九九五）、同年十月三日に将軍足利義詮は鎌倉公方足利基氏に対して、「上野国国衙」を中院家雑掌に沙汰付するよう御教書を発していた（群九九七）。ただし、基氏がその沙汰付を憲顕に命じたのはそれから二年以上経った貞治二年（一三六三）十二月のことで（群一〇二二）、さらに憲顕から守護代に遵行状が発給されたのは翌年四月頃である（群一〇三一）。その年、後光厳は再度補任の綸旨を通冬の子通氏《みちうじ》に発給している（群一〇四八）。

中院家の上野国知行権の復活は難航したものの、憲顕の守護復帰によって進行したのであろう。なお、それに先立つ延文五年（一三六〇）六月二十三日、後光厳は「上野国郡属荘知行」を与える旨の綸旨を発給している（南関二九三四）。これには宛所がない。写をとるとき意図的に省かれたのであろう。郡属荘は一郡が荘園化した郡名荘ではない小規模な一般の荘園を指すと思われるが、綸旨によってそれらの知行権が与えられたことになる。知行国主中院家に給与された可能性が考えられる。

貞治五年、諸郷・保の地頭らが正税を抑留して弁済しないという事態が発生した。中院通氏の訴えを取り上げた後光厳天皇は、七月十二日付で憲顕に善処を求める命令（綸旨）を下している（群一〇五七）。中院家の国衙領支配は十分に機能せず、守護上杉家の力を借りなければ実現できなかったことを示している。

明徳四年（一三九三）十一月十五日、中院通氏は妙本寺《みょうほんじ》の造営料として戸矢郷を寄進している（群一二三四）。戸矢郷は文和元年（一三五二）に法泉寺領とみえ、大嶋義高・長尾景忠らの違乱があったのをみたが、この時点では中院家の支配下にあったことがわかる。中院家が同所を回収したのであろう。戸矢郷は鳥屋郷と同一のものとみられるが、鳥屋郷は応永二年（一三九五）に上杉家に安堵されている。その後に守護領に組み込まれていったものと考えられる。

後光厳天皇画像　東京大学史料編纂所蔵模写

その後の国衙の動きを確認しておこう。応永十七年十一月三日、長尾憲明《のりあき》・瀬下成忠《なりただ》は梵鐘を鋳造し、府中妙見寺《みょうけんじ》に寄進した（群一三二一）。長尾憲明は上野国守護代で、瀬下氏は上杉被官である。これは上杉家と上野府中との関係を示す最初の史料である。上杉家は府中に被官を入れ、国衙領支配に深く関わるようになったと想定される。

文明三年（一四七一）十一月十四日、後土御門《ごつちみかど》天皇は綸旨によって中院家に「上野国々衙、任武家下知之旨、可令全知行給」と命じた（群一七三二）。これが上野国衙に関する終見史料であり、上野国衙はこれ以前に守護上杉氏の支配下に置かれたことを示すものであろう。この間東国では享徳の乱、上方では応仁の乱が起こっており、支配秩序は崩壊し、中院家の関与はこれによって終了した。

上杉氏による上野国支配のゆくえ

貞治二年（一三六三）十二月、上杉憲顕は足利基氏から佐位荘花香塚郷実相院を頼印に引き渡すよう命じられ、それを守護代長尾景忠に伝えている（群一〇二三）。翌年正月、憲顕は八幡荘鼓岡（豊岡）郷半分を円覚寺正続庵に寄進し、引き渡しの実務を景忠に命じている（群一〇二六）。憲顕は鎌倉にいて、上野の統治の実務は景忠に任されていたことがわかる。

その後、憲顕は応安元年（一三六八）正月、新公方足利氏満（基氏の子）の名代として新将軍義満の元服・襲職を祝賀するための使者として上洛した。憲顕の留守中、関東で平一揆・宇都宮氏の乱が起こる。この間に畠山国清とともに基氏を支えてきた平一揆の河越直重・高坂氏重《うじしげ》、かつて上野守護であった宇都宮氏綱らの立場は弱体化し、彼らは憲顕の排除を企図して挙兵したのである。

憲顕は直ちに関東に戻り、犬懸《いぬかけ》上杉朝宗《ともむね》らとともに内乱平定に取り掛かった。六月に河越城が落ち、河越氏は滅亡した。九月頃には宇都宮氏綱も降伏・講和に応じた。この功によって憲顕は武蔵国守護職を与えられている。また、伊豆国守護には子能憲が就いている。これにより、山内上杉氏の力は揺るぎないものとなった。

応安元年七月、新田義宗・脇屋義治が越後・上野の境で挙兵したが、憲顕が子能憲・憲春を遣わして鎮圧したという。これは『喜連川判鑑』の記事であるが、検討の必要がある。この時期は宇都宮氏との戦いの最中であり、九月十九日に憲顕は六十歳で陣没している（群一〇七二）。この情況で蜂起があっても、上越国境に軍勢を送ることは不可能であろう。実際に軍忠状の類にも上越国境での合戦の記事はみられない。

『頼之記《よりゆきき》』・『理尽鈔《りじんしょう》』などは義宗の死を応安二年とする。応安元年に鎌倉府内で反乱が起こり、その最中に憲顕が陣没したので、南朝方にとって好機が訪れたことは明らかである。義宗らが蜂起を企図したものの、十分な兵が集まらなかったため挙兵までには至らず、上杉氏の力のみで鎮圧されたと考えられる。義宗は討ち死にしたが、義治は出羽に落ちたという。義治は伊予に逃れたという説もあるが、これは父義助が同国で病没していることから混乱が生じたとみられる。

なお、伝承によると、この年新田太郎左衛門尉泰氏《やすうじ》が四百騎を率いて河越の三芳野《みよしの》に陣を張り、桃井宗綱《むねつな》が三芳野神社に詣でて戦勝を祈願して赤銅扇を奉納したという（『三芳野名勝図会』）が、この記事も確証はない。

憲顕の死後、上野国守護は能憲が継ぎ、次いで弟の憲春・憲方《のりまさ》と代わり、憲方以降、憲定《のりさだ》・憲基《のりもと》とその子孫が継承した。憲基には子がなく、越後から一門の憲実《のりざね》を迎えている。なお、これらの人々は関東管領職にも就いている。同職は鎌倉公方を補佐する役職であるが、山内上杉氏はその一方で京都の幕府に忠実に従っている。歴代の鎌倉公方は自己の権力強化を進め、しばしば幕府に対抗した。山内上杉氏当主は将軍と幕府の間で難しい選択を迫られることもあった。

その後、上野では大きな問題もなく平穏に推移する。永和二年（一三七六）四月に六条八幡宮修理要脚として、上野など五国に棟別銭《むなべつせん》が懸けられた（群一一一三）。戦時には兵粮米の賦課が行われたが、平時にもさまざまな賦課が農民・国人らに懸けられたのである。同年九月には円覚寺造営要脚として棟別銭拾文が懸けられている（群一一一五）。

永和三年十二月二十一日、玉村御厨北玉村郷で伊勢神宮役夫工米《やくぶくまい》・日食米・御禊《ごけい》・大嘗会・御即位以下勅役・院役并都鄙寺社諸役、国中段米・棟別、官家・俗家臨時公役を免除するという官宣旨が下されている（群一一二六）。同所が円覚寺領となっていたための特別の計らいであった。この時期にこれらの税も復活してきたのであろう。なお、永和五年に新田荘長楽寺領平塚村などが「後閑地」であることを理由に内宮役夫工米を免除されている（正木四五）。

岩松直国の復活

新田氏嫡流の義興・義宗は蜂起を企んで活動していたが、相次いで非業の死を遂げた。その後、新田一族の中に南朝方として各地で活動を続ける人々がみえる。ただし、彼らは新田荘から排除されていた。荘内にいた一族では、岩松直国が観応の擾乱で直義方となって地位を失いかけたが、詫びを入れて没落を免れた。その結果、世良田・大嶋氏に直国を加えた人々が新田荘を分割して支配することとなった。

まず、岩松氏の動向をみておこう。この時期、岩松禅師頼宥という人物が備後・伊予の守護に抜擢されて活躍している。頼宥は岩松氏庶流で、寺井郷に所領を持っていたことから岩松庶流寺井氏とみられる。寺井氏は岩松初祖の時兼の次子の系統である。次に、文和四年（一三五五）十二月二十七日、村田遠江太郎頼氏《よりうじ》が下江田《しもえだ》郷内在家・田畠などを長楽寺正伝庵に売却している（長一〇〇）。村田氏は時兼の長子頼兼《よりかね》から始まる岩松庶流である。

延文二年（一三五七）八月二十一日、直国の所領であった武蔵国万吉郷（埼玉県熊谷市）が畠山義深・清義《きよよし》・国熙《くにひろ》兄弟らの申請によって伊豆国吉祥寺に寄進されている（群九八一）。万吉郷は直国から観応の擾乱における直義方与同の処罰として没収された所領であるが、それが畠山兄弟に預け置かれていたのである。畠山氏は岩松氏の本家筋にあたり、直国が没落を免れることができたのは、尊氏の側近となって活動していた国清のお陰かもしれない。

その後、国清の乱が直国の復権の好機となった。康安二年（一三六二）二月、直国は国清追討の出陣を命じられ、基氏への忠節を示すことができた。なお、同年十一月二十八日、基氏は長楽寺に天下静謐の祈祷を命じている（長二五）。長楽寺は新田一族の氏寺であるが、その後関東十刹《じっさつ》の地位を得て官寺となる。祈祷を行うことによって政権を支える役割が与えられていたのである。

基氏は五月二十七日に、本知行分の安堵の下文を遣わすと直国に伝えている（群一〇〇一）。年号は書かれていないが、康安二年であろう。直国はまだ伊豆で合戦中であったが、その働きが認められて褒賞として約束されたとみられる。八月十一日、直国は基氏から「本知行分事、如元所還補也」とする御教書を下されている（正木三一）。直国が没収されていた本知行分の返還が告げられ、十一年をかけてようやく所期の目的を達したことになる。

国清は九月に降伏し、討手を恐れて上方に逃亡した。十二月二十二日、基氏は「伊豆国宇具須郷佐竹常陸介跡」を直国に預け置くと伝えている（正木三二）。預置は所領の宛行とは異なり、一時的に兵粮米の徴収を許された領地である。戦いは終了したが、直国はまだ伊豆国に滞留していたのであろう。貞治二年（一三六三）五月二十八日、基氏は直国に武蔵国榛沢郡滝瀬郷下手墓村を宛行った（正木三三）。国清討伐の功であろう。同所は安保信濃入道跡であり、同人が国清方についたため没収された所領であった（正木一〇六）。なお、長楽寺も同年閏正月十六日に新田荘相根（青根）郷を与えられている（長八一）。

同年、上杉憲顕が関東管領に復帰し、越後から鎌倉に向かった。このとき、芳賀禅可《ぜんか》が板鼻で憲顕を待ち受けたという（『太平記』）。基氏は憲顕を迎え入れるため鎌倉府軍を出陣させ、八月二十六日に岩殿山で禅可と戦った。直国にも出陣が命じられたが、直国は基氏の鎧を着て影武者となったという。芳賀方の岡本信濃守が基氏の身代わりになった直国の馬前に押し寄せてきたが、直国の郎党金井新左衛門がその前に出てこれを防ぎ、刺し違えて直国を救ったという。ここでも直国は基氏の親衛隊長格で参陣していることがわかる。なお、この戦いには白旗一揆も参陣している。

岩殿山正法寺　埼玉県東松山市

翌年六月十二日、基氏は室町幕府の管領斯波《しば》義将《よしゆき》に挙状《きょじょう》を送った（群一〇三四）。内容は直国が由良郷のことについて「御沙汰」（宛行）を求めているので、将軍義詮への「御披露」を求めたものである。直国の功が評価されたのであろう。なお、由良郷は以前に直国に与えられたことがあったが、その後没収されて再び幕府の支配下にあったとみられる。同郷は新田嫡流家の旧領で、直国としては新田一族の惣領の地位に立つために同郷の支配が必要であったのである。

その翌年（貞治四年）三月五日、義詮は「本領事、不可有相違之状如件」と記された御判御教書写を直国に下した（正木三九）。これは前に基氏が認めた「本知行分」の再確認であって、由良郷の宛行とはみられないので、直国の由良郷の宛行申請は却下されたと考えられる。この文書の宛所は「岩松治部少輔」とあり、岩松の呼称から直国の地位は新田庶家の扱いのままであった。

基氏の勘気を蒙り世良田義政が失脚

延文四年（一三五九）に、「散位源義政」という人物の動きがみえる。同人は四月十日付で相伝当知行の世良田郷後閑三木内の子善後家在家一宇・田畠の所を了哲都聞《りょうてつつうぶん》に売り渡す売券と、同所の長楽寺への寄進状を作成している（長九四・七四）。四月十六日、僧法清《ほうせい》と政所沙弥《しゃみ》常如《じょうにょ》が連名で同所を長楽寺へ譲渡するための渡状を作成しているが、これでは売主を正員と呼んでいる（長一〇二）。これらに加え、四月二十日付の長楽寺宛の沙弥道行《どうぎょう》寄進状があり（長七五）、道行は同所を「世良田殿重代御領」と記している。

これらの文書を整理すると、散位源義政は世良田氏の当主で、正員はその法名と考えられる。了哲都聞・沙弥道行は同一人物で不動産の売買に関わる有徳人、沙弥常如は長楽寺の政所を掌握する人物であろう。

ところで、義政が上総国守護となっていたことを示す史料がある。貞治三年（一三六四）四月十六日、基氏が「伊予守殿」に上総国北山辺郡越田の田地について千葉氏の家人らの押領を止めさせ、浄《じょう》光明寺《こうみょうじ》に沙汰付するよう命じている（群一〇三二）。伊予守を義政に比定するのは『鎌倉大日記《かまくらおおにっき》』の記事による。同書に「上州住人世良田伊予守義政」がみえ、突然基氏の勘気を蒙り、同年七月二十八日に討手を懸けられ如来堂《にょらいどう》で自害したとある。『喜連川判鑑』にも同様の記事がある。さらに、世良田兄弟三人が討たれたとも、梶原景安《かげやす》とともに討たれたという史料もある。

義政に関して、「円覚寺《えんがくじ》大般若経《だいはんにゃきょう》刊記《かんき》」という史料がある（金沢文庫所蔵）。南北朝期、僧猷賢《ゆうけん》が大般若経の版木による出版事業を進めたが、その願主《がんしゅ》を書き上げたものである。鎌倉公方をはじめとする有力者が名を連ねているが、この中に梶原景安をはじめ義政・直国もみえる。義政は基氏の近臣となっていたのである。義政の失脚は近臣間の勢力争いの結果とみられるという（小国浩寿二〇一三）。

同年十一月九日、義政の所領である新田荘江田郷が岩松直国に引き渡されている（正木三五）。義政への処罰として行われたのであろう。江田郷は得河義季が新田義重から譲られた所領で、その長子頼有に下江田、次子世良田頼氏に上江田が譲られている。頼有は、孫岩松政経を養子にして自身の所領を譲っているので下江田は岩松領となったが、上江田は義政まで伝領されたのであろう。上江田も直国に与えられたので、江田郷全体が岩松氏の所領となった。

義政の後、上総国守護になったのは岩松遠江彦五郎（源直明《なおあき》）という人物で、同年九月十六日に同国所領の「沙汰付」を足利基氏から命じられている（群一〇四〇）。直明を直国の弟とする見方もあるが、名のりに遠江を入れるのは岩松庶流である。ただし、直明の在任はごく短時間で終わった。

義政の出自

世良田義政を、前出の岩松政経の子義政と同一人物とみて、世良田氏を継いだとする説がある。この見方は『系図纂要』の記事から導き出されたものとみられる。それ以外に史料がないのでそのようにみることもできないわけではないが、検討が必要である。まず、系譜史料をもう一度みてみよう。

『尊卑分脈』には、義政という人物は岩松氏にも世良田氏にも登場しない。ただし、世良田氏の追記部分に徳川家康に至る満義系の系譜があり、満義の子として政義がみえる。これは家康に至る系譜を載せるために近世に加えられたものである。「長楽寺系図」では世良田氏には登場せず、岩松氏では政経の子としてみえる。「新田岩松系図」でも政経の子として「岩松散位」とみえる。この人物については前章で検討した。

『系図纂要』は岩松政経の長子義政について、岩松太郎と称し、父から新田荘と苗字を譲られたとあり、さらに新田伊予守と称し、貞治三年（一三六四）七月七日に足利基氏によって自害させられたと記されている。同書は、この義政が世良田義政と同一人物という解釈を提示している。この記事は他の系図にはみえなかった内容で、唐突感は否めない。『鎌倉大日記』などの知見により、作成者が名前の一致から両者を意図的に結びつけたものとみられる。

二人の義政について、岩松義政は政経の長子とみえ、世良田義政は満義の子で延文〜貞治期に活動するので世代が異なる。前者は岩松経家や世良田満義と同世代で、後者は直国と同世代とみられる。

また、世良田氏では満義には子がみえ、養子を迎える必要があったとはみえない。系図史料については慎重な検討が必要であろう。

次に、世良田氏の系譜をみてみよう。義季の子として、長子得河頼有と次子世良田頼氏がいた。頼有の跡は娘の子岩松政経に継承される。頼氏の子として教氏《のりうじ》・有氏《ありうじ》がみえ、教氏が嫡流で家時《いえとき》・満義と続く。有氏の系統は庶流であろう。「長楽寺系図」ではその子孫に江田行義《ゆきよし》がみえる。江田行義は南朝方となり、新田から離れ、畿内で活動がみえる。『尊卑分脈』では教氏・有氏に加えて満氏がみえ、その子孫が江田氏を名のっている。どちらが正しいかは確かめようがないが、江田郷を領有したのは有氏または満氏の系統であろう。義政はこの系統の人物と考えられる。なお、義政は鎌倉公方の怒りを蒙って誅殺されたことにより、系譜類から意図的に除かれたと思われる。

江田行義の館と伝わる江田館跡　群馬県太田市

その後、世良田一族として憲政《のりまさ》がみえる。出典は「源朝臣世良田憲政」と自署のある康暦三年（一三八一）四月一日の寄進状である（長八〇）。世良田後閑内の畠一町を長楽寺大通庵《だいつうあん》の定道《じょうどう》に寄進している。この人物も系図には登場しないが、名のりから義政の関係者（嫡子）と考えられる。義政後も一族は存続を許されたのであろう。

なお、大嶋義高は三河国守護に補任され、延文五年（一三六〇）十月頃から応安六年（一三七三）六月まで十三年間ほど同職に在任している。大嶋一族が守護に抜擢されたのは初めてのことであった。三河国は足利氏の勢力が強い地域で、それだけ尊氏の信認を得ていたのだろう。義高が三河守護在任の間に将軍から下された御教書の宛所をみると、「新田大嶋兵庫頭殿」（群九九二）から「新田左衛門佐殿」（群一〇四九）に変化する。新田姓による呼称は、幕府が義高を新田荘の惣領の地位にあることを認めたものと考えられる。

鎌倉公方に仕えた上野武士

貞治六年（一三六七）に初代鎌倉公方足利基氏が死去し、九歳の子氏満が継承する。氏満は応永五年（一三九八）まで長くその地位にあった。最初に氏満を補佐したのは上杉憲顕であるが、憲顕が応安元年（一三六八）に死ぬと、その後は上杉一門（山内・犬懸家）が交互に補佐するようになった。氏満は長ずるとともに自身に権限を集中させ、鎌倉府内の国々に対する支配を強めるが、その際に強権的な手法が目立つようになった。そのため、幕府との間でも深刻な対立関係に陥っている。

鎌倉府は公方足利氏を頂点に、管領・御一家・奉公中・外様などの階層からなる。管領は上杉一門が務めた。御一家は吉良《きら》・渋川《しぶかわ》らの足利一門、奉公中が公方直臣の人々、外様は鎌倉府内諸国の豪族たちで、その他に軍事力として国人・一揆衆が存在する。公方の直属の軍事力となったのが直臣団、奉公衆である。歴代の公方は奉公衆の強化に腐心した。上野出身の奉公衆として里見・山名・新田田中・那波・高山氏がみえるという（山田邦明一九八七）。

まず里見氏は、貞治四年（一三六五）十月八日の関東御所近習奉加帳に「里見殿　散位師義」とみえる（南関三二九〇）。師義はこれ以外の史料・系図に登場しない人物であるが、同寺再建に馬一頭を寄進している。さらに、「鎌倉年中行事」によると、里見氏は正月の公方の鶴岡社参詣に「御剣役」を務め、公方の子息誕生の折には「御臍ノ弦ヲツキ被申」とみえる。里見氏は公方側近であったことがわかる。

山名氏では、建武期の史料に寺社方奉行山名掃部大夫入道がみえる（南関九一七）。この一族は西遷した時氏系とは別系統で、鎌倉幕府に引付衆《ひきつけしゅう》として仕えた一族の末裔であろう。応安五年（一三七二）頃から下総国で山名智兼という人物の活動が「観福寺文書」・「香取神宮文書」などにみえる。観福寺は下総国大戸荘にあった寺院で、智兼は同荘を所領としていた一族である。智兼は鎌倉府の意向を香《か》取神宮《とりじんぐう》に伝達する役割などを果たしている。

新田田中氏では応永二十三年の上杉禅秀《ぜんしゅう》の乱のとき、公方足利持氏《もちうじ》に御供した人々の中に「新田一類田中」がみえる（『鎌倉大草紙』）。なお、新田田中氏は畠山国清の乱のとき、足利基氏が討手の大将を命じたことを前にみた。岩松氏の庶流田中氏であろう。

那波氏では、鎌倉廂番衆に那波政家《まさいえ》がいたが、その子孫が鎌倉府に仕えて奉公衆となったものであろう。

高山氏は、高山御厨を苗字の地とする高山氏である。次の史料は高山氏の奉公衆化を示すものと考えられる（南関三三二〇）。

知行地事、如元所令還補也、者、早守先例可致沙汰之状如件、

貞治五年四月廿二日　（花押）

高山越中入道殿

基氏が高山越中入道に知行地を還補したものである。所領の宛行・還補などは将軍の権限であるが、基氏が還補を行っているので、高山越中入道が公方被官で、対象地が鎌倉公方の支配下にあった所領であったためであろう。

その他、『鎌倉大草紙』に薗田四郎・常法寺《じょうほうじ》氏がみえる。薗田氏は結城《ゆうき》系薗田氏ともみえるが、常（浄）法寺氏は高山一族で、前出の高山越中入道と同様に奉公衆となったのであろう。

小山義政の乱と南朝・新田一族

鎌倉府による東国支配体制の確立過程で起こった出来事として、小山義政の乱がある。その端緒となったのが、康暦二年（一三八〇）五月十六日に起こった下野国茂原《もばら》（宇都宮市）の戦いである。この戦いで小山義政は宇都宮基綱《もとつな》を討ち取っている。両氏の確執の原因は境目争いともいうが、前々か

らの遺恨もあったようである。また、これまで足利氏満が両氏に自制を求めてきたが、義政はこれを無視して戦いに及んだともいう。

小山氏は、宇都宮氏とともに下野国を代表する有力豪族で、義政はこのとき現職の守護であった。氏満は義政の動きを即座に謀反と断じたが、氏満はこれを好機として小山氏の勢力削減を企図したとも考えられる。宇都宮氏は十二年前に氏綱が氏満に背いて追討を受けて以来、恭順の姿勢をとっており、今回小山氏が氏満のターゲットとなったのである。

同年六月十五日、氏満は鎌倉幕府管轄下十二ヶ国の軍勢を率いて鎌倉から出陣し、武蔵府中の高安《こうあん》寺《じ》（東京都府中市）に陣を構えたという（『鎌倉大草紙』）。義政はしばらく抵抗したが、九月十九日に降伏した。義政は氏満の許へ出仕するよう命じられたが、義政はついに出頭しなかった。

そこで氏満は小山氏追討を再開させ、翌年二月十五日に自ら下野に出陣した。小山鷲《わし》城（栃木県小山市）などでの攻防戦の末、十二月になって義政は敗北を認め、髪を剃って出家の姿となって降伏を申し出たという。氏満もこれを認め、義政の引退と嫡子若犬丸《わかいぬまる》の出仕を認めた。ところが、永徳二年（一三八二）三月、義政は三度目の挙兵を行う。本城の祇園《ぎおん》城（同小山市）を焼き、糟尾《かすお》城（同鹿沼市）に移って立て籠もった。氏満も三度目の追討軍を差し向け、糟尾城は四月十二日に落ち、義政は自害して果てて小山氏は没落した。小山氏の所領は同族の結城基光《もとみつ》が拝領し、その子泰朝《やすとも》がそれを継承して新たに小山氏を称した。

祇園城跡の空堀　栃木県小山市

だが、小山氏の反乱はこれで終わりではなかった。小山から逃れた若犬丸は至徳三年（一三八六）五月に祇園城に入って蜂起した。新たに守護となった木戸《きど》氏が鎮定に向かったが、逆寄せにあって打ち負かされている。氏満は七月二日に出陣するが、これを聞いた若犬丸は祇園城から逃れて行方をくらませた。翌年、小田《おだ》讃岐入道孝《たか》朝《とも》が若犬丸を匿っていたことが発覚し、氏満の命で上杉朝宗《ともむね》が小田城（茨城県つくば市）を攻め落とした。孝朝はさらに要害である男《なん》体《たい》城で抵抗した。同城が落ちたのは嘉慶二年（一三八八）五月十八日であるが、若犬丸はそのときすでに城外に逃れていた。

応永三年（一三九六）、若犬丸は再度蜂起した。氏満は鎌倉府内十二ヶ国の軍勢を集め、二月二十八日に出陣し、古河にしばらく在陣し、六月に陸奥国白河（福島県白河市）に入っている。若犬丸は小山付近で鎌倉府軍と戦い、その後陸奥に逃れ、田村荘司《たむらしょうじ》清包《きよかね》の許に逃れたのである。史料には白河合戦・田村城の戦いがみえる。清包を討った氏満は七月一日に鎌倉に戻った。若犬丸はいったん逃れたが、翌年正月に芦名《あしな》氏によって会津で討たれている。

小山義政の乱は南北朝最末段階で起こった反乱であるが、義政は南朝との関係があったという。『鎌倉大草紙』は義政が南朝について逆心したと記述しており、この事件に南朝方の新田氏が関わっていた可能性がある。永徳元年四月、氏満が率いる鎌倉府軍が武蔵村岡《むらおか》（埼玉県熊谷市）から足利に向かったとき、新田勢が武蔵で蜂起したという（群一一五三）。新田軍が氏満軍の後方撹乱を行ったのであろう。氏満は五月十三日に長井《ながい》（熊谷市）・吉見《よしみ》（埼玉県吉見町）に出陣し、岩付《いわつき》（さいたま市岩槻区）で敵を追い落とした。これを太田荘凶徒とも呼んでいる。これは義政の二度目の蜂起のときである。義政が当初から南朝方であったとはみられないが、このときは新田方が義政の後詰めとして支援していたとみられる。

また、若犬丸にも新田氏一族が支援の手を差しのべている。『鎌倉大草紙』によると、若犬丸が蜂起した前年の至徳二年（一三八五）三月、新田相模守義則《よしのり》が陰謀を進め、回文によって上野・武蔵の軍勢を集めようとしたが、岩松直国によって使者が搦め捕られている。若犬丸の挙兵を支援するために援軍を募ったのであろう。その後、若犬丸は「宮方の与党」となって行方を眩ませていたという。若犬丸を援けていたのは、新田義宗の子相模守とその従兄弟の刑部少輔であった。刑部少輔は相模守の子ともみえ、関係は確定してはいない。

幕府の許可なしに動員できなかった白旗一揆

この乱の注目点の一つは、白旗一揆が参陣したことである。義堂周信が記した『空華日用工夫略《くうげにちようくふうりやく》集《しゅう》』康暦二年（一三八〇）十二月二十八日条に、関東から梶原美作守道景《みちかげ》が上洛し、幕府管領斯波義将と面会したことがみえる。翌日、梶原は鎌倉殿の御書を幕府に提出した。その内容は小山のことであったという。なお、小山義政は幕府と深い関係を結んでいたことが明らかにされており（清水亮二〇二〇）、義政討伐に将軍の了解を得ることも含意されていたとも考えられる。

翌年正月十二日に梶原が義堂周信の許を訪れたが、「小山退治、請賜白旗一揆」とみえる。小山征伐に白旗一揆の参陣を願い、許されたことがわかる（群一一四四）。『鎌倉大草紙』にもこのことがみえるが、同書では上杉道合《どうごう》（憲方）が「京都の御加勢を頼不申ば、後難如何有るべき」と申したので、梶原が使者として派遣され「白旗一揆御加勢合力を申請て帰国」ともみえる。憲方が幕府へ恭順の意を示してへりくだった態度を示したとも考えられるが、白旗一揆が幕府の支配下にあり、幕府の許可なしに動員できなかったことがうかがえる。

次に、白旗一揆が小山氏攻めでどのような動きを示したかみてみよう。『鎌倉大草紙』によると、義政が籠城した鷲城を攻めたとき、上野・武蔵の白旗一揆は大将の下知に従わずに鷲城外城（外郭）を攻め破って城内に討ち入った。城兵が必死に防戦し、一揆衆側に多くの手負・死者が出た結果、一揆衆は大半が帰国してしまったという。同書では一揆衆が鎌倉府の統制に従わず、勝手な行動をとっていたことが強調されている。

頼印申状では、この出来事を十一月十六日としている（群一一九三）。また、白旗一揆が大将に申さずに鷲外城に攻め入って討ち死に者を出したことはみえるが、敗れて勝手に帰国したとの記述はなく、外城の奪取を「これは城没落のはしめなり」と評価し、「於白旗一揆者、一身手負・打死之者浴恩賞」とみえる。『絵詞』にも同様の記述がみえる。『鎌倉大草紙』は鎌倉府側の視点で描かれているので、白旗一揆の役割を過小評価したものとみられる。以上、小山義政の乱で白旗一揆が参陣したのは永徳元年からで、将軍の許可が出て初めて出陣が実現したのは事実で、鎌倉府の直接の指揮・統制に服していないことがうかがえる。

一方、足利氏満は康暦二年六月一日、武蔵国人別符尾張太郎幸直に軍勢催促状を下している（南関三九七五）。別符氏は一揆衆とみられるが、氏満は幕府の許しが出る前に個々の国人・一揆衆に出陣を命じていた。ただし、これによって別符氏が出陣したかどうかは不詳で、その後幕府への申請が行われたところをみると、一揆衆が出陣しなかった可能性がある。一揆衆の動員が進まず、上杉道合（憲方）の献策もあり、氏満はやむなく京都に使者を派遣したのであろう。

幕府への白旗一揆合力の要請について、史料で判明するのはこのときだけであるが、応永期に入ると白旗一揆と幕府の結びつきはより緊密となる。永享十二年（一四四〇）から翌年にかけて起こった結城合戦において、白旗一揆は自立した軍事力として出陣しており、明確に幕府に直属する軍事力として活動していた。それはすでにこれ以前から始まっていたとみるべきであろう。

この点に関し、これは氏満の政治的配慮によって特別に行われたとする見方もある。そこで、白旗一揆のこの間の出陣状況を検証してみよう。この間の一揆の参陣は『太平記』の記述などを含めると、①武蔵野合戦（文和元年、一三五二）、②京都合戦（文和四年、一三五五）、③南朝との抗争（延文四年、一三五九）、④畠山国清の乱（康安元年、一三六一）、⑤上杉憲顕の復活にともなう岩殿山合戦（貞治二年、一三六三）などがある。

まず、①武蔵野合戦で白旗一揆は尊氏の許に直接参陣しており、尊氏の下命によるものであることは明らかである。②・③は将軍の命によって畿内で行われた戦いで、幕府の指揮下で活動していた。貞和期の四条畷合戦と同じ形態である。②は『源威集』にみえ、③は『太平記』の記述であるが、前述したように国清と一揆衆を含む関東国人衆との間で対立が生じ、国清没落の原因となった。

④畠山国清の乱において、白旗一揆が岩松直国に率いられて参陣したのはどうであろうか。足利氏満は最初に平一揆を出陣させたが成果が出せず（『太平記』）、次の段階で白旗一揆の出番となったが、これは小山義政の乱のときの状況に似ている。初めから白旗一揆を投入できなかったのであろう。タイムラグがあったのは、幕府への要請が行われたからとも考えられる。⑤上杉憲顕の復活・鎌倉出仕は足利義詮の指示によって実現したものである。宇都宮方の妨害は予測されており、幕府の了解の下で白旗一揆が参陣したとみられる。

白旗一揆の参陣形態

永徳二年（一三八二）二月日、塩谷《しおや》行蓮《ぎょうれん》はこの間の戦いに関わる軍忠状を提出し、大将として出陣した犬懸上杉朝宗の証判を賜っている（埼五二二二）。この軍忠状で行蓮は自身を「武州白旗一揆」と称している。このとき一揆衆は上野と武蔵に国別に分かれていたことがわかる。この点も『絵詞』の記述に一致する。一揆衆が国ごとに分かれた理由について、守護との関係による再編とする見方もあるが、これまで一揆衆が守護と関わったことはないのでそれは考えにくい。なおこの間、上野・武蔵は上杉氏（憲顕・能憲・憲方）が守護を世襲している。

一揆衆は、国単位だけでなくさらに地域ごとにも分かれている。永徳二年四月日の金子家祐《いえすけ》軍忠状では「武州中一揆」とみえ（南関四〇八六）、嘉慶二年（一三八八）六月日の高麗清義《きよよし》軍忠状では「武州北白旗一揆」とみえる（南関四四〇六）。武州白旗一揆はその下部に中・北に加え、南・入西一揆などもあった。上州白旗一揆は、後世の史料であるが中・北一揆がみえる。これは一揆衆が増えた結果、一揆衆の活動をより機能的なものとするために細分化されたのであろう。

次に、明徳四年（一三九三）八月日の成田《なりた》下総入道道成《どうせい》代申状案が注目される。成田氏はこの申状案で播磨国須富荘北方地頭職の安堵・引き渡しを幕府に求め、さらに次のように述べている（南関四六〇七）。

就中、為道成白旗一揆之一方、於関東致軍功之間、預数ヶ度所勲功之賞訖、争道成重代本領可致河原蔵人入道押妨哉、

成田氏は、白旗一揆の一方として関東において軍功に励んで勲功賞を給付されたが、本領を河原《かわはら》蔵人入道に押妨されたと述べている。道成代がここで本領と呼んでいるのは播磨国須富荘北方である。つまり、西国所領を保持することと、白旗一揆として幕府に奉公することは一体のものであったことがうかがえる。

成田氏は西国に本領と呼ぶ拠点を持ちながら、同時に関東で白旗一揆の一員であったことになる。成田氏は「白旗一揆之一方」と述べているので、一揆の有力者であったようだ。成田氏が述べる関東における軍功というのは、武蔵野合戦以降の戦いを指すと思われるが、それらは将軍の命で従ったことを示すのであろう。本領として西国所領を保持する以上、成田氏は将軍に仕える立場にあったことは明らかで、奉公衆に近い存在と考えられる。

このようなケースは他にも考えられる。成田郷に隣接する久下《くげ》郷の久下氏も一揆衆の可能性が高いが、明徳二年八月十日、将軍義満は久下長門守重元《しげもと》に所領安堵の御教書案を下した(南関四五三四)。重元は久下郷以外に丹波・三河・但馬・和泉国と承久以来の知行地を保持している。その他に武蔵国人衆で西国所領を保持する者は枚挙に暇がなく、中沢氏・真下氏のように西国に西遷して土着したものも多い(雉岡恵一一九九〇・一九九七)。上方に本領を保持する東国出身の武士が白旗一揆の構成員で、日常的に将軍に仕えていたのである。

次に、上州白旗一揆をみてみよう。同一揆の場合、永享十二年(一四四〇)に起こった結城合戦に発智・

高山・那波・和田・大類・倉賀野・寺尾・長野・諏訪・一宮・沼田・小林・綿貫・赤堀・高田の十五氏が参陣している。彼らと西国所領との関係をみると、高山氏は「高山氏系譜」に「於能登国恩地拝領」とみえ、能登国に所領を与えられており、小林氏は播磨・若狭国で所領を保持していたことが「小林氏系図」にみえる。綿貫氏は豊後・伊予などの所領を保持し、西国で活動する一族もみえる。沼田氏は越中・但馬国に所領を保持し、幕府直参の奉公衆（番衆）にもみえる。寺尾氏は、新蔵人が尊氏の天龍寺供養の供奉の随兵となったことをみた。

尊氏は、上野・武蔵の国人衆を白旗一揆に組織して直属軍として武蔵野合戦に勝利した。これによって、将軍と一揆衆の間に新たな従属関係が成立したと考えられる。一揆衆は西国所領を宛行・安堵・還補され、幕府への奉公を行うとともに、関東に居住する一族を率いて白旗一揆としての軍務に励んだ。その結果、白旗一揆は幕府奉公衆に準じる地位を獲得した。将軍家とのこの関わりからみて、一揆衆の参陣は幕府の許可なしには実現しなかったのは明らかであろう。

義興・義宗没後の新田嫡流家の末路

新田義興・義宗の死によって、新田嫡流家は義貞の孫の世代が活躍する時代となった。小山若犬丸の乱のとき、相模守義則・刑部少輔が登場し、相模守は至徳二年（一三八五）三月に陰謀を画策したことをみた。彼らはそれ以前に信濃国大川原（長野県大鹿村）にいて、南朝方の人々が浪合《なみあい》（同阿智村）

で襲われて討ち捕らえられたのを契機に奥州に逃れ、小山氏の乱に関わったとされる。その後、相模守は箱根底倉《そこくら》（神奈川県箱根町）に隠棲していたが、応永十年（一四〇三）四月に同地で謀殺された（『鎌倉大草紙』）。

応永十六年七月、新田武蔵守が捕らえられ、七里ヶ浜《しちりがはま》（神奈川県鎌倉市）で誅殺されたという。『鎌倉大草紙』によると、同人が回文を持って挙兵を企図したと述べている。また、同人を「新田殿嫡孫」と記述している。義宗と同じ官途を称することから、その子とされる。前年に将軍義満、同年に鎌倉公方満兼が没しており、武蔵守はその間隙をついて挙兵を進め、捕らえられたと考えられる。同人の誅殺は「本土寺過去帳《ほんどじかこちょう》」にもみえる。

ところで、南北両朝合一後に南朝の元中という元号を用い、「仍状如件」と結ぶ下達文書が東国に複数存在していたことが明らかにされている（江田郁夫二〇〇二・中根正人二〇一七）。南北朝合一は明徳三年（一三九二）のことで、この年は元中九年にあたる。文書はそれ以降のもので、南朝消滅後に東国で幕府・鎌倉府に対抗していた人物がいたことがわかる。発給者は記録類にみえる相模守や武蔵守ら新田一族の可能性が高い。

判明している文書五点を取り上げて発給者を想定してみよう。

①元中十四年（応永四、一三九七）七月五日・中野《なかの》中務少輔宛（山梨県立博物館所蔵市河家文書）

信濃国志津間小笠原但州分地頭職を中野中務少輔に宛行う。

②元中十八年（応永八、一四〇一）正月二十八日・一条《いちじょう》長田重持《おさだしげもち》宛（日枝神社旧蔵文書）
常陸国田中荘日枝神社神主一条長田重持に社人たちへ所領を分配することを命じる。
③元中丙午十一月二十八日・長沼宗千宛（文化庁所蔵皆川文書）
長沼宗千に下野国長沼荘などを安堵する。
④元中二十一年（応永十一、一四〇四）六月十四日・富田《とみた》八郎兵衛大中臣秀信《おおなかとみひでのぶ》宛（鳥栖無量寺文書）
富田秀信に常陸国飯沼十二郷地頭職を安堵する。
⑤元中二十一年（応永十一、一四〇四）六月十四日・富田八郎兵衛大中臣重信《しげのぶ》宛（鳥栖無量寺文書）
富田重信に常陸国田中荘地頭職を安堵する。

三番目の丙午は応永三十三年（一四二六）に相当するが、年代が他の文書と離れすぎ、干支の誤記・誤写とみて丙子（応永三年、一三九六）、壬午（応永九年、一四〇二）とする見方がある。文書の各花押はほぼ同型であるが、①と②③では右部分が少し異なり、同一人物の発給かどうかは微妙である。④⑤は花押影であるが②③と同型である。②③にのみ源朝臣の署名がある。①は袖判形式であるが、②③は年月日の次行に署名・花押がある。④⑤は袖に「下」が書かれ、その下に花押が書かれ、袖判形式である。文書の形式・花押から①、②③、④⑤の三つに分けることができる。
実は、①と同型の花押のある書状がある（山梨県立博物館所蔵市河家文書）。これは市河刑部大輔入道（興仙）に宛てたとみられ、同人に「大儀」（南朝再興）に合意して味方につくよう求めたもので、武蔵守の署名がある。このことから①は武蔵守が発給した可能性が高い。さらに、武蔵守の署名で大瀧殿に宛てた花押影のない書状写も同文書中に遺されている。武蔵守は「新田殿嫡孫」とみえ、新田氏の家督相続者であった。武蔵守の官途は義宗が称していたことからその子で、主に北信地域で活動していたことがわかる。なお、①と関連書状は参陣を求めるもので、武蔵守が捕らえられた応永十六年前後の発給とすると辻褄があう。

次に、②③は武蔵守と同時期に活動がみえる新田相模守が発給したとみられている。最近になってこれと同型の花押型がある文書がもう一通確認されている（⑥とする）。越後国法音寺《ほうおんじ》（新潟県南魚沼市）に旧蔵された次の文書である（中根正人二〇一七）。

新宛補

繁盛山衆分一字之事

右、為彼所者、為衆僧毎月一千巻般若心経以読誦而、可致当家繁昌祈祷、於有功者可被抽賞者也

仍而後代状如件、

（元中）九年正月廿一日　　征夷将軍源朝臣（花押）

国分助阿闍梨御房

征夷将軍源朝臣を名のる人物が、国分寺の助阿闍梨に「繁盛山衆分一字」を宛補し、当家繁昌の祈祷を命じたものである。繁城山法音寺は聖武《しょうむ》天皇の勅願と伝承される古刹で、八海山《はっかいさん》神社の別当寺で

ある。元号部分は源頼朝の発給とする目的で後世に消されているが、もとは元中と考えられる。元中九年であれば、両朝が合一した明徳三年（一三九二）にあたる。

征夷将軍の官職は南朝から与えられたものとみられる。朝臣は五位などの官位を持つ者が自称した称号で、同人は南朝から征夷将軍の官職とともに位階を正式に与えられたとみられる。②③の署名も朝臣とあり、同人の発給と考えられる。⑥は花押型・文書形式も②③に似ており、これらは相模守が発給したことは明らかであろう。なお、④⑤は相模守没後となるので、相模守没後に地位を継承した人物である。これまで登場した人物としては刑部少輔がいる。

この時期、東国の南朝方のリーダーとして武蔵守・相模守・刑部少輔がみえ、地域の武将たちを配下に組織して鎌倉府に抵抗を続けていたことが明らかになった。彼らの関係について『鎌倉大草紙』は武蔵守・相模守は義宗の子で、刑部少輔は相模守の子または従兄弟とする。同書は鎌倉府側が得た情報を記述したもので、すべてが正しいとは限らない。地元に残った長楽寺系図などと比較・検討する必要がある。

長楽寺系図には義宗の子に兵部少輔貞方《さだかた》がみえ、この人物が官途はことなるが武蔵守にあたると考えられる。相模守も義宗の子であれば、記載されていないことになる。これに対し、『系図纂要』には義治の子に義陸がみえ、同人の注記に「一ニ義則又義隆」とあり、底倉で討ち死にしたとされる。同書は相模守を義治の子とみている。長楽寺系図には脇屋義治の子に兵衛佐義隆《よしたか》がみえ、同人は「為義興成（子脱か）」とみえる。これが事実であれば、義隆も一族の中で高い地位にあったことがわかる。義興は観応の擾乱前後に御教書類を発給しており、その後も武蔵辺に潜み、最後は武蔵で活動して落命した。義則はその地位を継承した可能性がある。

最後に登場する新田嫡流は、応永二十三年（一四一六）十月に起こった上杉禅秀の乱のときに活動がみえる新田兵部卿である。『鎌倉大草紙』によると、禅秀方となった岩松満純《みつずみ》に対し、新田荘内にいた新田一族が「新田左少将義宗朝臣の御子、出家して兵部卿」という人物を還俗させ、新田六郎と名のらせて挙兵させて満純派を掃討したという。同人は許されて新田に戻っていたことがうかがえる。同書にも鎌倉公方氏満が憐憫の情から許して所領を与えたとみえる。武蔵守が誅殺された応永十六年以降、同人は鎌倉府に降って新田荘に住み、禅秀の乱に遭遇したのであろう。

その後、新田六郎貞氏《さだうじ》に関わって次の文書写群がある（「丸山千里家所蔵文書」）。

「将軍足利義持御教書写」

新田六郎貞氏申上野国新田郡（庄）・武蔵国榛沢郡・騎西郡之内所々之事、関東合戦勲功賞、且当家其族異于他之上、殊相伝領家之上者、右領掌安堵不可有子細候者、早可被沙汰附彼本領幷散在所々於貞氏状如件、

義持公御判

応永廿四年閏五月七日

左兵衛督殿

「鎌倉公方足利持氏遵行状写」
上野国新田庄幷武蔵国榛沢郡・騎西郡等之内散在所々事、任去閏五月七日下文之旨、関東合戦勲功賞、且家門其族異于他之上、殊相伝領家之上ハ、早可被領掌安堵之状、不可有相違、仍執達如件、
応永廿四年六月廿三日　　　持氏御判
新田六郎殿

前者は将軍足利義持が新田六郎の申請により、「関東合戦（禅秀の乱）勲功賞」として同人に新田荘・武蔵国榛沢郡・騎西郡などの所領を与え、鎌倉公方足利持氏に沙汰付（引き渡し）を命じたものである。後者は持氏が貞氏に新田荘以下を沙汰付したことを示す。

これらの文書は類例がなく、これまで偽文書とされてきたが、新田嫡流家の動向を示す最後の文書として再評価が可能とされるようになってきた。類例がないのは、この文書発給後、義持と持氏の間に深刻な対立が生じ、両者の交流が途絶え、この種の文書は出されなくなったためで、これまで偽文書扱いされてきたのである。

貞氏については、これ以外に史料は見当たらない。この後、何らかの事情で没落したと考えられる。「由良家伝記」によると、貞氏は横瀬氏の婿となり、子に貞俊《さだとし》がみえる。戦国期の横瀬（由良）氏は六郎の子孫を称している。これは横瀬氏が主家である岩松氏を下剋上によって倒し、新田領の統治者として家格の上昇を図ったものとみられている。

白旗一揆に結びつく上野国人たち

観応の擾乱の結果、鎌倉府はさまざまな権限を獲得して実質的に東国を支配する組織として確立した。その後も歴代の鎌倉公方は、管国の武将たちに在鎌倉を命じて服従を強化するとともに、彼らにさまざまな負担を課して財政の強化も進めている。明徳三年（一三九二）には奥羽二国が鎌倉府の管轄下に編入され、鎌倉府の権力はさらに肥大した。先述したように、足利氏満は小山義政を謀反に追い込んで打倒し、その子若犬丸を奥羽に追ってその与同者である田村荘司らを滅ぼし、伊達・芦名氏らも圧迫している。

この間、山内上杉氏は憲顕が関東管領職に復帰して以降、同職を世襲したが、南北朝末期に犬懸上杉氏の勢力が伸長する。その結果、同職は両氏が交互に就任するようになっていた。両家の間に対立があったようにはみえないが、東国の武将たちの中には犬懸上杉氏に結び付く者もいた。山内上杉氏はこの間、上野国守護を世襲し、同国は山内上杉氏の本領となっていた。守護代として長尾・大石《おおいし》氏らが派遣され、その領国支配は安定していた。一方、上野の国人たちは白旗一揆に結集し、山内上杉氏とは一定の距離を置いていたが、上杉氏は幕府との良好な関係を築いており、上野地域での紛争はみられない。

応永十五年（一四〇八）五月、三代将軍義満が没した。その子義持はそれ以前に将軍職を継いでいたが、これによって親政を開始する。一方、関東では応永十六年七月に公方満兼が没し、その子持氏が新公方に就任した。同十八年正月、関東管領山内憲定が同職を辞し、二月に犬懸上杉氏憲《うじのり》（禅秀）が関東管領職に補任されている。両府のリーダーたちが短期間の内に相次いで交代したのである。

応永二十二年五月、鎌倉で公方持氏と関東管領氏憲との間に対立が起こり、大きな兵乱となる。常陸国住人越幡氏の所領問題で両者が対立し、公憤にかられた氏憲が関東管領職を投げ出したのである。持氏はこれをあっさりと受け入れ、山内上杉憲基を後任とした。慰留もされなかった氏憲は面目を失った。この事件について、持氏側が氏憲の追い落としを図ったという見方もある。その背景には、持氏が自身の権力強化を進めたことが想定される。

翌年十月二日、氏憲は持氏打倒を企図して挙兵した（上杉禅秀の乱）。氏憲方には持氏の叔父満隆《みつたか》や実弟持仲《もちなか》が加わり、将軍義持の実弟義嗣《よしつぐ》とも結託していたという。持氏に代えて彼らを新公方に擁立しようとしたのであろう。また、東国の武家として千葉・岩松・那須・武田・小田・大掾《だいじょう》・宇都宮氏ら有力豪族の名もみえ、この謀反が関東中を巻き込んだ大規模なものであったことがわかる。

持氏・憲基とも氏憲側の動きに気づかず、側近の兵だけで防戦し、辛うじて鎌倉から落ち延びた。乱当初、鎌倉を制した氏憲方が優勢となったが、関東全域を制圧することはできなかった。幕府が持氏支持を決め、関東の親幕府派や駿河今川《いまがわ》氏・信濃小笠原氏に進撃を命じると、攻守が逆転し、大義名分を失った氏憲方は自壊の道を歩む。翌年正月十日、氏憲らは鎌倉で自害して果て、乱は収束した。

兵乱後、持氏はしばらくの間幕府に恭順の意向を示していたが、ほどなく持氏・義持の関係は対立に転じた。幕府側は今回の兵乱を関東に勢力を及ぼす好機と捉え、氏憲側についた武士たちに寝返りを進め、膝下に抱え込んで庇護を加えたという。東国で幕府に従う人々を京都御扶持衆と呼ぶ。氏憲側についた人々は将軍に近い武士たちが多かったともみられている。これに対して持氏は彼らを許さず、仮借ない処分を下した。持氏はさらに幕府側の影響力を削ぐため、武力による討伐を進めた。関東の諸地域で武力闘争が展開される事態となったのである。

次に、禅秀の乱に上野の武士がどう関わったかをみておこう。『鎌倉大草紙』によると、氏憲方に参陣した人々として岩松治部大輔入道・渋河左馬助・舞木太郎に加え、「児玉党には大類・倉賀野、丹党の者とも」らがいたとみえる。

まず、岩松治部大輔は満国の子満純で、満純は氏憲の婿として戦乱に加わった。岩松氏は新田荘を基盤とする豪族的な国人領主に成長し、氏憲と結んで地位の向上を図ったのであろう。満純誅殺後、持氏に恭順の立場を示す持国《もちくに》が家督となるが、満純の子家純《いえずみ》は幕府に取り立てられ、後に新田荘の回復を目指す。渋河氏は鎌倉府の奉公衆とみられる。持氏の下でも渋河一族の動きはみえるので、帰参して地位は確保したのであろう。

次に、舞木氏が注目される。舞木氏は佐貫荘舞木（郷）を本貫とする佐貫一族である。舞木氏はここまで動きがみえず、唐突に現れる。舞木氏の地位を示す史料として、少し時代を下った史料であるが、年未詳の将軍足利義尹《よしただ》御内書写が重要である（群一九一一八）。そこには幕府と交流のあった東国の国人衆四十人余が列記されているが、その中に舞木とあり、「上州白播（幡）一揆頭也」と傍注が付けられている。「応永・永享頃、御書ニ在之」とも記されている。つまり、舞木氏は応永・永享期に白旗一揆の頭で、将軍とも交流があったことがわかる。

舞木氏は将軍家に親しい白旗一揆の旗頭であったが、氏憲方となったのである。関東の親幕府派の人々は氏憲に親近感を抱いており、白旗一揆衆が氏憲に結び付いたことは必然であったと考えられる。さらに、氏憲方には児玉党大類・倉賀野、丹党の者ども味方しているが、彼らも一揆衆であろう。大類・倉賀野は西上野の地名であり、両氏が西上野の一揆衆を率いたともみられる。氏憲方には、その他にも荏原《えばら》・蓮沼《はすぬま》・別府・玉井《たまい》・瀬山《せやま》・甕尻《みかじり》がみえ、これらは武蔵の一揆衆である。相模の曽我・中村・土肥・土屋もみえるが、彼らはもと平一揆であった人々である。これらの人々が最後まで氏憲についたとはみられない。翌年、岩松満純が残党を集めて再蜂起したとき、舞木宮内丞が馳せ向かって合戦に及び、敵を蹴散らして満純を生け捕ったとみえ、舞木氏もこの段階では持氏方になっていた。

これに対し、山内上杉憲基の許に駆け付けた武士として、長尾出雲守・大石源左衛門・羽継修理大夫・舎弟彦四郎・安保豊後守・惟助五郎・長井藤内左衛門・寺尾・白倉・加治・金子・金内ら七百騎がみえる。このうち羽継・寺尾・白倉らは上野の地名を名のる武士であり、在地の国人の一族が被官化したものであろう。山内上杉氏も上野国人一族の被官化を進めていたことがうかがえる。この段階では、上野武士の多数は白旗一揆に従っていたのである。

あとがき

二〇二一年十二月、戎光祥出版株式会社から『戦国上野国衆事典』を上梓した。上野国衆の動向を検討するよい機会となり、上野戦国史を地域の側から学び直すことができた。彼らの動向をみると、大多数が戦国末期まで生き延びることができず、山内上杉氏没落後に進出した越後上杉・武田・北条氏ら戦国大名の抗争の中で次々に没落・退転している。最後まで無傷で生き残った者はごくわずかで、戦国大名が不在となった国の戦国争乱がいかに過酷なものであったかを再認識させられた。

国衆については様々な議論があり、戦国大名の領国支配と深く関わるとともに自立度の高い存在であることが指摘されている。山内家の下で育成された国衆はこの議論からすれば条件を満たす存在とはみられない。彼らは概ね上野白旗一揆や山内被官から成長した人々で、在地性は強いが弱小である。上野においては彼らの没落の上に戦国大名によって新たな外様国衆制が構築されたと考えられる。

その後、南北朝期の上野国の動向について一書にまとめるようお勧めをいただいた。この時期の通史的叙述は『群馬県史』通史編3中世で行われたが、それは三〇年以上も前のことである。それ以降に研究は大きく進展しており、それらを取り込んだ歴史像の再構築は意義深いことで、今後の議論の素材の一つとなることを考えてお引き受けした。編集者の丸山裕之氏からいろいろとアドバイスを戴きながらようやく出版まで漕ぎつけることができた。記して感謝する次第である。

だが、書き終えて課題が残る。南北朝期の上野に関わる史料は少なく、しかも地域的な偏在もあり、戦国期などに比べると研究は遅れている。新たな史料を見つけ出すこととともに個々の史料をより精緻に読み解く必要がある。例えば、新田嫡流家の動向について、これまで偽文書、または無関係と思われた史料が再評価・再確認されて明確になった事実も多い。白旗一揆についても幕府・足利氏とのつながりが重視されるが、その動向についても十分に解明されたわけではない。在地社会の状況や宗教勢力の動きも再検討の余地がある。

ところで、二〇二二年は現代がなお歴史の進行の一過程に過ぎないことを痛感させられた年でもあった。軍事国家による理不尽極まりない侵攻が突如始まり、その過程でおこった人道にもとる惨禍が次々に暴かれ、核戦争の脅威も迫っている。それ以外に多くの地域で国家間・人種間の対立・紛争は日常的に起こっている。新型コロナの猖獗や地球温暖化による気候変動も人類の存続を脅かし続け、解決の目途はたたない。国内でも政治家の暗殺事件が発生し、それに関わって宗教勢力の内奥の実態が暴かれている。これらは歴史をひも解けばすべてかつて起こったことでもあり、今日の出来事もやがて同じように歴史の一部分になってゆく。現実に起こっていることは不条理極まりないものであるが、このような歴史の不条理を解明することが歴史学の役割であると思うこの頃である。

二〇二三年一月

久保田順一

【参考文献一覧】

史料集

『群馬県史』資料編5・6・7（群馬県）
『新編高崎市史』史料編4（高崎市）
『新編高崎市史』通史編2中世史料補遺（高崎市）
『佐貫荘と戦国の館林』館林市史・資料編2（館林市）
『安中市史』資料編4（安中市）
『藤岡地方の中世史料』（藤岡市）
『南北朝遺文』関東編第一巻〜第七巻（東京堂出版）
『埼玉県史』資料編5・6（埼玉県）
『神奈川県史』資料編3（神奈川県）
『太平記』（日本古典文学大系　岩波書店）

◇自治体史◇

『新田町誌』第四巻新田荘と新田氏（新田町、一九八四年）
『群馬県史』通史編3（群馬県、一九八九年）
『太田市史』通史編中世（太田市、一九九七）
『新編高崎市史』通史編4（高崎市、二〇〇〇年）

研究

江田郁夫「東国の元中年号文書と新田一族」(『室町幕府東国支配の研究』所収、初出は二〇〇二年)
江田郁夫『室町幕府東国支配の研究』(古志書院、二〇〇八年)
江田郁夫「新田武蔵守某について―室町時代初期の東国南朝勢力―」(『栃木県立博物館紀要―人文―』三一、二〇一四年)
小国浩寿『鎌倉府と室町幕府』(吉川弘文館、二〇一三年)
亀田俊和『観応の擾乱―幕府を二つに裂いた足利尊氏・直義兄弟の戦い』(中公新書、二〇一七年)
雉岡恵一「東国御家人中沢氏の西遷と大山荘地頭御家人中沢氏―鎌倉・室町時代初期における政治史分析―」(『中央史学』第一三号、一九九〇年)
雉岡恵一「西遷御家人真下氏の室町幕府近習・奉公衆への編成過程」(『埼玉地方史』第三七号、一九九七年)
黒田基樹編『上野岩松氏』(戎光祥出版、二〇一五年)
久保田順一『室町・戦国期上野の地域社会』(岩田書店、二〇〇六年)
久保田順一『中世前期上野の地域社会』(岩田書店、二〇〇九年)
久保田順一『上杉憲顕』(戎光祥出版、二〇一二年)
久保田順一『新田三兄弟』(戎光祥出版、二〇一五年)
呉座勇一「白旗一揆と鎌倉府体制―十五世紀前半を中心に―」(『関東足利氏と東国社会』所収、二〇一二年)
桜井彦『南北朝内乱と東国』(吉川弘文館、二〇一二年)

阪田雄一「中先代の乱と鎌倉将軍府」（『関東足利氏と東国社会』所収、二〇一二年）
佐々木紀一「矢田判官代在名・大夫房覚明前歴」（『米沢史学』一七号、二〇〇一年）
清水亮「南北朝・室町期の「北関東」武士と京都」（『中世の北関東と京都』高志書院、二〇二〇年）
鈴木由美『中先代の乱　北条時行、鎌倉幕府再興の夢』（中公新書、二〇二一年）
須藤聡「中世前期薗田氏の系譜的研究―秀郷流藤原諸氏との関わりについて―」（『群馬文化第二五三号、一九九八年）
須藤聡「鎌倉期里見一族の動向と平賀一族」（『歴史民俗』第三一号、二〇一〇年）
須藤聡・簗瀬大輔「秀郷流赤堀氏の伝承と資料の調査」（『群馬県歴史博物館紀要』第二〇号一九九九年）
田中大喜編著『上野新田氏』（戎光祥出版、二〇一一年）
田中大喜『新田一族の中世』（吉川弘文館、二〇一五年）
田中大喜「地域権力としての新田氏」（群馬県立歴史博物館『大新田氏展』第九十八回企画展図録、二〇一九年）
中根正人「室町前期東国の南朝勢力―元中年号文書の検討を通じて―」（『日本歴史』第八二八号、二〇一七年）
中根正人「信濃における脇屋義治の活動―市河家文書の人名比定を通じて―」（『信濃』第七三巻第九号、二〇二一年）
菱沼一憲「斎藤系粟生氏の検討～能登・上野・三河の知行をめぐって～」（『國學院栃木短大紀要』）第五十三号、二〇一九年）
細谷清吉『中世の邑楽町』（中世の邑楽町刊行会、一九七七年）
松田猛「「関東幕注文」新田衆の幕紋―「丸之内の十方」は「丸之内の十万」―」（『信濃』第八六〇号、二〇二一年）

松本一夫「南北朝期上杉氏の上野国支配の特質」（『史学』第六八巻第一・二号、一九九九年）
峰岸純夫「上州一揆と上杉氏守護領国体制」（『中世の東国―地域と権力―』、東大出版会、初出は一九六四年）
峰岸純夫『新田義貞』（吉川弘文館、二〇〇五年）
村石正行「寺尾氏の遺した文書一通」（『信濃』六五六号、二〇〇四年）
諸田義行「大友氏の利根荘支配と白沢」（『近藤義雄先生卒寿記念論集』、二〇一〇年）
山田邦明「鎌倉府の奉公衆」（『鎌倉府と関東』（校倉書房、一九九五年、初出一九八七年）
山本世紀『上野国における禅仏教の流入と展開』（刀水書房、二〇〇三年）
山本隆志「鎌倉後期における地方門前宿市の発展」（『歴史・人類』一七号、一九八九年）
山本隆志『新田義貞』（ミネルヴァ書房、二〇〇五年）
山本隆志「新田義貞の登場」（群馬県立歴史博物館「大新田氏展」第九十八回企画展図録、二〇一九年）
吉井功児『建武政権期の国司と守護』（近代文藝社刊、一九九三年）
渡政和「「京都様」の「御扶持」について」（植田真平編著『足利持氏』戎光祥出版、二〇一六年、初出は一九八六年）

西暦	年号	月日	事項
一一五六	保元一	七・一〇	保元の乱。源義朝の軍勢に上野の瀬下・物射・岡下・那波氏らが加わる。
一一五七	保元二	三・八	花山院忠雅、源義重を新田荘下司職に補任する。
一一五九	平治一	一二	平治の乱。
一一八〇	治承四	五・二六	以仁王・源頼政、平家追討のため挙兵し、宇治川合戦で敗れる。
		八・二三	源頼朝、石橋山合戦に敗れる。
		九・三〇	源義重、寺尾城に籠り、軍勢を集める。
		一〇・一三	源義仲、上野国多胡荘に入る。
		一二・二二	源義重、鎌倉に参り、頼朝の召しに応じる。
一一八五	文治一	三	源義経ら、長門国壇ノ浦で平家を討つ。
一一九二	建久三	七・一二	源頼朝、征夷大将軍に補任される。
一二〇二	建仁二	一・一四	源義重、没。
一二一〇	承元四	九・一一	安達景盛、上野国の旧足利忠綱領を幕府に注進する。
一二二一	承久三	六・一四	承久の乱おこる。
			この年、源義季、世良田に長楽寺を建立する。
一二四四	寛元二	六・一七	新田政義、大番役中に俄か出家を遂げ、所領を没収される。
一二五一	建長三	七・八	里見氏義、宮田に石造不動明王を造立する。
一二七四	文永一一	一〇	元・高麗の軍勢、壱岐・対馬を侵す（文永の役）。
一二七五	建治一	四・二五	京都六条八幡宮造営のため御家人らが喜捨をする。
一二八一	弘安四	七	元軍九州に来寇（弘安の役）。
一二八五	弘安八	一一・一七	平頼綱の讒言により安達一族が多数討たれる（霜月騒動）。
一三一三	正和二	一二・二一	岩松覚義・同妻妙阿、所領を売り寄進する。
			これ以前に長楽寺が焼亡する。
一三二二	元亨二	一〇・二七	幕府、岩松政経と大館宗氏の用水相論に採決を下す。
一三二四	正中一	一二・九	沙弥道義（新田基氏）の五輪塔がつくられる。

一三三一	元徳三 元弘一	五・五 八・二四 九・一一	後醍醐天皇側近僧文観・円観ら捕縛され、鎌倉に送られる（元弘の変）。 後醍醐、奈良に行幸して討幕の挙兵を行う。 楠木正成、千早・赤坂城で挙兵。
一三三二	正慶一 元弘二	三・七 一一 この頃	後醍醐、隠岐に配流される。 護良親王が吉野で挙兵。楠木正成、赤坂城で挙兵。 幕府、千早・赤坂城を攻める。
一三三三	正慶二 元弘三	四・一六 五・七 五・八 五・九 五・二二 六・五	足利高氏（尊氏）、関東より入京する。 足利尊氏・赤松則村ら六波羅探題を攻め落とす。 新田義貞、生品神社神前において挙兵する。 新田義貞、八幡荘に入り、甲斐・信濃の軍勢と合流する。 新田義貞、鎌倉を陥れる。 後醍醐天皇、帰京。
一三三四	建武元	二・一三	新田義貞、従四位上、義顕、従五位上に任じられる。
一三三五	建武二	七・二二 八・一九 九・二七 一二・一一	北条時行、信濃で挙兵。足利軍を破って鎌倉に入る。 足利尊氏、京都を発って東下し、鎌倉を奪還する。 足利尊氏、東国の新田氏の所領を没収し、上野国守護に上杉憲房を任じる。 新田義貞、箱根・竹下で足利軍と戦って敗れる。
一三三六	建武三 延元一	一・八 一・九 四・二三 四 五・二五 六・一四 一〇・一〇 一二・二一	新田義貞、足利軍を大渡で迎え討つも、撤退する。 上野に侵入した斯波家長軍、新田城を落とし、笠懸原で新田軍と戦う。 斯波家長軍、新田方の守護所板鼻を攻め落とす。 新田一族・高田・小串氏らが武者所結番に補任される。 新田義貞、兵庫湊川で尊氏に敗れる。 足利尊氏、光厳上皇を奉じて入京する。 後醍醐天皇、足利尊氏と和して京都に還る。新田義貞、恒良親王を奉じて越前に下る。 後醍醐天皇、密かに吉野に逃れて南朝を開く。
一三三七	建武四 延元二	三・六 一二・二三	金ヶ崎城陥落。尊良親王・新田義顕ら、自害する。 北畠顕家、陸奥から京都へ向かい、利根川で足利軍を破って武蔵に入る。新田義興、武蔵入間川でこれに合流する。

一三三八	暦応一 延元三	一・二八	北畠顕家・新田義興、美濃青野原で足利軍と戦う。
		二月中旬	新田義貞、斯波高経を破り、越前府中を攻略する。
		二・二八	北畠顕家・新田義興、大和で高師直に敗れ、河内に逃れる。
		五・二二	北畠顕家、足利方と石津で戦って敗死する（二十六歳）。
		閏七・二	新田義貞、藤島で敗死する（三十七歳）。
		八・一一	北朝、足利尊氏を征夷大将軍に補任する。
		九	北畠親房ら、東国に下向する。新田義興・宗良親王ら同行。
一三三九	暦応二 延元四	八・一六	後醍醐天皇、歿（五十二歳）。後村上天皇、即位。
		一〇・三	高師冬、常陸国に進出する（常陸戦争）。
一三四〇	暦応三 興国元	八・二〇	新田義宗、越後から信濃境志久見口を攻める。
		九・一三	脇屋義助、斯波高経に敗れ、越前府中を放棄する。
一三四一	暦応四 興国二	五・二八	新田義興、常陸で活動。小山氏からの官途上申を取り次ぐ。
		九・一八	脇屋義助、越前から美濃根尾城に逃れる。
		この年	高師冬・上杉憲顕、関東執事に就任。
一三四二	康永元 興国三	五	脇屋義助、伊予国府で没す（三十六歳）。
一三四三	康永二 興国四	一一・一一	南朝方の常陸関・大宝城が陥落する。
一三四四	康永三 興国五	一・二	利根荘吉祥寺の仏殿が造営される。
一三四五	貞和一 興国六	八・二九	足利尊氏、天龍寺供養に参詣。薗田美作守・小幡右衛門尉・寺尾新蔵人が供奉。
一三四七	貞和三 正平二	四・二	岩松直国、新田荘由良・成塚郷の地頭職に補任される。
一三四八	貞和四 正平三	一・五	四条畷合戦。白旗一揆県下野守らが参陣する。
		八・一八	大友氏泰、上野国内の所領を弟氏時に譲る。
一三四九	貞和五 正平四	六・二	足利直義と高師直、不和により騒擾おこる。
		八・二八	尊氏、小林中村重連・真下重氏・桐生行阿・同国光・発知為長らに勲功賞を給与する。

一三五〇	観応元 正平五	九・三	南朝、信濃・常陸・越後で蜂起する。
		一一・一三	直義、尊氏との対立により南朝に降る。
		一二・二九	上杉憲顕、高師冬から足利基氏を奪い、鎌倉を制す。
一三五一	観応二 正平六	三・二六	直義、尊氏を摂津打出浜で破る。
		一〇・二四	尊氏、直義追討のため南朝に降る。
		一二・一九	那波合戦。宇都宮氏綱、直義方桃井直常・長尾景忠を破る。
一三五二	文和一 正平七	一・五	尊氏、直義と和し鎌倉に入る。
		二・六	南朝、宗良親王を征夷大将軍に任じる。
		二・一八	義興・義宗、上野で挙兵し、鎌倉に攻め入る。
		二・二〇	義興ら、尊氏軍と武蔵人見原・金井原で合戦が行う。
			北畠顕能・楠木正儀ら南朝軍、入京を果たす。
		二・二八	宗良親王・義宗ら、小手指原合戦で敗れる
		三・二八	義詮、八幡を攻め落とし、南朝軍を撤退させる。
一三五三	文和二 正平八	七・二八	足利基氏、武蔵入間川に陣所を移す。
		一一・二五	
一三五四	文和三 正平九	四・一七	北畠親房、歿（六十二歳）。
		九・二三	
一三五八	延文三 正平一四	四・三〇	尊氏、歿（五十四歳）。
一三五九	延文四 正平一五	二・七	足利基氏、高麗・金子・別府氏らに上洛を命じる。
		七・一九	懐良親王、少弐頼尚を破る（筑後川の戦い）。
		一〇・一〇	畠山国清、義興主従を武蔵国矢口渡で謀殺する（二十八歳）。
		一一・六	国清、東国勢を率いて上洛する。
一三六一	康安元 正平一六	九・二	中院通冬、上野国衙職を還補される。
		一一・二六	国清、基氏に追われて鎌倉を落ち、伊豆で挙兵（畠山国清の乱）。
一三六二	貞治元 正平一七	八・一一	基氏、岩松直国に本知行分を還補する。
		九	畠山国清、基氏に降伏する。

一三六三	貞治二 正平一八	三・二四 八	上杉憲顕、関東管領職に復職する。 足利基氏、芳賀禅可を破る（岩殿山合戦）。
一三六八	応安元 正平二三	三・一一 六・一七 九・六 九・一九	南朝、後村上天皇崩御（四十一歳）。長慶天皇即位。 上杉朝房、平一揆方の河越城を攻め落とす。 上杉朝房・上杉憲春ら、宇都宮氏綱を降す。 上杉憲顕、歿（六十三歳）。
一三六九	応安二 正平二四	この年	新田義宗・脇屋義治、越後・上野間で挙兵する。上杉氏により義宗は討たれ、義治は出羽に逃れる。
一三七〇	応安三 建徳一	一	上杉朝房、武蔵・上野の間に出張した新田の残党を討つ。
一三七一	応安四 建徳二	三・九 六・二一	頼印、榛名山座主職に補任される。 比丘妙本、山名八幡宮に郷内の宿在家を寄進する。
一三八〇	康暦二 天授六	四・八 五・一六	足利義詮、越後国守護上杉房方に越後国妻有荘を渡すよう命じる。 小山義政、宇都宮基綱を下野国裳原で討つ（小山氏の乱）。
一三八一	永徳元 弘和元	一二・一二	小山義政、鎌倉公方足利氏満に降る。
一三八二	永徳二 弘和元	三・二三 四・一三	小山義政、再び氏満に背き、下野国糟屋城で挙兵する。 小山義政、氏満の兵に敗れ自害する。
一三八三	永徳三 弘和二	この年	新田義則、信濃大川原から陸奥に逃れる。
一三八五	至徳二 元中二	三	新田義則、謀反を企て回文を廻らしたが、使者が捕らえられる。
一三八六	至徳三 元中三	五・二七 七・一二	小山若犬丸、下野国祇園城で挙兵する。 若犬丸、氏満の兵到来によって陸奥に没落する。
一三八七	嘉慶元 元中四	七・一九	氏満、上杉朝宗に常陸小田孝朝を討たせる。
一三九二	明徳三 元中九	一〇・二五 一〇・五	南北両朝の和議が成立する。 後亀山天皇、後小松天皇に神器などを渡す。

一三九六	応永三	二・二八	足利氏満、小山若犬丸・田村清包らの討伐を命じる。
一三九七	応永四	七・五	源朝臣、中野中務少輔に信濃国志津間を与える。
一四〇一	応永八	一・二八	源朝臣、長田重持に所領の配分を命じる。
一四〇三	応永一〇	四・二五	新田義則、箱根底倉で討たれる。
一四〇九	応永一六	七・二二	鎌倉公方足利満兼、歿（三十二歳）。新田武蔵守、七里ヶ浜で誅殺される。
一四一六	応永二三	一〇・二	上杉氏憲、足利持氏を除くため挙兵（上杉禅秀の乱）。
一四一七	応永二四	正・一〇	禅秀、幕府軍に攻められて自害する。
		五・二九	岩松満純、入間川で戦って敗れ、斬られる。

【著者紹介】

久保田順一（くぼた・じゅんいち）

1947年、群馬県生まれ。東北大学文学部国史専攻卒。専攻は日本中世史。現在は群馬県文化財保護審議会専門委員。著書として『室町・戦国期　上野の地域社会』（岩田書院、2006年）、『中世前期　上野の地域社会』（岩田書院、2009年）、『上杉憲顕』（戎光祥出版、2012年）、『新田義重』（戎光祥出版、2013年）、『新田三兄弟と南朝』（戎光祥出版、2015年）、『上杉憲政』（戎光祥出版、2016年）、『長野業政と箕輪城』（戎光祥出版、2017年）、『上州白旗一揆の時代』（みやま文庫、2018年）、『戦国上野国衆事典』（戎光祥出版、2021年）などがある。

装丁：川本 要

中世武士選書 第47巻

上野《こうずけ》武士《ぶし》と南北朝内乱《なんぼくちょうないらん》 新田《にった》・上杉《うえすぎ》・白旗一揆《しらはたいっき》

二〇二三年三月一〇日 初版初刷発行

著　者　久保田順一

発行者　伊藤光祥

発行所　戎光祥出版株式会社
東京都千代田区麹町一―七
相互半蔵門ビル八階
電　話　〇三・五二七五・三三六一(代)
ＦＡＸ　〇三・五二七五・三三六五

印刷・製本　モリモト印刷株式会社

https://www.ebisukosyo.co.jp
info@ebisukosyo.co.jp

ISBN978-4-86403-467-8